DER SKANDAL

Der Müll, die Stadt und die Spenden

DER SKANDAL

Der Müll, die Stadt und die Spenden

**Eine Dokumentation des Kölner Stadt-Anzeiger
von Peter Berger und Axel Spilcker**

Alles Gute wünsche ich Dir zum Geburtstag 2008 - eine kleine Geschichte aus Deiner 'hoffentlich' bald wieder Arbeitsstadt -

DuMont

Erste Auflage 2003
© 2003 DuMont Literatur und Kunst Verlag, Köln
Alle Rechte vorbehalten
Gesetzt aus der DTL Documenta und der AG Buch
Gedruckt auf säurefreiem und chlorfrei gebleichtem Papier
Satz: Greiner & Reichel, Köln
Druck und Verarbeitung: Clausen & Bosse GmbH, Leck
Printed in Germany
ISBN 3-8321-7861-9

Inhalt

Vorwort

Die SPD-Parteispendenaffäre und der Bestechungsskandal um den
Bau der Müllverbrennungsanlage im Stadtteil Niehl haben die Politik
in Köln nachhaltig verändert. Die fast 40 Jahre während Vorherrschaft der Sozialdemokratie, die schon bei der Kommunalwahl im
September 1999 durch die Aktien-Insidergeschäfte des ehemaligen
Oberstadtdirektors Klaus Heugel ein jähes Ende gefunden hatte,
führte durch das Bekanntwerden der beiden Skandale zu einem
endgültigen Erneuerungsprozess in der SPD, der wohl erst bei der
nächsten Kommunalwahl im Herbst 2004 seinen Abschluss finden
wird. Doch die Auswirkungen des Skandals reichen weit über die
Kölner SPD hinaus. Inzwischen gehen die Ermittlungen weiter und
haben längst auch die Kölner CDU erreicht.

Die rheinische Müllaffäre macht deutlich, dass der Filz zwischen
Politik und Wirtschaft nicht vor Parteigrenzen halt macht. In Bonn
und im Rhein-Sieg-Kreis stehen führende Christdemokraten unter
Korruptionsverdacht. In Aachen ist der sozialdemokratische Oberbürgermeister in einen Bestechungsskandal verwickelt.

Diese Schilderung der Abläufe in den Komplexen Korruption
beim Bau des Kölner Müllofens und der Parteispendenaffäre hat
nicht jeden Widerspruch in den Aussagen der Beschuldigten auf-
lösen können. Die Darstellung basiert auf intensiven Recherchen der
Autoren. Soweit Tatsachenvorgänge dargestellt werden, geschieht
dies, wenn sich aus dem Buch nichts anderes ergibt, aus der Sicht der
Staatsanwaltschaft. Widersprüche und Gegensätze in den Aussagen
der handelnden Personen werden dargelegt. Was letztendlich wahr
ist und was nicht, wird wohl erst der Prozess gegen die Schlüssel-
figuren vor dem Kölner Landgericht klären. Die Hauptverhandlung
gegen vier der fünf Beschuldigten soll noch in diesem Jahr beginnen.

Köln, im Oktober 2003   Peter Berger und Axel Spilcker

Prolog

Wie versteinert hatten sie nebeneinander im Spanischen Bau des Rathauses gesessen und den Journalisten mitteilen müssen, dass den Kölner Sozialdemokraten vier Wochen vor der Kommunalwahl 1999 der Oberbürgermeister-Kandidat »abhanden gekommen« sei. SPD-Parteichef Kurt Uhlenbruch und der Fraktionsvorsitzende Norbert Rüther sprachen nach dem Rücktritt des Oberstadtdirektors Klaus Heugel im August 1999 in ihren Stellungnahmen von der »größten Krise der SPD in ihrer Geschichte«. An jenem Sonntagabend, als Heugel, der mit dem Slogan »Köln ist mein Beruf« in den Oberbürgermeister-Wahlkampf gezogen war, aufgrund illegaler Aktiengeschäfte das Handtuch warf, konnte sich niemand im poli-

Im Visier der Journalisten: Klaus Heugel während des Prozesses im Amtsgericht

tischen Leben Kölns vorstellen, dass den Genossen der Super-Gau erst noch bevorstehen würde.

Heugel hatte, wie sich herausstellte, im August 1998 kurz vor der Übernahme des Köln-Mülheimer Unternehmens Felten & Guilleaume durch die Bonner Moeller-Holding 300 F&G-Aktien gekauft und später mit einem Gewinn von rund 15 000 DM wieder veräußert. Der Knackpunkt: Heugel war als Aufsichtsratschef des Stadtwerke-Konzerns, dessen Tochter GEW damals 25,1 Prozent Anteile an Felten & Guilleaume hielt, an den Verkaufsverhandlungen mit Moeller beteiligt und konnte daher mit einem Gewinn rechnen. Er wurde im März 2000 vor dem Kölner Amtsgericht wegen verbotener Insider-Geschäfte zu einer Geldstrafe von 37 500 DM verurteilt.

Der Heugel-Skandal bescherte der SPD bei der Kommunalwahl im September 1999 ein Debakel: Die Partei rutschte von 42,5 Prozent im Jahr 1994 auf 30,3 Prozent ab. Die CDU steigerte sich von 33,9 auf 45,3 Prozent, wurde erstmals stärkste Partei und stellte mit Harry Blum den Oberbürgermeister.

Die Genossen schienen gerade auf dem Weg, mit einem neuen Parteivorstand unter Führung des Nachwuchspolitikers Jochen Ott wieder Tritt zu fassen, als ein ungleich größerer Skandal über sie hereinbrach. Die Affäre um Müll, Macht und Moneten kam Ende Februar/Anfang März 2002 an die Öffentlichkeit und hat die Bundesrepublik erschüttert. Noch heute arbeitet die Schwerpunkt-Staatsanwaltschaft Korruption in Köln an der Aufklärung. Die von der nordrhein-westfälischen Landesregierung eingesetzte »Task Force« Müll hat inzwischen festgestellt, dass in der Entsorgungsbranche ohne Schmiergeld so gut wie gar nichts läuft.

Der Fall Köln unterscheidet sich von anderen Müllgeschäften der Republik wohl nur durch die besondere Dreistigkeit und Geldgier seiner Akteure. Im Mittelpunkt steht der Bau einer völlig überdimensionierten Müllverbrennungsanlage, die den Gebührenzahler am Ende rund eine Milliarde DM kostete und bei deren Errichtung zwischen 1994 und 1998 rund 21 Millionen DM Schmiergelder geflossen sind. Die Hauptakteure der Affäre: Karl Wienand, ehemaliger Geschäftsführer der SPD-Bundestagsfraktion, Kölns ehemaliger SPD-Fraktionschef Norbert Rüther, der niederrheinische Müllunternehmer Hellmut Trienekens, der ehemalige Manager des Anlagenerbauers L+C Steinmüller, Sigfrid Michelfelder und der Ex-Geschäftsführer der Kölner Abfallentsorgungs- und Verwertungsgesellschaft, Ulrich Eisermann.

Die Kölner Staatsanwaltschaft geht davon aus, dass Eisermann über Anlagenbauer Steinmüller mit mehr als neun Millionen DM den Löwenanteil kassiert hat. Wienand soll 6,4 Millionen DM erhalten haben, einen Teil dieser Summe – rund zwei Millionen DM – soll Trienekens ihm überlassen haben. Der frühere Steinmüller-Manager Michelfelder soll 2,4 Millionen DM in seine Tasche gesteckt haben. Weitere 3,6 Millionen DM blieben bei den Schweizer Briefkastenfirmen, die der Geldwäsche dienten, als Provision hängen. Dort fungierte vor allem Arthur A. Hofmann, Geschäftsführer einer Schweizer Firma namens Stenna Umwelttechnik AG, als Mann mit dem Geldkoffer. Kölns ehemalige SPD-Größe Norbert Rüther bestreitet bis heute, von seinem Parteifreund Eisermann rund zwei Millionen DM kassiert zu haben und beteuert, seine Rolle habe lediglich darin bestanden, Parteispenden aus der Entsorgungsbranche und von der Firma Trienekens als »Dankeschön-Spenden« eingeworben und illegal in die Parteikasse eingeschleust zu haben, um damit die teuren Wahlkämpfe der Kölner Genossen zu finanzieren.

Politisch besonders brisant ist die Rolle von Karl Wienand. Die Staatsanwaltschaft schreibt dem Politiker und Firmenberater die Hauptrolle zu. Er war bereits 1996 vom Düsseldorfer Oberlandesgericht wegen »reinrassiger Spionagetätigkeit« für die DDR zu zweieinhalb Jahren Gefängnis und zur Zahlung seines Agentenlohns von rund einer Million DM an die Staatskasse verurteilt worden. Doch selbst das kostete den Sozialdemokraten, der sein Parteibuch erst im Zuge der Müllaffäre zurückgegeben hat, nicht die Mitgliedschaft in der SPD. Vor dem Gang ins Gefängnis bewahrte ihn damals Bundespräsident Roman Herzog, der den angeblich gleichermaßen schwerkranken wie mittellosen Wienand 1999 begnadigte. Zu dieser Zeit hatte der SPD-Politiker seine Strippen längst wieder gezogen, kassierte als Unternehmensberater in der Müllbranche fürstliche Honorare und stand auch bei L+C Steinmüller auf der Beraterliste. Dankbarkeit, die sich auszahlt. Zu seinem 75. Geburtstag im Dezember 2001 war nicht nur Steinmüller-Manager Michelfelder zu Gast in der »Winterscheider Mühle« bei Ruppichteroth. Ein Gruppenbild der Feier, das der »Spiegel« veröffentlichte, zeigt Wienand in einer fröhlichen Runde ehemaliger SPD-Größen: unter ihnen Alt-Bundeskanzler Helmut Schmidt, Ingrid Matthäus-Maier, der »Held von Mogadischu« Hans-Jürgen Wischnewski, Wolfgang Roth, Ex-Kanzleramtsminister Manfred Schüler und der SPD-Anwalt Helmut Neumann, der ein paar Wochen später mehr Arbeit bekommen sollte, als ihm lieb sein konnte.

Bleibt noch der damalige Schatzmeister der SPD in Köln, Manfred Biciste, das wohl kleinste Licht in der Affäre um die Müll-Moneten. Ihm nimmt selbst die Staatsanwaltschaft ab, dass er keinen Pfennig jener Gelder beiseite geschafft hat, die ihm Fraktionschef Norbert Rüther zum Einschleusen in die Parteikasse anvertraute. Dass das Auffliegen des Kölner Skandals ausgerechnet mit seiner Geburtstagsparty in Verbindung steht, ist wohl die Ironie seines Schicksals. Die kleinste Nummer im Doppelskandal um Müll und Parteispenden wird nie mehr Geburtstag feiern können, ohne sich an diesen denkwürdigen Abend zu erinnern.

Freitag, 1. März 2002

Geburtstage von Manfred Biciste sind keine Pflichtveranstaltungen für die Genossen. Wenn der langjährige Schatzmeister der Kölner Sozialdemokraten in seine Altbauwohnung im bürgerlich geprägten Stadtteil Lindenthal einlädt, kommt man allenthalben gerne. Denn die Häppchen, geliefert von Bicistes Lieblings-Italiener aus der Nachbarschaft, sind stets etwas Besonderes. Dazu reicht der Gastgeber exquisite italienische Weine. Auf dem kleinen Balkon in der Uhlandstraße lagern für die, die selbst so kurz nach Karneval vom Kölsch immer noch nicht genug haben, gekühlte Fässchen in ausreichender Zahl.

So ist es auch an jenem Freitagabend, dem 1. März 2002. Biciste ist vor ein paar Tagen 57 Jahre alt geworden und muss seinen Geburtstag auch in diesem Jahr mal wieder nachfeiern. Zwangsweise, denn im Karneval haben die Kölner Genossen keine Zeit. Da schunkelt der mächtige Fraktionsboss Norbert Rüther als Vater Rhein durch die Säle, tagt das närrische Parlament der Genossen in der Kölnarena und wird an Weiberfastnacht in der Kantine des Spanischen Baus gesungen, geschunkelt und geschluckt, bis nichts mehr geht. Doch jetzt sind die tollen Tage vorüber und Köln ist in die übliche Lethargie verfallen.

Davon ist bei der Biciste-Party aber nichts zu spüren. Die fröhliche Runde genießt den ersten Vorfrühlingsabend. Nur dem Gastgeber ist die gute Laune schnell verdorben. Denn im Gegensatz zu seinen üblichen Gepflogenheiten ist Norbert Rüther, Vorsitzender der SPD-Ratsfraktion, SPD-Landtagsabgeordneter und nach dem Oberbürgermeister der Mann mit dem dicksten Terminkalender der Stadt, sehr früh auf der Party erschienen und bereits in einem Zustand, an den sich die meisten Gäste noch auf Jahre hinaus erinnern werden.

»Er kam ziemlich stark angetrunken als einer der ersten an und legte mir, was ungewöhnlich war, den Arm um die Schulter, drückte mich an sich und seufzte irgendwie tief«, erinnert sich der Gastgeber an den Abend, der für die Kölner SPD den Anfang vom Ende bedeuten sollte. »Es wusste doch jeder, dass wir keine Busenfreunde sind. Ich konnte mit seinem Verhalten nicht viel anfangen und dachte mir nur, das sei wohl eine neue Art, mir zum Geburtstag zu gratulieren.«

Auch Bicistes junger Fraktionskollege Martin Börschel muss Rüther mehrfach stützen. Der Boss schwitzt und schwankt, kann sein halbvolles Rotweinglas nur mit Mühe in der Balance halten. Börschel ist die Sache sichtlich unangenehm, zumal das ungleiche Paar nach und nach die Aufmerksamkeit der anderen Gäste auf sich zieht. Vor allem einige Fraktionskollegen wundern sich über Rüthers Verhalten.

Börschel wird sich später noch genau erinnern, was ihm Rüther in einer Mischung aus weinerlicher und Wein getränkter Stimme wieder und wieder zuraunt. »Es wird alles ganz schrecklich werden. Meine Karriere ist beendet. Ich muss eine ganz wichtige Entscheidung treffen.« Das sei apokalyptisch gewesen. Er habe noch zu später Stunde, als er mit seiner Freundin nach Hause radelte, gesagt: »Irgendwas ist da im Busch. Da geht eine Bombe hoch.«

Doch über Andeutungen geht Genosse Rüther an diesem Abend nicht hinaus. Zwischendurch kippt er sich immer wieder sturztrunkartig Rotwein hinunter und ist, so Börschel, »irgendwann so besoffen, dass ich das Gefühl hatte, den musst du jetzt vor sich selbst schützen.« Doch bevor es so weit kommt und es Börschel gelingt, den inzwischen volltrunkenen Rüther kurz vor Mitternacht aus dem Haus zu bugsieren, nimmt der noch für ein paar Minuten den Gastgeber zur Seite.

Norbert Rüther hat im Laufe des Abends auch gegenüber Biciste schon einige Andeutungen gemacht, doch der konnte sich aus den Wortfetzen zunächst keinen Reim machen. »Ich bin da einfach nicht drauf gekommen.« Biciste wähnt sich in Sicherheit, hatte er doch, wie er sagt, mit Rüther 1999 nach dem Auffliegen der Spendenaffäre um Bundeskanzler Helmut Kohl eine Vereinbarung getroffen, das Stückeln von Großspenden, die Rüther angeworben und er als willfähriger Kassierer in die Parteikasse eingeschleust hatte, zu beenden. Er habe nicht im Traum daran gedacht, dass die Gelder, die Rüther ihm in bar übergeben habe, aus Korruptionsgeschäften beim Bau der Kölner Müllverbrennungsanlage stammen könnten. »Diese Trienekens-Geschichte war ja schon ein paar Tage zuvor hochgekommen. Ich habe darüber noch Witzchen gemacht und zu Norbert Rüther gesagt, da sind wir Gott sei Dank nicht drin.« Sogar Mitglieder seines Ortsvereins in Klettenberg hätten ihn dazu noch befragt, schließlich war Ulrich Eisermann, der als Geschäftsführer der Abfallentsorgungs-

und Verwertungsgesellschaft (AVG) wenige Tage zuvor unter Korruptionsverdacht geraten und in Untersuchungshaft gekommen war, in der Partei durchaus bekannt. »Ich habe im Ortsverein noch gesagt: Wenn da etwas ist, dann betrifft es den Eisermann, damit haben wir zum Glück nichts zu tun. Ich sah mich und die SPD in keiner Weise betroffen.«

Das ändert sich schlagartig, als Rüther kurz vor seinem Party-Abgang Biciste an die Seite nimmt und lallt: »Manfred, diese Trienekens-Geschichte geht hoch. Wir müssen morgen reden.« Biciste braucht noch etwas Zeit, bis bei ihm der Groschen fällt. Als alle Gäste gegangen sind, am Morgen gegen vier Uhr, schwant ihm Böses. »Da fielen mir plötzlich die Spenden wieder ein, und mir wurde schlagartig klar, dass ich da mit drin hänge, dass die Großspenden eben nicht, wie Norbert Rüther mir immer versichert hatte, von Geldgebern stammten, die anonym bleiben wollen, sondern dass es sich um dubiose Geldgeber und Zwecke handeln könnte.«

Es wird eine kurze Nacht. Als Manfred Biciste die letzten Gäste verabschiedet hat, kann er noch lange nicht schlafen. Er entscheidet sich, seiner Frau erst am nächsten Morgen reinen Wein einzuschenken. Ein paar Straßen weiter kämpft sich ein volltrunkener Norbert Rüther die Treppe zu seiner Wohnung hoch. Er weiß, dass seine politische Karriere beendet ist, einer seiner nächsten Gänge direkt zur Staatsanwaltschaft führen wird.

Samstag, 2. März 2002

Es ist elf Uhr im Queens Hotel an der Dürener Straße, als sich die Genossen Norbert Rüther und Manfred Biciste zum letzten Mal außerhalb von Untersuchungsausschüssen und Gerichtssälen treffen. Im Queens Hotel haben sie sich etliche Male mit der Fraktion bei Strategie-Debatten um die Macht am Rhein die Köpfe heiß geredet. Jetzt wissen beide: Unsere politischen Karrieren sind zu Ende. Norbert Rüther sind die Strapazen der letzten Tage sichtlich anzumerken; er ist blass, wirkt müde und ausgelaugt. Mit dürren

Worten erklärt er seinem Schatzmeister andeutungsweise sein Geld-sammel-System, das er später bei seinen Aussagen vor der Staatsan-waltschaft als »Dankeschön-Spenden« bezeichnen und damit einen neuen Politik-Begriff prägen wird, der sogar Eingang in das neue Parteienfinanzierungsgesetz finden sollte.

Doch mit der ganzen Wahrheit rückt er auch an diesem Tag nicht heraus. Es bleibt bei einer kurzen Begegnung im Queens Hotel, denn der SPD-Fraktionschef will vermeiden, seinen ehemaligen Schatz-meister allzu sehr in die Details einzuweihen. Es sei ein sehr kurzes Gespräch gewesen, sagt Biciste, an dessen Inhalt er sich noch sehr genau erinnern könne: »Da hat er mir dann offenbart, dass die Spen-den im Zusammenhang mit Trienekens stehen.«

Nachdem Biciste den ersten Schock verdaut hat, rechnen beide überschlägig die Großspenden-Beträge nach, an die sie sich aus dem Stand noch erinnern können und kommen übereinstimmend zu der Auffassung, dass es sich bei der gesamten Trienekens-Summe um ungefähr 250 000 DM handeln muss. Ansonsten bleibt Rüther wortkarg, nennt nur das Stichwort Trienekens und erzählt Biciste, dass er selbst als Geldkurier in Zürich gewesen sei. Das ist ein Schock für den Schatzmeister, der mit weichen Knien das Hotel verlässt. »Da habe ich nur gedacht: Mein Gott noch mal, am besten nimmst du dir gleich einen Strick. In was bist du da jetzt ver-wickelt?«

Dass der Entsorgungskonzern Trienekens nur eines von mehre-ren Unternehmen ist, die im Zusammenhang mit Auftragsvergabe und Bau der Kölner Müllverbrennungsanlage in Niehl zu »Danke-schön-Spenden« bereit waren, verrät Rüther auch an diesem Samstag nicht. Und Manfred Biciste tappt weiter im Dunkeln. Er habe keine Vorstellung davon gehabt, aus welchem Grund Trienekens für den Bau des Müllofens Zahlungen an die Partei oder SPD-Mitglieder hätte leisten sollen. »Der Grundsatzbeschluss, dass wir auf Müllver-brennung setzen und einen solchen Ofen brauchen, ist ja in der Köl-ner Partei lange diskutiert worden und auf einem Parteitag Anfang der 90er Jahre fast einstimmig gefallen. Warum hätten die denn zahlen sollen?« Erst im weiteren Verlauf der Ermittlungen sei ihm klar geworden, »dass das mit der Müllverbrennung gar nichts zu tun hatte, sondern mit dem Anlagenbau. Und dass die Spender alles Firmen waren, die irgendwie im Anlagenbau tätig waren.«

Als man nach einer guten Viertelstunde auseinander geht, gibt Rüther seinem Parteifreund Biciste noch mit auf den Weg, dass er beabsichtige, Anfang der Woche sein Landtagsmandat aufzugeben. »So schnell hat er das dann doch nicht gemacht, weil er die Immunität noch eine Zeit lang haben wollte. Er wollte sich wohl erst später offenbaren, weil er so die Möglichkeit sah, vielleicht noch Strafmilderung zu erreichen.«

Für den Gymnasiallehrer Biciste, der knapp 30 Jahre für die Kölner SPD gearbeitet hat, ist damit klar: Jetzt fliegt auch die Parteispendengeschichte auf. Auf den wenigen Metern zurück in die Uhlandstraße kann er zunächst keinen klaren Gedanken fassen: »Ich bin natürlich ziemlich kaputt und verzweifelt gewesen, habe meine Frau geholt, der das mitgeteilt, dann meinen Kindern.« Biciste ist einem Zusammenbruch sehr nahe. Seine Frau fängt ihn auf, versucht ihn zu beruhigen. Es dauert fast eineinhalb Stunden, bis der Schatzmeister der SPD wieder einen klaren Gedanken fassen kann. »Mein Kopf war einfach leer, meine Beine schwach«, erinnert er sich. »Dann habe ich meinen Bruder angerufen, ihm das auch mitgeteilt, damit der das meiner 91-jährigen Mutter sagen konnte, dass da was kommen würde. Das kann ja den Tod bedeuten, wenn man so etwas im Radio oder Fernsehen hört. Meine Frau war furchtbar bestürzt, hat das Ganze in seiner Tragweite aber nicht erfasst. Sie konnte sich gar nicht vorstellen, dass da die ganze Republik aufhorchen würde. Ich sage jetzt mal, es war auch eine sehr überzogene Reaktion. Aber na gut. Mir war halt klar, dass das in etwa so kommen würde. Meine Kinder haben diese Dimension der Angelegenheit gar nicht gesehen. Die haben alle nur gesagt: Das stehst du durch. Wir helfen dir dabei.«

In der Kölner SPD laufen an diesem Nachmittag hektische Aktivitäten an: Manfred Biciste vereinbart mit seinem Nachfolger im

Krisenmanager der Kölner SPD:
Parteichef Jochen Ott

Amt des Schatzmeisters,
Martin Börschel, für den
Nachmittag einen Ge-
sprächstermin. Zeitgleich
wird der neue Parteichef
Jochen Ott, der mit Ge-
werkschaftern auf einem
Wandertag unterwegs
ist, zu Norbert Rüther ge-
rufen.

Um 17 Uhr kommt es
zum Treffen zwischen
Manfred Biciste und
Martin Börschel. Der emp-
fiehlt seinem Vorgänger im
Amt des Schatzmeisters,
Kontakt zu Rechtsanwalt
Reinhard Birkenstock aufzunehmen. »Ich habe die Hotline angerufen
und um einen Termin gebeten«, so Biciste. Man verabredet sich für
Sonntag im Privathaus des Rechtsanwalts.

Dann beginnen hektische Telefonate: Börschel informiert die
Landespartei mit Parteichef Harald Schartau und Generalsekretär
Michael Groschek über den sich anbahnenden Skandal. In der Parteizentrale in der Albertus-Straße wühlen sich die Genossen aus dem
Parteivorstand durch alte Aktenberge, immer auf der Suche nach
der Spur von Geldern, die illegal in die Parteikasse geflossen sein
könnten.

Sonntag, 3. März 2002

Im Hause Birkenstock wird eifrig an einer Liste gearbeitet, die der
Ex-Kassierer dem Parteivorstand übergeben und einen Tag später
der Presse präsentieren wird. Biciste versucht zunächst, aus dem
Gedächtnis eine Liste aller Empfänger von Spendenquittungen zu
erstellen. Weit kommt er damit nicht und so fällt der Parteisekretärin
Margrieth Legies-Decker plötzlich die Hauptrolle zu. »Wir haben sie
angerufen und gebeten, doch zu Birkenstock zu kommen und bei der
Erstellung der Liste möglicher Spendenquittungsempfänger behilflich zu sein.«

Biciste ist überrascht, dass seine ehemalige rechte Hand noch
über etliche Unterlagen verfügt, die eine Rekonstruktion nahezu
problemlos möglich machen. Die Biciste-Liste müsste eigentlich
Legies-Liste heißen. Dann beginnt eine Telefonaktion. Biciste und
Birkenstock versuchen, jedes Parteimitglied zu erreichen, das auf
der Liste auftauchen wird, um alle mit dem Hinweis auf mögliche
Steuervergehen zu bewegen, Selbstanzeige beim Finanzamt zu erstatten, um so einer möglichen Strafverfolgung durch die Staatsanwaltschaft zu entgehen. Die 42 Namen, die hinter dem dürren
Zahlenwerk stehen, bleiben der Öffentlichkeit verborgen, werden
nur der Staatsanwaltschaft mitgeteilt. »Wir haben das so entschieden, weil wir das Steuergeheimnis nicht brechen wollten und ich
auch nicht hundertprozentig garantieren konnte, ob die Liste auch
so den Tatsachen entspricht«, erklärte Biciste im Nachhinein. Auf
ihr sind die Namen derjenigen Genossen notiert, die von ihm
Quittungen für Scheinspenden kassiert haben. Man müsse, argumentiert Bicistes Anwalt, den Betroffenen erst die Möglichkeit zur
Selbstanzeige geben.

Birkenstock und Biciste gehen an diesem Tag noch davon aus,
dass es unter Genossen auch in Krisenzeiten eine Art von Solidarität
geben wird. Doch ihr Plan, dass sich alle 42 gemeinsam offenbaren,
ihre Fehler eingestehen und an der Wiedergutmachung des
finanziellen und politischen Schadens arbeiten, den sie durch ihr

Handeln angerichtet haben, geht nicht auf. Es beginnt die Zeit des Lavierens und Lamentierens, des Herausredens und Verschleierns.

Rüthers Stellvertreter Heinz Lüttgen treibt es sogar so weit, dass er sich an die Spitze der Aufklärer stellt, von »schonungsloser Aufklärung« spricht. Dabei hat er, wie sich später herausstellen sollte, neben Ex-Parteichef Kurt Uhlenbruch und Ratsmitglied Karl-Heinz Schmalzgrüber selbst mehrfach Spendenquittungen erhalten, deren Größenordnung insgesamt mehr als 20 000 DM erreicht. Die Biciste-Liste hat nicht die erhoffte Wirkung. Im Gegenteil: Die meisten Genossen waschen ihre Hände in Unschuld, schieben Biciste und Rüther die alleinige Schuld am Desaster in die Schuhe.

Natürlich habe er die illegalen Spenden gestückelt und in die Partei eingeschleust, »daran gibt es nichts zu rütteln und ich werde alles versuchen, den Schaden zu begleichen«, doch habe ihn das Verhalten seiner politischen Weggefährten mächtig enttäuscht. »Die Quittungsempfänger haben mich bis auf ganz wenige Ausnahmen im Regen stehen lassen«, klagt Biciste. »Vom Grundsätzlichen her gilt die Aussage: Das waren Spendenquittungen besonderer Art, die waren über besondere Beträge und die wurden auch persönlich überreicht, nicht per Post zugeschickt oder in irgendwelche Fächer reingelegt. Das ist doch auch nachvollziehbar. Ich wäre doch ein unheimliches Risiko gelaufen. Da kriegt jemand eine Spendenquittung: Vielleicht hätte mancher gesagt, na gut, einem geschenkten Gaul schaut man nicht ins Maul und hätte sie weggesteckt. Aber bei dem ein oder anderen wären ja ohne jeden Hinweis auf die Herkunft des Geldes mit Sicherheit Fragen aufgekommen und die hätte er mit anderen in der Partei erörtert. Das Risiko konnte ich doch gar nicht eingehen. Selbstverständlich konnte das nur eine persönliche Übergabe sein. Ich habe in vielen Fällen vorher Gespräche geführt, ob ein Mitmachen denkbar wäre, konnte den Leuten natürlich nicht die Gesamtsumme nennen. Natürlich wusste nicht jeder vom anderen und konnte auch die gesamte Größenordnung nicht einschätzen. Ich habe immer gesagt, pass' auf, ich habe Bargeld bekommen und

muss das unterbringen. Niemand von denen kann sagen, ich habe nicht gewusst, was das für eine Quittung ist. Ich will jetzt nicht ausschließen, dass der ein oder andere, der vielleicht eine Quittung in Größenordnung von 1500 oder 2000 oder 3000 DM bekommen hat, dies damals oder auch später in seiner Erinnerung anders interpretiert hat. Trotzdem: Da gilt das natürlich auch, die haben das Ding überreicht bekommen und es wurde darüber geredet. Oder sie hätten mich zumindest fragen können, was das für eine Quittung ist. Sie wussten auch mit hundertprozentiger Sicherheit, das ist nichts für irgendeine Arbeitsleistung oder Aufwandsentschädigung. Mag sein, dass mancher das subjektiv so wahrnehmen wollte. Doch dafür sind Beschlüsse des Parteivorstands erforderlich. Das weiß jeder von seinem eigenen Ortsvereinskassierer. Das geht nicht ohne Vorstandsbeschluss. Und im Unterbezirksvorstand schon gar nicht. Es hat nie jemand eine müde Mark aus der Unterbezirkskasse für Aufwendungen bekommen. Bei drei oder vier Leuten würde ich es noch für plausibel halten, dass sie die Quittung nicht genau beachtet und weggelegt haben. Aber im Prinzip war die Sache eindeutig. Jeder musste Bescheid wissen. Dass im Nachhinein so furchtbar viele windige Erklärungen kommen und dass Leute, von denen ich dachte, ich hätte mit ihnen gut zusammengearbeitet, einen im Regen stehen lassen, wundert mich schon und macht mich traurig.«

Mit der Solidarität ist es seit diesem ersten März-Wochenende in der Kölner SPD nicht mehr weit her. Die Landtagsabgeordneten Annelie Kever-Henseler und Marc Jan Eumann überstehen die Affäre mit Glück und Geschick. Der Bundestagskandidat Werner Jung sieht sich als Bauernopfer, weil er von der Landes-SPD als einziger frühzeitig mit einem Funktionsverbot belegt wird und seine Kandidatur an den Nagel hängen muss. Für ihn schicken die Sozialdemokraten Rolf Mützenich im Wahlkreis Ehrenfeld/Nippes/Chorweiler ins Rennen.

»Es gab nur ganz wenige Leute, die zu dem gestanden haben, was sie gemacht haben und gesagt haben, verdammt, da haben wir aber einen Fehler gemacht, den können wir nicht dem Biciste allein ankreiden. Der hat das zwar erst möglich gemacht, aber ich hätte ja auch Nein sagen können.«

Der Weg der SPD führt nach unten: Heinz Lüttgen und Marlis Herterich nach der ersten Fraktionssitzung der Nach-Rüther-Ära

Der neue Fraktionschef Martin Börschel im Kreise seiner Stellvertreter Walter Kluth, Dörte Gerstenberg und Axel Kaske

Am Ende werden es drei Genossen sein, die Biciste die Stange halten. Der Rest taucht ab. Für den ehemaligen Parteikassierer auch eine Folge der Art und Weise, wie die Gesamtpartei mit dem Kölner Spendenskandal umgegangen ist: »Ich werfe Franz Müntefering und Harald Schartau vor, mit ihrem Gerede vom Krebsgeschwür, das man ausmerzen müsse, die Karre noch tiefer in den Dreck gefahren zu haben. Sie haben jeden einzelnen sofort vor eine Existenzfrage gestellt. Da gibt es natürlich keine Solidarität bei der Offenbarung mehr. Da gehört schon ein sehr starker Charakter dazu. Und den haben leider die allerwenigsten.«

Montag, 4. März 2002

»Für ein modernes Köln« steht an der Rückwand des völlig überfüllten Fraktionsraums 412 der Kölner SPD am Laurenzplatz. Während Fraktionsvize Heinz Lüttgen mit den Worten »Ich stehe dieser ganzen Entwicklung fassungslos gegenüber« die Presse über den Rücktritt Norbert Rüthers von allen Ämtern informiert, hockt der bis dato mächtigste Mann der Kölner SPD bei der Staatanwaltschaft und packt aus. Er kündigt an, er werde darlegen, woher die Gelder stammen, die er Biciste zum illegalen Einschleusen in die Parteikasse übergeben hat. Dessen Rechtsanwalt Reinhard Birkenstock hält eine Liste in die Kameras, auf der 42 Positionen mit verschiedenen Summen aufgeführt sind. Namen nennt er nicht.

In den Gesichtern der Fraktions-Genossen, die am Nachmittag zu einer Krisensitzung zusammengerufen werden, spiegeln sich Entsetzen und Betroffenheit wider. Doch viele von denen, die ihre Fassungslosigkeit zur Schau stellen, wissen längst, dass die Affäre sie früher oder später einholen wird. Auf Fragen von Journalisten, ob sie zu den Quittungsempfängern zählen, schweigen sie jedoch oder antworten mit Ausflüchten. »Ich gebe dazu keinen Kommentar ab«, sagt die stellvertretende Fraktionsvorsitzende Dörte Gerstenberg. »Ich sage dazu gar nichts. Und wenn es so wäre, dass ich beteiligt bin, geht Sie das nichts an. Daraus sollten sie aber keine Rückschlüsse

Die Spendenskandal nimmt immer größere Ausmaße an: SPD-Anwalt Reinhard Birkenstock und Parteichef Jochen Ott nach den weiteren Enthüllungen und dem Rücktritt von Manfred Biciste

Ein schwerer Gang: Manfred Biciste vor dem Historischen Rathaus. Dort wird er Oberbürgermeister Fritz Schramma seinen Rücktritt erklären

ziehen«, knurrt ihr Fraktionskollege Karl-Heinz Schmalzgrüber, der auch später nach Auffliegen des Skandals keinerlei Einsicht zeigen wird. Als ihm Journalisten die Frage stellen, ob er angesichts der Entgegennahme mehrerer gefälschter Spendenquittungen im Wert von knapp 28 000 DM keine Veranlassung sehe, sein Ratsmandat zur Verfügung zu stellen, kommt die Antwort: »Das Ratsmandat hat mit dem Parteiverfahren nichts zu tun. Sollte ich von der Schiedskommission eine Rüge erhalten, wische ich mir damit den Hintern ab und mache weiter.«

Parteichef Jochen Ott und Schatzmeister Martin Börschel werden noch Monate später die Worte des stellvertretenden Fraktionsvorsitzenden Heinz Lüttgen in den Ohren klingen: »Ich habe zu keiner Zeit etwas von den Vorgängen gewusst, bin von der Nachricht völlig überrascht worden. Wir werden den Parteivorsitzenden Jochen Ott bei der lückenlosen Aufklärung der Vorgänge nach Kräften unterstützen.« Wenig später wird klar: Auch Lüttgen zählt zu den Empfängern im illegalen Spendensystem, soll mehrere Quittungen für rund 20 000 DM erhalten haben. Der langjährige Stellvertreter Rüthers und des ehemaligen Fraktionsvorsitzenden Klaus Heugel sorgt für einen unschönen Abgang. Erst Mitte April lässt er sein Ratsmandat ruhen und tritt im Dezember aus der SPD aus.

Was ihm seine Weggefährten besonders übel nehmen, ist sein sang- und klangloses Abtauchen. Ohne ein Wort der Erklärung oder Entschuldigung stiehlt sich Lüttgen heimlich davon und überlässt der einzig noch verbliebenen Politikerin der Fraktionsführung das Feld. Dörte Gerstenberg, die auch zu den Quittungsempfängern gehört, aber im Gegensatz zu den anderen Genossen nach der Beratung durch einen Rechtsanwalt mit ihrem Fehlverhalten offen umgeht, fühlt sich im Stich gelassen. Erst Wochen später kommt Lüttgen, nachdem ihn mehrere Genossen darum gebeten haben, noch einmal in die Fraktion, um sein Verhalten zu erläutern. Dem kühlen Kopf, der immer als der Finanzexperte der SPD galt, fällt das sichtlich schwer. »Sogar sein Anzug war durchgeschwitzt. So habe ich ihn noch nie gesehen«, erinnert sich eine Politikerin an den letzten Auftritt des Manns mit den teuren Anzügen und dicken Zigarren.

Dienstag, 5. März 2002

Das nächste Geständnis lässt nicht lange auf sich warten. Ex-Schatzmeister Manfred Biciste muss eingestehen, dass er in den Tagen zuvor »einiges schön geredet hat«. Die Gesamtsumme, die er in die Partei eingeschleust habe, liege höher als bisher angenommen, gesteht er, zieht die Konsequenzen aus seinem »ungesetzlichen Fehlverhalten« und legt nach 23 Jahren sein Ratsmandat nieder. »Ich habe am Montag in einem Punkt die Unwahrheit gesagt. Die einzelnen Beträge, die ich von Rüther bekommen habe, lagen über 20 000 DM.« Auch bei dem gesamten Spendenbetrag müsse er eine Korrektur nach oben vornehmen. Es handele sich um insgesamt mehr als 511 000 DM. Die sieben Teilbeträge hätten jeweils in der Größenordnung zwischen knapp 75 000 DM und gut 100 000 DM gelegen. Der Sinneswandel beruht auf zwei Quellen. Er habe noch einmal seine eigenen Steuerunterlagen durchgesehen und dabei festgestellt, dass auch 1999 noch Spendenquittungen verteilt worden seien. Da-

mit scheint auch klar: Manfred Biciste hat selbst von der illegalen
Aufstückelung der Großspenden profitiert und sich eigenhändig
Quittungen ausgestellt. In welcher Größenordnung, darüber
schweigt der Ex-Kassierer bis heute.

Noch am gleichen Tag wächst der Druck auf die 42 Quittungsempfänger. Der große alte Mann der Kölner SPD, Hans-Jürgen
Wischnewski, meldet sich zu Wort: »Ich muss es leider sagen, aber
für mich hat das etwas mit Betrug zu tun«, sagt »Ben Wisch« und
fordert alle betroffenen Genossen auf, dem Beispiel Rüthers und
Bicistes zu folgen, die Mandate niederzulegen und die Partei zu verlassen. Das wird in den kommenden Wochen aber nur in den
wenigsten Fällen freiwillig geschehen. »Ben Wisch« ist es auch, der
auf einem Sonderparteitag zu einer öffentlichen Entschuldigungs-
Kampagne rät, die später mit Anzeigen in den Kölner Tageszeitungen
gestartet wird. »Wir müssen nicht in Sack und Asche herumlaufen,
aber wir müssen eingestehen, dass wir etwas falsch gemacht haben«,
sagt Wischnewski. Auf dieses Eingeständnis wartet er bei manchen
Genossen noch heute.

Die Macht am Rhein –
Wie Klaus Heugel und Norbert Rüther
die SPD auf Linie brachten

Der Kandidat strahlt und sein Fraktionschef klopft ihm an jenem grauen Tag im April 1999 fröhlich auf die Schulter. Klaus Heugel und Norbert Rüther: Gemeinsam präsentieren sich die beiden SPD-Größen auf dem Neumarkt in Köln vor einer knallroten Straßenbahn der Kölner Verkehrsbetriebe: »Die Wahl kommt – Heugel wählen«. Unter diesem Motto lässt die Kölner SPD im Kommunalwahlkampf 1999, bei dem der Oberbürgermeister erstmals direkt von den Kölnern gewählt werden sollte, zwei Heugel-Straßenbahnen fünf Monate lang durch die Stadt rollen, Kostenpunkt dieser ungewöhnlichen Werbeaktion: 50 000 DM. Und Rüther kündigt an, beim Kampf um die Macht im Rathaus würden die Genossen weder Kosten noch Mühen scheuen. »Der Straßenwahlkampf ist passé«, diktiert Kölns Spitzengenosse den Journalisten in ihre Schreibblöcke und OB-Kandidat Klaus Heugel nickt beiläufig. »Das ist eine besondere Wahl. Da müssen wir besonders rangehen.« Eine besondere Wahl vor allem deshalb, weil sie die Macht der Genossen am Rhein, die sie schon mehr als 40 Jahre innehaben, für mindestens weitere zehn Jahre zementieren soll. Heugel wird die Wahl gewinnen. Das scheint selbst der Kölner CDU und ihrem inzwischen verstorbenen Oberbürgermeister-Kandidaten Harry Blum, der sich mit einer für seine eigene Partei überraschenden Plakataktion selbst aufgestellt hatte, klar zu sein. Und Norbert Rüther, so das Kalkül der beiden Spitzengenossen, hätte im August 2004, also exakt einen Monat vor der nächsten Kommunalwahl, die Oberbürgermeister-Kette von seinem Ziehvater übernommen, weil der aus Altersgründen mit 68 Jahren sein Amt hätte aufgeben müssen. Damals, so sah es die inzwischen geänderte Gemeindeordnung noch vor, hätte der Stadtrat mit der Stimmen-Mehrheit der SPD den Nachfolger gewählt,

Große Pläne im Wahlkampf 1999: Klaus Heugel und Norbert Rüther vor einer
Straßenbahn im SPD-Design

der dann mit dem Bonus des Amtsinhabers ins Rennen gegangen
wäre.

Wahlkämpfe kosten Geld. Heute ist klar, wie die SPD ihren
finanzierte: Aus schwarzen Kassen, die mit »Dankeschön-Spenden«
von Firmen aus der Entsorgungswirtschaft gefüllt wurden. Die Rolle
des willfährigen Helfers fällt dabei dem damaligen SPD-Schatzmeis-
ter Manfred Biciste zu. Vor dem Bundestagsuntersuchungsausschuss
gibt Biciste die Rolle des reuigen Sünders und gewährt so einen Blick
in die Geldbeschaffungsmaschinerie der Kölner Genossen: »Lange
Jahre hatte ich Wahlkämpfe der Partei begleitet und mitgestaltet.
Zumindest auf der kommunalen Ebene liefen diese handgestrickt ab.
Flugblätter wurden selber erstellt und verteilt, Plakate selber entwor-
fen und geklebt, bestenfalls von einem Grafiker ansprechend gestaltet. Diese Situation stellte sich schon 1994 und erst recht in der Perspektive auf folgende Wahlkämpfe ganz anders dar. Seinerzeit wurde
ein Werbunternehmen von unserer Wahlkampforganisation mit der

Planung einer gesamten Wahlkampflinie beauftragt, Werbeprodukte wurden nicht nur inhaltlich, sondern auch ästhetisch und in ihrer Werbewirksamkeit durchgestylt. Freiwillige Dienstleistungen von Mitgliedern wurden rarer, eine Tendenz, die sich ungebrochen fortgesetzt und auch hier zur Professionalisierung von Wahlkämpfen geführt hat. Schon 1994 überschritt unser Wahlkampfetat 500 000 DM und führte in der Perspektive für 1999 mit der auf Grund der Änderung der Gemeindeordnung erforderlichen Direktwahl des Oberbürgermeisters und eines personenbezogenen Wahlkampfs zu einem Finanzierungshorizont von mehr als einer Million DM. Dies war und ist aus dem Etat des Unterbezirks, aus Mitgliedseinnahmen und Mandatsträgerabgaben nicht zu finanzieren. Insofern ergab sich Mitte 1994 die Situation, als der damalige Fraktionsgeschäftsführer Rüther mir 75 000 DM in bar offerierte, dass ich dieses Angebot nicht zurückwies, sondern mich auf Grund der geschilderten Situation dazu verleiten ließ, darüber nachzudenken, wie dieses Geld in den Geldkreislauf der Partei eingebracht werden könnte.«

Zu diesem Zeitpunkt hatten Klaus Heugel und Norbert Rüther ihre Machtposition in der SPD längst ausgebaut, den linken Flügel zum Schweigen gebracht und alle Widerstände gegen ihre Politik in der eigenen Partei gebrochen. Manfred Biciste, ein Vertreter des linken Flügels, erinnert sich an die Rolle, die ihm Heugel im Oberbürgermeister-Wahlkampf zuwies: Ob Heugel, wie die Staatsanwaltschaft vermutet, in das parteiinterne Geldwäsche-System eingeweiht war, wisse er nicht. »Heugel war damals ja nicht mehr Mitglied der SPD-Fraktion, sondern bereits Oberstadtdirektor. Für den war immer die Hauptsache, dass der Rubel für den Wahlkampf rollt. Ich war als Parteikassierer nur wichtig, damit auch Geld da ist. Wenn ich Ja sagte, war es gut. Sagte ich Nein, wurde der furchtbar ungnädig und grantig, weil er meinte, dass dadurch seine Wahlchancen sinken könnten.« Das sei allerdings immer das Los des Schatzmeister gewesen. »Bei Anke Brunn und Norbert Burger war das nicht anders«, so Biciste. Heugel habe sich von ihnen nur durch seinen »schnoddrigen Charme« unterschieden.

Wahlchancen, die sich Klaus Heugel und Norbert Rüther in einem gleichermaßen mühsamen wie dauerhaften Kleinkrieg gegen den linken Flügel in der Partei überhaupt erst erkämpft hatten und die am Abend des 4. November 1997 auf einem denkwürdigen Wahlparteitag im Bürgerhaus Chorweiler zu einer bitteren Niederlage des linken Parteiflügels führten. Mit der überraschend deutlichen Mehrheit von 156 zu 144 Stimmen wählten die Delegierten Klaus Heugel zum Spitzenkandidaten für das Amt des hauptamtlichen Oberbürgermeisters. Dessen Kontrahent, der damalige Parteichef Kurt Uhlenbruch, musste erkennen, dass es der Zange Rüther-Heugel gelungen war, ein halbes Dutzend Delegierte »umzudrehen«. Und das, obwohl die Rechten lange Zeit nicht gut aufgestellt schienen, weil sie sich zunächst ein internes Kandidatenduell leisteten.

Wie es dem Heugel-Zögling Norbert Rüther gelang, als Fraktionsgeschäftsführer auch linke Genossen auf seine Seite zu ziehen, scheint inzwischen aufgeklärt. Er habe die Bataillone gesammelt, im Vorfeld unermüdliche Gespräche mit den Delegierten geführt, ließ Rüther sich damals nach etlichen Kölsch bei der Siegesfeier im »Haus Berger« entlocken. Das rechte Lager habe an einem Strang gezogen.

Unermüdliche Gespräche à la Rüther müssen ungefähr so abgelaufen sein: Er habe anklingen lassen, Karrieren in der Stadtverwaltung zu beenden und so bei den Delegierten, die zum Großteil bis heute dort arbeiten, für erheblichen Druck gesorgt, sagt ein SPD-Delegierter, der auch immer noch in der Verwaltung tätig ist und aus diesem Grund seinen Namen nicht nennen will. So mancher habe sein berufliches Weiterkommen mit Heugels Schicksal verbunden, der zuvor 17 Jahre als SPD-Fraktionchef amtiert hatte und im April 1998 die Nachfolge von Lothar Ruschmeier als Oberstadtdirektor antrat. Ein Übergangsszenario, denn im Rat fand sich damals keine Mehrheit, ihn gleich zum Oberbürgermeister-Kandidaten zu küren. Der Druck habe auch auf der damaligen Ratsfraktion gelastet. Wer für Heugel stimmt, kehrt bei der Wahl 1999 in den Rat zurück. Wer nicht spurt, wird erst gar nicht wieder aufgestellt. Die Genossen haben gespurt und so ein System installiert, dass sie später als »unerreichbares Machtzentrum« beklagen sollten.

Am Wahlabend von Chorweiler schienen Heugel und Rüther am Ziel: Denn zwischen ihnen war längst abgesprochen, dass Rüther neben seinem Posten als Fraktionsgeschäftsführer, der ihm monatlich Einkünfte von rund 12 000 DM bescherte, von Heugel auch den ehrenamtlichen Fraktionsvorsitz übernehmen würde. Eine Vorstellung, die nicht nur beim damals amtierenden SPD-Oberbürgermeister Norbert Burger Entsetzen hervorrief. Der hatte zuvor öffentlich kritisiert, Heugel sei als Kandidat zu alt, kein Mann mit Visionen. Als er nach der Wahlschlacht auf die Bühne ging, um dem Sieger zu gratulieren, drehte der sich beim Händeschütteln demonstrativ weg.

Ein halbes Jahr später – Ende April 1998 – zieht Klaus Heugel in das Büro ein, das Lothar Ruschmeier acht Jahre lang geführt hat. Mit seinem Flipperkasten und seinem engsten Vertrauten Detlev Krupp, einem alten Weggefährten und Urgestein der Verwaltung. Der ehemalige Fraktionsassistent der SPD sammelte als Referent von Ruschmeier Erfahrung in der Verwaltungsspitze, kennt die Stadtverwaltung wie seine Westentasche. Mit im Gepäck: Königsmacher Norbert Rüther. Als neuer SPD-Fraktionschef muss er nicht nur den Heugel-Wahlkampf organisieren, sondern seinem Boss im Rat gegen die Opposition den Rücken freihalten.

Was Burger am Wahlabend im Bürgerhaus Chorweiler über die Entscheidung der Genossen dachte, sprach der inzwischen verstorbene Kurt Rossa, der das Amt des Oberstadtdirektors von 1978 bis 1990 bekleidet hatte, in einem Artikel in der Wochenzeitung »Die Zeit« unverhohlen aus. Mit dem hauptamtlichen Bürgermeister sei ein »Amt für einen Übermenschen entstanden, jedenfalls aber für Hochqualifizierte«, urteilte Rossa. »Köln braucht einen Kopf, aber sucht ihn nicht. Auf den Gedanken, einen erstklassigen Kandidaten zu suchen, weil die Besetzung dieses Postens eine Schicksalsfrage für die Stadt sein könnte, kommt niemand.« Das wundere ihn allerdings nicht. Schließlich werde das neue Amt mit B 11 wie das eines Bundesstaatssekretärs honoriert. Das mache, rechnete Rossa damals vor, bei einem Verheirateten mit zwei Kindern 19 127,16 DM aus, ein Leckerbissen quasi. Da liege auf der Hand, dass bei der Kandidatensuche gewisse Grundsätze beachtet sein wollten, die sich nicht in der Qualifikation des Bewerbers erschöpfen könnten.

Kandidatensuche auf kölsch sieht anders aus: Während die Stadt in überregionalen Zeitungen im Oktober 1997 den Nachfolger des scheidenden Oberstadtdirektors Lothar Ruschmeier suchte, hatten sich die Genossen schon auf die interne Lösung Klaus Heugel verständigt. Die externe Ausschreibung für den Verwaltungschef erweist sich als reine Farce.»Bewerbungen von Persönlichkeiten, die aufgrund ihres Werdegangs Fähigkeiten erworben und Erfahrungen gesammelt haben, die sie in die Lage versetzen, das Amt selbstverantwortlich und ordnungsgemäß zu führen«, heißt es in der Anzeige, nehme der Oberbürgermeister bis Mittwoch, 5. November 1997, entgegen.

Die Kölner SPD kümmert der Termin wenig. Am Abend bevor die externe Ausschreibung für den Posten des Oberstadtdirektors endet, küren die Genossen Klaus Heugel zum OB-Kandidaten. Dieser soll sich bis zur Wahl zum hauptamtlichen Oberbürgermeister schon einmal als Oberstadtdirektor warmlaufen. Heugel gibt sich in seiner Antrittsrede kämpferisch:»Es geht hier nicht um den Start einer neuen Karriere; ich muss mich nicht verbiegen. Nehmt meine stadtpolitische Erfahrung aus 23 Jahren, und steuern wir gemeinsam die Stadt ins nächste Jahrtausend! Ich trete ein für eine Politik der Verlässlichkeit, die auch die Schwachen mitnimmt. Gute Geschäfte sind mit Köln dann zu machen, wenn sie der Stadt und den Menschen nützen. Ich trete an für fünf Jahre minus zwei Wochen vor den nächsten OB-Wahlen.«

Wie Heugel dieses Freifahrtticket nutzte, ist hinlänglich bekannt. Er stolpert über Insidergeschäfte mit Felten & Guilleaume-Aktien und wird das, was er einem Redakteur des Kölner»EXPRESS« nach Auffliegen des ersten SPD-Skandals vor den Kopf knallt, als der ihn vor seiner Haustüre nach den Konsequenzen seines Rücktritts für die Kölner SPD befragen will:»Ich bin Privatmann, lassen Sie mich in Ruhe.«

Norbert Rüther – Ein Politiker geht an seinem Machtanspruch zugrunde

Die Geburtstagsparty im Theater am Tanzbrunnen war teuer, doch schließlich wird man nur einmal 50 – und wenn es darum geht, ein Fass aufzumachen, war Norbert Rüther immer dabei. Knapp 31 000 DM kostete die Sause, mit der der SPD-Fraktionschef am 2. September 2000 das halbe Jahrhundert mit seiner Familie sowie rund 230 Gästen aus Politik, Wirtschaft und Kultur, aber auch mit seinen alten Kollegen aus seiner Zeit als Psychiater beim Landschaftsverband Rheinland feierte. Endlich mal wieder auf die Pauke hauen, denn ein Jahr zuvor war die Party ins Wasser gefallen, musste Rüther ausgerechnet an seinem Geburtstag den Rücktritt des Oberstadtdirektors und Oberbürgermeisterkandidaten Klaus Heugel wegen dessen Insidergeschäfte mit Aktien bekannt geben.

Kein Kölsch auslassen, immer im Mittelpunkt stehen, bei den Debatten im Rathaus laut und angriffslustig. Rüther, der gewiefte Taktiker und Machtpolitiker – mit einem ausgezeichneten Gedächtnis für Namen und Personen. Knallhart in der Sache und eiskalt bei der Durchsetzung seiner Interessen. Seine Ambitionen waren immer klar abgesteckt: Als Fraktionsvorsitzender wollte er Klaus Heugel bei der Kommunalwahl im Herbst 2004 als Oberbürgermeister nachfolgen, selbst das Wahldesaster nach Heugels Rücktritt im September 1999 konnte ihn nur kurzfristig aus der Ruhe bringen: »Köln ist eine SPD-Stadt.« Rüther war sich sicher, dass 2004 auch ohne Heugel seine Stunde schlagen würde. Wenn ihm da nicht der plötzliche Tod des CDU-Amtsinhabers Harry Blum und die Tatsache, dass dessen Nachfolger Fritz Schramma bis 2009 im Amt bleiben wird, einen Strich durch die Rechnung gemacht hätte.

Es ist schon erstaunlich, dass sich viele seiner politischen Weggefährten von einst auch nach seinem Sturz nur anonym über Rüther äußern wollen. »Ich halte ihn für einen sehr klugen Kopf, der natür-

Ein strahlender Sieger: Norbert Rüther nach seiner Nominierung zum Landtags-
kandidaten im Dezember 1999

lich machtgeil und machtanfällig ist«, sagt ein SPD-Politiker aus dem
unmittelbaren Umfeld des ehemaligen Fraktionschefs. Rüther habe
aber auch eine ganz andere Seite gehabt. Als Arzt beim Landschaftsverband sei er fachlich anerkannt gewesen. Privat habe er diesen
Freundeskreis auch während seiner politischen Laufbahn gepflegt
und »es erscheint mir durchaus möglich, dass die 200 000 Euro, die
er für seine Haftentlassung als Kaution hinterlegen musste, zum
großen Teil aus diesem Freundeskreis stammen.« Rüther habe vor
allem mit den Gesundheits- und Sozialpolitikern in der SPD-Fraktion immer wieder intensive Gespräche zu Fachthemen geführt. »Ich
habe ihn einmal gefragt, ob er die Fraktionsmitglieder manchmal
mit den Augen eines Psychoanalytikers oder Psychiaters sieht. Da
hat er geantwortet, diese Betrachtungsweise habe er sich verboten.«
    Der Heugel-Skandal hinterlässt trotz allen vordergründigen
Optimismus' seine Spuren. Ein SPD-Fraktionsmitglied, das ebenfalls
ungenannt bleiben möchte, erinnert sich noch heute an »die grauen-

hafte Rede«, die Rüther beim Rücktritt seines Ziehvaters Heugel gehalten hat. Nach dem Motto: Das kann jedem einmal passieren. »Im Nachhinein ist mir schlagartig eingefallen, dass er schon damals geahnt haben muss, dass die Sache nicht gut ausgeht.« Der Druck sei danach immer größer geworden: »Er hat immer mehr getrunken und wurde immer dicker. Sein Fahrer hat mir mal erzählt, dass er ihn abends öfter nicht nach Hause fahren konnte, sondern stattdessen von einer Kneipe in die nächste. Alkohol und Tabletten. Das letzte halbe Jahr vor seinem Rücktritt muss das ganz schlimm gewesen sein.«

Die andere Seite des Norbert Rüther: Als der Machtmensch zurücktritt, hat er für die SPD-Fraktion kein Wort der Erklärung übrig. Er verschwindet, wendet sich ab, geht vor dem Bundestagsuntersuchungsausschuss selbst dem Mitbeschuldigten Manfred Biciste aus dem Weg. Genossen, die den Kontakt zu ihm suchen, lernen einen ganz anderen Rüther kennen. Mit weinerlicher Stimme am Telefon, immer wieder beschwörend, keinen Pfennig Geld für sich behalten zu haben. Und dass ihm alles fürchterlich Leid tun würde. Die Reaktionen fallen entsprechend aus. Der Vorsitzende eines Ortsvereins antwortet bei einem Telefonat mit dem einst so mächtigen Fraktionsboss: »Hör' auf zu heulen. Das ist doch nur Schauspielerei.«

Der SPD-Politiker hat bei den Genossen jede Form von Glaubwürdigkeit verspielt. »Ich kenne Norbert Rüther seit über zehn Jahren. Er war sehr dominant und beherrschte alle Register der Rhetorik und der Mimik.« Kritiker habe er stets runtergeputzt und mundtot gemacht.

Urteile, die immer wieder bestätigt werden. Allmächtig, auf kommunalpolitischer Ebene alle Fäden in der Hand haltend, ein Arbeitstier. »In der Fraktion haben Rüther und Heugel die wesentlichen Entscheidungen bis ins kleinste Detail vorbereitet. Wir waren nur zum Abnicken da. Große Diskussionen gab es nicht mehr. Nach dem Ende der politischen Karriere von Heugel hat Rüther die Entscheidungen allein getroffen«, erinnert sich ein Fraktionskollege. Rüthers Führungsstil wird immer wieder als unpersönlich, Macht besessen, verschlossen und nicht kommunikativ beschrieben.«Er war ein absoluter und sturköpfiger Kämpfer für die Sache. Er nutzte seine Position aus, um seine Ziele zu erreichen. Er hielt sich für mächtig und scheute nicht davor zurück, Hindernisse, die sich ihm in den Weg stellten, mit allen ihm zur Verfügung stehenden Mitteln auszuräumen. Und die waren ja nicht gering.«

Die Machtbesessenheit als hervorstechende Charaktereigenschaft: Als es nach dem Tod von Harry Blum im Herbst 2000 erneut zur Wahl des Oberbürgermeisters kommt, unterstützt der kurz zuvor in den Landtag eingezogene Rüther die SPD-Kandidatin Anke Brunn, wo er nur kann. Auf den ersten Blick logisch, gibt es doch zu der ehemaligen NRW-Wissenschaftsministerin keine personelle Alternative. Doch vier Monate zuvor hat er in manchen Ortsvereinen noch massiv über die Kandidatin hergezogen, sie als unfähig bezeichnet. Er habe trotz der Heugel-Affäre immer noch gehofft, Anke Brunn später einmal als Oberbürgermeister beerben zu können, erinnert sich ein Genosse an gemeinsame Gespräche. Ein Jahr nach dem Skandal habe er selbst noch nicht kandidieren wollen, »weil über die Sache erst noch Gras wachsen« müsse. Rüther sieht sich in seiner politischen Übergangsplanung nach der Auflösung der SPD-Bezirke – er war der Vorsitzende des mächtigen Bezirks Mittelrhein – als Staatssekretär in Düsseldorf unter Ministerpräsident Wolfgang Clement. Der habe die Zahl seiner Staatssekretäre von zwei auf vier erhöhen wollen, um die mittlere Ebene zufrieden zu stellen. Das sei an den Grünen gescheitert – eine weitere politische Niederlage für den Kölner Fraktionschef.

Norbert Rüther heute? Knapp zwei Jahre nach der Affäre arbeitet er wieder in seinem alten Beruf als Psychiater in Rheinland-Pfalz. Täglich nimmt er die weite Fahrt mit öffentlichen Verkehrsmitteln zu einer Klinik im rheinland-pfälzischen Wissen auf sich. In der Kölner Öffentlichkeit sieht man ihn so gut wie nie. Er hat stark abgenommen, treibt Sport. Ab und zu trifft man ihn beim Walking am Decksteiner Weiher. Gesprächen mit Journalisten, die früher zu seinen Lieblingsbeschäftigungen zählten und die er zuweilen in Res-

taurants einlud, bei denen auch schon mal eine Bauchtänzerin auf-
trat, weicht er aus. Alle Versuche, ihn zu einem Interview zu bewegen, werden von seinen Rechtsanwälten abgeblockt. Die Frage,
warum sich der SPD-Politiker so von der Macht korrumpieren ließ,
ist deshalb immer noch nicht endgültig beantwortet.

Die Entscheidung zum Bau der Müllverbrennungsanlage in Köln-Niehl

»Die werden wohl nie Ruhe geben«, sagt der ehemalige Kölner Regierungspräsident Franz-Josef Antwerpes noch heute bei jeder Gelegenheit, wenn er auf das umstrittenste Bauprojekt der letzten 20 Jahre in Köln angesprochen wird. Tatsächlich erhitzt die rund 500 Millionen Euro teure Müllverbrennungsanlage im Stadtteil Niehl auch noch Jahre nach ihrer Eröffnung im Januar 1998 die Gemüter, und die »Interessengemeinschaft Kölner Müllvermeidung statt Müllverbrennung« (Kimm) lässt keine Gelegenheit ungenutzt, den »überflüssigen« Müllofen anzuprangern.

Der Streit um den Niehler Müllofen fand seinen Höhepunkt in den Jahren 1995 und 1996, als der Kölner Stadtrat mit den 49 Stimmen von CDU und Grünen gegen die 42 Stimmen der SPD ein Bürgerbegehren gegen den Bau der Anlage für zulässig erklärte und

28. Januar 1994: Im Kölner Rathaus unterzeichnen Sigfrid Michelfelder, Lothar Ruschmeier, Ulrich Eisermann und Burkhard von der Mühlen der Vertrag zum Bau der Müllverbrennungsanlage.

Mit 790 Millionen DM veranschlagt, am Ende eine Milliarde DM teuer: der Müllofen in Niehl.

damit dem damaligen SPD-Oberstadtdirektor Lothar Ruschmeier
eine politische Niederlage beibrachte. Doch die Müllofen-Gegner
hatten die Rechnung ohne den Regierungspräsidenten gemacht.
Ruschmeiers Parteifreund Antwerpes hob diesen Ratsbeschluss
im März 1996 wieder auf, weil er die Unterschriftensammlung für
rechtswidrig hielt. Diese Rechtsauffassung wurde noch im gleichen
Jahr von der 4. Kammer des Kölner Verwaltungsgerichts bestätigt.
Das Bürgerbegehren der Aktion »Das bessere Müllkonzept«, das
mehr als 48 000 Unterschriften gesammelt hatte, war zu Fall gebracht.

Die Geschichte der Müllverbrennungsanlage reicht zurück bis
in das Jahr 1988. Damals kam das Institut für Energie und Umwelt-
forschung (Ifeu) in Heidelberg, das im Auftrag der Stadt Köln ein
Gutachten erstellte, zu einem aus heutiger Sicht erstaunlichen Ergebnis: Selbst wenn die Kölner sich als Weltmeister im Vermeiden und
Verwerten von Abfall entpuppten und rund 620 000 Haushalte die

Biotonne nutzten, sei eine Restmüllverbrennungsanlage mit einer Kapazität von 235 000 Tonnen erforderlich. Der Heidelberger Gutachter hatte aber auch deutliche Bedenken: Eine Verbrennungsanlage stoße giftige Schadstoffe aus, je größer die Anlage sei, umso mehr Müll brauche sie zum Verbrennen. Die Kölner MVA-Gegner teilten die Bedenken des Gutachters und dessen Forderung nach einer flächendeckenden Einführung der Biotonne in Köln, die es bis heute nicht gibt. Sie kritisierten, das Institut habe die Gefährdung durch Schadstoffemissionen hinter die abfallwirtschaftlichen Überlegungen zurückgestellt.

Das Ifeu-Gutachten war Grundlage des Ende 1988 vom Stadtrat verabschiedeten Abfallwirtschaftskonzepts, das die Einführung der Biotonne für nur noch 400 000 Haushalte vorsah. Erarbeitet wurde es unter der Regie des damaligen Umweltdezernenten und späteren Stadtdirektors Burkhard von der Mühlen. Seine Erkenntnis: Abfallvermeidung kann in Köln höchstens zu einem Müllrückgang von 15 Prozent führen.

Über die Größe des Müllofens wurde in den kommenden Jahren bis 1992 heftig gestritten. Der Regierungspräsident Franz-Josef Antwerpes (»Die Leute sagen immer, ich sei ein Pyromane«) forderte eine Anlage, die in der Lage sei, rund 600 000 Tonnen Restmüll pro Jahr durch den Schornstein zu jagen, die Stadt wollte sich dagegen nur auf 387 000 Tonnen einlassen. Auf Grund verschärfter Gesetzesvorlagen erhöhte der Stadtrat später den Durchsatz auf 470 000 Tonnen. Doch die wurden mit Kölner Müll bis heute nicht erreicht. Im Jahr 2001 wurden in Niehl knapp 400 000 Tonnen verfeuert.

Warum die Stadt Köln bereits 1988 Müllmengen in einem Abfallwirtschaftskonzept festlegte, ist bis heute unklar. Fest steht: 1988 war vom Dualen System Deutschland (DSD) noch nicht die Rede, gab es weder eine Verpackungsverordnung noch ein Kreislaufwirtschaftsgesetz, das jede Kommune verpflichtet, die Entsorgung ihres Mülls sicher zu stellen. Dieses Gesetz trat erst 1996 in Kraft. Und auch die Befürchtungen des damaligen Regierungspräsidenten, die Deponien könnten überquellen, erwiesen sich als unbegründet. Die

»Vereinigte Deponie Ville« hat noch heute Kapazitäten von mehreren Millionen Kubikmeter, die wohl nicht mehr genutzt werden können, weil die Landesregierung Nordrhein-Westfalen vor Jahren einen Grundsatzbeschluss fällte, die Deponien auslaufen zu lassen, dessen Umsetzung aber immer wieder hinauszögerte. Jetzt soll das Aus 2005 besiegelt sein.

Dass das Ende für die Deponien politischer Wille sei, war somit der einzige Anhaltspunkt, als der Stadtrat in Köln im Juni 1992 beschloss, die Abfallentsorgungs- und Verwertungsgesellschaft Köln (AVG) mit der Aufgabe zu gründen, die geplanten Müllentsorgungsanlagen zu betreiben. Die AVG gehört heute zu 74,9 Prozent der Stadt und dem Stadtwerke-Konzern, 25,1 Prozent entfallen auf die RWE Umwelt AG, die diesen Anteil vom Müllentsorger Trienekens übernommen hat. Es gehört zu den Merkwürdigkeiten des kölschen Müllklüngels, dass im Januar 1994 ausgerechnet das Unternehmen den Zuschlag zum Bau der Anlage erhielt, für das sich der Regierungspräsident gleichermaßen unverblümt wie vehement eingesetzt hatte. Das geht aus einer Telefonnotiz hervor, die Franz-Josef Antwerpes am 22. Juli 1992 nach einem Telefonat mit dem damaligen Oberstadtdirektor Lothar Ruschmeier gefertigt hatte: »An Dezernate 54 und 55, im Hause. Telefonat mit OStD Ruschmeier 22.07 1992. Um das für nächstes Jahr vorgesehene Planfeststellungsverfahren für die MVA zu beschleunigen, habe ich ihm geraten ... besonders die Firma Steinmüller aus Gummersbach zu berücksichtigen. Diese könne beispielsweise mit der Deutschen Babcock eine Arbeitsgemeinschaft bilden (Babcock macht die Aachener MVA). Herr Ruschmeier wird Herrn Eisermann (Geschäftsführer der AVG) entsprechend informieren. gez. Dr. A.«

Im Januar 1994 erhielt der Gummersbacher Anlagenbauer Steinmüller den Zuschlag für den Bau des Müllofens, der damals noch knapp 800 Millionen DM kosten sollte. Den ersten Spatenstich vollzogen Lothar Ruschmeier und AVG-Geschäftsführer Ulrich Eisermann am 22. Februar 1996 gemeinsam, nachdem Antwerpes den Genehmigungsantrag – 43 Ordner mit mehr als 4000 Seiten und

350 Zeichnungen – positiv beschieden hatte. Zuvor hatte der politische Druck auf die Kölner Politik, den Bau des Müllofens endlich voranzutreiben, auch vom Land zugenommen. Der inzwischen verstorbene SPD-Umweltminister Klaus Matthiesen, der zunächst den Anlagenbauer ABB aus Mannheim favorisiert hatte, habe sich plötzlich auch für die Gummersbacher Firma stark gemacht. Das erfuhren die Korruptionsermittler von AVG-Geschäftsführer Ulrich Eisermann. Als sie ihn fragten, ob denn auch ABB und Babcock bereit gewesen wären, Provisionen bei der Auftragsvergabe zu bezahlen, packte Eisermann aus: »Bei ABB wurde gesagt, die übliche Provision, und bei Babcock zwei bis drei Prozent. Bevor Wienand mich zu dem Gespräch mit Trienekens und Michelfelder bat, war mir bereits aus Kreisen der Politik die Firma Steinmüller nahe gelegt worden. So wurde ich einmal zu Herrn Antwerpes zitiert, weil er mich wohl kennen lernen wollte. Das war bereits im Herbst 1992. Herr Heugel war ja grundsätzlich gegen meine Person als Geschäftsführer der AVG eingestellt und Herr Antwerpes wollte mich wohl überprüfen. Am Ende des Gespräches sagte mir Herr Antwerpes: Vergiss die Firma Steinmüller nicht. In ähnlicher Weise hatte sich Herr Matthiesen geäußert. Zunächst hatte er sich für ABB eingesetzt – das war etwa ein halbes Jahr vorher, etwa Ende 1992, und als er merkte, dass er mit ABB nicht durchkam, legte er uns die Firma Steinmüller ans Herz.« Weiterhin habe sich die Staatskanzlei für die Firma Steinmüller stark gemacht.

Die Antwerpes-Empfehlung hat schon einmal die Düsseldorfer Landesregierung beschäftigt. Am 28. August 1995 tauchte ein Befangenheitsvorwurf gegen ihn auf, Ende März 1996 wurde er von der neuen grünen Umweltministerin Bärbel Höhn ins Ministerium bestellt. »Antwerpes hat damals gesagt, er habe Ruschmeier keine Weisung erteilt, sondern ihm lediglich einen Ratschlag gegeben«, beschreibt Höhn dessen damalige Rechtfertigung. Und Antwerpes bleibt auch sieben Jahre später dabei: »Mir wurde vorgeworfen, ich sei befangen, weil ich die Firma Steinmüller seinerzeit mit empfohlen habe. Das ist ein alter Vorwurf. Ich habe die Firma Steinmüller dem Oberstadtdirektor empfohlen mit zu berücksichtigen, weil diese gute Arbeit leistete und in meinem Bezirk lag.« Außerdem sei der Regierungspräsident nicht nur Genehmigungsbehörde, sondern auch für die Wirtschaftsförderung seines Bezirks zuständig. In dieser Eigenschaft habe Antwerpes in einem Telefonat, über das er einen schriftlichen Vermerk zu den Akten angefertigt habe, »damit das jeder wusste, die Berücksichtigung empfohlen. Mir ist zum damaligen Zeitpunkt gar nicht bewusst gewesen, dass Schmiergelder gezahlt wurden. Es gab damals keine Berichterstattung darüber. Dies hat sich in den 90er Jahren drastisch geändert. Vielleicht bin ich zu naiv gewesen, als dass ich annehmen müsste, es seien Gelder geflossen. Da ich aber sämtliche Personen kenne, die an dem Verfahren beteiligt sind, war ich erstaunt, dass Sigfrid Michelfelder Geld beiseite gelegt, Ulrich Eisermann Millionen kassiert haben soll und auch andere sich mit Dankeschön-Spenden nicht begnügten. Mich wundert das noch heute, aber wenn sich noch einmal eine solche Investition wiederholen sollte, würde ich schon die Frage stellen: Wiederholt sich dieses? Ist das kein Einzelfall? Ich hätte meine Hand ins Feuer gelegt, dass Herr Michelfelder kein Geld nahm. Von Eisermann muss ich sagen: Ich hätte ihm soviel Geld nicht gegeben, denn er ist im Grunde ein kleines Licht.«

Der Mann am anderen Ende der Leitung, Lothar Ruschmeier, will sich an den Antwerpes-Anruf im Juli 1992 mit der Steinmüller-Empfehlung nicht mehr erinnern. Der Bau der Müllverbrennungsanlage habe ihn damals nur am Rande interessiert. Das sei Sache des AVG-Geschäftsführers Ulrich Eisermann gewesen, der eine sehr starke Position gehabt habe. Als Oberstadtdirektor habe er sich um den Anlagenbau nicht zu kümmern brauchen. Man habe höchstens einmal beiläufig darüber gesprochen. »Erst als das hochkam, wurde ich sofort von Journalisten angerufen, die mich an den Anruf erinnerten. Ich kann mich an diesen Anruf überhaupt nicht erinnern. Und es hatte ganz bestimmt keinen Einfluss auf mich.«

Für Antwerpes ist bis heute verwunderlich, warum Steinmüller Eisermann »die Millionen in die Hand gedrückt« haben soll. »Ich kann das überhaupt nicht verstehen«, erklärt der ehemalige Regierungspräsident im Mai 2002 dem »Kölner Stadt-Anzeiger«: »Entschieden haben über die MVA in Köln im Wesentlichen die Spitzen von SPD und CDU, und der damalige Oberstadtdirektor Ruschmeier hat das ausgeführt und zur AVG weitergeleitet. Deswegen bin ich auch so empört, dass zum Beispiel Herr Blömer (Kölns CDU-Partei-Vorsitzender, Anm. d. Autoren) von der CDU heutzutage von einem Netzwerk der SPD spricht, und er selber hat mit der SPD zehn Jahre lang im Bett gelegen und zieht jetzt das Plumeau über den Kopf, damit er die nicht mehr sieht. Er hat doch damals mit dafür gesorgt, dass diese Entscheidungen fielen. Herr Blömer hat offensichtlich eine derartige Gedächtnisstörung, dass er sich meines Erachtens in Behandlung begeben sollte. Die Kölner Müllverbrennungsanlage ist die Entscheidung der damaligen stillen großen Koalition.«

Lothar Ruschmeier will auch keinen Einfluss darauf genommen haben, dass der ehemalige Hauptamtsleiter Ulrich Eisermann den lukrativen Posten des Geschäftsführers bei der AVG bekam. Als Verwaltungschef habe er bei dieser Personalentscheidung gar nicht alleine handeln können. Das sei ohne den Stadtrat gar nicht möglich gewesen.

Ruschmeier und der damalige SPD-Fraktionsvorsitzende Klaus Heugel haben ohnehin zunächst einen ganz anderen Kandidaten im Visier: Uwe Lahl, Grüner und Beigeordneter für Umweltschutz in Bielefeld. Die Wahl auf Lahl fällt aus taktischen Gründen. Heugel rechnet damit, dass die Durchsetzung einer Müllverbrennungsanlage in Köln auf erheblichen Widerstand stoßen wird. Ein grüner Geschäftsführer, so das Kalkül, dem auch der Oberstadtdirektor etwas abgewinnen kann, könnte in der Lage sein, die Konflikte zu managen und die Verbrennungsgegner im Zaum zu halten. Doch Lahl lässt sich nicht durchsetzen, der Stadtrat ist dagegen. Weil der Oberstadtdirektor und der Fraktionschef eine zweite Abstimmungsniederlage nicht riskieren wollen, kommt Ulrich Eisermann überhaupt ins Gespräch. Und das, obwohl er Heugel gar nicht ins Konzept passt. Der Fraktionschef hatte es Eisermann nicht vergessen, dass dieser einst

Einer der Drahtzieher in der Müllaffäre: AVG-Chef Ulrich Eisermann

einen politischen Widersacher Heugels unterstützt hatte.

Als es um die Gründung der Abfallentsorgungs- und Verwertungsgesellschaft AVG geht, meldet Heugel erneut Bedenken an. Letztlich gelingt es Oberstadtdirektor Lothar Ruschmeier, seinen Favoriten gegen parteiinterne Widerstände durchzupauken. Ruschmeier hält Eisermann für tüchtig und durchsetzungsfähig – und genau diese Fähigkeiten sind für die politische Entscheidung, in Köln eine Müllverbrennungsanlage zu bauen, von Belang. Da Eisermann offenbar auch im Stadtrat mehrheitsfähig ist, steht der Karriere, für die er sich im November 1991 bei seinen Förderern dann auch artig bedankt, nichts mehr im Wege. Die erste Rechnung schickt er dem Oberstadtdirektor mit seinem Dankesschreiben aber gleich mit auf den Weg. Er erlaube sich, für die Gründungsvorbereitungen, die zur Abfallentsorgungs- und Verwertungsgesellschaft führen sollen, eine monatliche Überstundenpauschale von 934,50 DM brutto zu beanspruchen. 35 Stunden zu je 26,70 DM – damals gibt sich selbst ein Ulrich Eisermann noch mit Kleingeld zufrieden.

Task Force Müll:
Ein kaum zu durchschauendes System

Keine Kompetenzen, keine juristischen Druckmittel, alle Untersuchungen auf freiwilliger Basis. Als die Antikorruptions-Kommission »Task Force Müll« am 21. Mai 2002 unter Leitung von Oberstaatsanwalt Arno Neukirchen im Innenministerium ihre Arbeit aufnimmt, betritt die Landesregierung von Nordrhein-Westfalen Neuland. Erstmals ermittelt eine Einsatzgruppe ohne eine durch das Strafrecht gedeckte Rechtsgrundlage. Sie soll prüfen, ob es Anhaltspunkte für Unregelmäßigkeiten beim Bau von Müllverbrennungsanlagen gibt. Das Innenministerium macht keine Vorgaben, schaltet eine Hotline, um auch anonyme Hinweise entgegen zu nehmen. Neukirchen hatte zuvor mit der Entsorgungswirtschaft nichts zu tun. »Ich habe als Abteilungsleiter in der Düsseldorfer Schwerpunktstaatsanwaltschaft für Wirtschaftskriminalität gearbeitet.« Dennoch ist er ein Mann mit großer Erfahrung: Zuvor hat er bereits in der Affäre um die Fuchs-Spürpanzer, gegen die West LB und die Dresdner Bank ermittelt.

Der zwölfköpfige Untersuchungsstab Antikorruption ist eine Mischung aus Staatsanwälten, Kriminalbeamten und Steuerfahndern, die sich mit den Müllverbrennungsanlagen Asdonkshof in Kamp Lintfort (Kreis Wesel), Weisweiler, dem Müllheizkraftwerk Iserlohn und der MVA Bielefeld/Herford beschäftigen sollen. In Hamm und Krefeld verweigert man den Ermittlern mit Hinweis auf die Selbstverwaltung der Kommunen die Zusammenarbeit, in Oberhausen zögert der Stadtrat die Entscheidung so lange hinaus, bis der Untersuchungsstab, dessen Arbeit von vornherein auf sechs Monate begrenzt wird, aufgelöst ist. Die Argumente sind stets unterschiedlich, laufen aber immer aufs gleiche Ziel hinaus: die Arbeit der Untersuchungskommission erfolgreich zu stoppen.

In Bielefeld blockiert der private Gesellschafter der Anlage die Ermittler, in Hamm wird die Absage durch den Oberbürgermeister damit begründet, man habe Anfang der 80er Jahre bereits einen der ersten Korruptionsprozesse in der Müllbranche hinter sich gebracht. Damit ist »für die Stadt Hamm diese Angelegenheit abgeschlossen«, teilt der Oberbürgermeister der »Task Force« lapidar mit.

Die Arbeit wird weiter erschwert, als die Ermittler in Aachen fündig werden, wegen der drohenden Verjährung aber von ihrer vorgegebenen Linie abweichen müssen, keine Strafverfahren einzuleiten, und die Staatsanwaltschaft einschalten. »Danach wurde es mit Sicherheit nicht leichter« sagt Neukirchen. Die Städte fühlen sich durch die Task Force in die Defensive gedrängt, in der Selbstverwaltung eingeschränkt und fragen nach der Rechtsgrundlage der Untersuchungsgruppe. Krefelds Oberbürgermeister Dieter Pützhofen (CDU) poltert, dass Staatsanwälte und Polizisten mit einem »politischen Auftrag ohne jede politische Kontrolle« agieren könnten, sei »in diesem Staat seit 50 Jahren nicht mehr der Fall gewesen«. Der Städtetag NRW gibt ein Rechtsgutachten in Auftrag. Darin ist von den »zehn Todsünden der ›Task Force‹« die Rede.

Am Ende wird NRW-Innenminister Fritz Behrens beklagen, dass »der Appell an die Kommunen und Gesellschaften, sich freiwillig einer Überprüfung zu unterziehen«, nicht gefruchtet habe. Die Müllverbrennungsanlagen Köln und Bonn blieben angesichts der staatsanwaltschaftlichen Ermittlungen von vornherein außen vor.

Schon bei der Frage, »wo wir beginnen sollen, tauchten die ersten Probleme auf«, sagt Arno Neukirchen. Man habe sich schließlich streng alphabetisch für Asdonkshof und Weisweiler entschieden. »Rein formalistisch, von beiden Seiten des Alphabets. Das ließ sich gut einrichten und hätte auch bei den Namen der Kreise keinen Ärger gegeben«, so der Leiter der Kommission. »Aachen und Wesel, das passte in jedem Fall.«

Die Arbeitsweise wird gemeinsam festgelegt. »Wir sind sehr schnell zur der Überzeugung gelangt, dass wir bestimmte Spielregeln festlegen müssen, um das Vertrauen unserer Gesprächspartner bei den Kreisen und in den Anlagen zu gewinnen.« Zusätzlich versucht die Kommission, »neben der unmittelbaren Sichtung der Unterlagen vor Ort möglichst umfassende Informationen über die zu prüfenden Anlagen, den Abfallmarkt und seine Strukturen, Genehmigungsverfahren bei Großanlagen und Firmenverflechtungen in der Entsorgungsbranche zusammenzutragen.« Im Abschlussbericht, den Innenminister Fritz Behrens am 9. Juli 2003 den Journalisten in Düsseldorf präsentiert, beschreibt Neukirchen das Vorgehen en détail: »Neben der Auswertung allgemein zugänglicher Quellen (wissenschaftliche Literatur, Presse, Internet) wurden Gespräche mit Mitarbeitern verschiedener Landesbehörden, insbesondere der Bezirksregierungen als Genehmigungs- und Aufsichtsbehörden und den Fachleuten im Umweltministerium geführt.« Auch beim Bund der Steuerzahler und der Organisation Transparency International, die sich mit der Korruptionsproblematik befasst, haken die Ermittler nach. »Gespräche konnten auch mit einigen Lokalpolitikern und Lokalredakteuren örtlicher Zeitungen geführt werden, die den Mitarbeitern des Untersuchungsstabs geholfen haben, die nötigen Einblicke in die politischen und gesellschaftlichen Verhältnisse am Ort zu gewinnen, sich also das erforderliche Lokalkolorit als Hintergrund für die Untersuchungen zu verschaffen.« In einem Fall sei das Wissen um das gemeinsame Jagd-Hobby eines Geschäftsführers einer Müllverbrennungsanlage und eines örtlichen Bauunternehmers von erheblicher Bedeutung gewesen.

Bei ihren Analysen des Abfallmarktes in Nordrhein-Westfalen kommt die »Task Force« schnell zu einem Resultat: Müll ist ein Geschäft ohne Risiko. Man habe Anfang der 90er Jahre ein Horrorszenario an die Wand gemalt, von Entsorgungsnotstand gesprochen, doch das Gegenteil sei der Fall. Das im Oktober 1996 in Kraft getretene Kreislaufwirtschafts- und Abfallgesetz hat eine fatale Wirkung. Bis dahin war die öffentliche Abfallwirtschaft ähnlich geregelt wie die Arbeit eines Schornsteinfegermeisters. Jeder hat seinen Bezirk, der beim Müll durch Gebietsmonopole öffentlich abgeschottet ist. Doch plötzlich kommt der Wettbewerb: Abfälle zur Verwertung müssen nicht mehr über die öffentlich-rechtliche organisierte Müllabfuhr entsorgt werden. Das nutzt vor allem das Gewerbe, deklariert seinen Müll schlicht als »Abfall zur Verwertung« und umgeht so geschickt das Monopol und die damit verbundenen festgelegten Preise. Das geht sogar so weit, dass Gewerbeabfälle durch Schein-Sortieranlagen gefahren werden, um sie anschließend zu den gleichen Müllöfen zu fahren oder auf die gleichen Deponien zu kippen, die der Bürger in Anspruch nehmen muss. Im Vergleich zu den Müllgebühren der Kommunen allerdings zu erheblich günstigeren Preisen. Auch die Müllmengen aus den privaten Haushalten gehen zurück. Das Duale System Deutschland (DSD) fängt mit dem Grünen Punkt erhebliche Müllmengen ab, zudem nutzen die Entsorger alle gesetzlichen Schlupflöcher aus. Weil die Technische Anleitung Siedlungsabfall, die ab 15. Mai 1993 gilt, eine Übergangsfrist bis zum 1. Juni 2005 einräumt, wird abgekippt statt verbrannt. Hausmüll, Sperrmüll, Bauschutt – alles wandert auf die Deponien, die mit Dumpingpreisen locken, weil ihre Schließung bevorsteht.

Die Experten schlagen Alarm: Mit hoher Wahrscheinlichkeit dürfte es nach Ablauf des 31. Mai 2005 in Nordrhein-Westfalen nicht genügend Müllöfen geben. Die Folge: Private, allen voran der Müllunternehmer Hellmut Trienekens, haben ein hohes wirtschaftliches Interesse, Anteile an Gesellschaften zu erwerben, die Müllverbrennungsanlagen betreiben, und treffen damit exakt auf die Privatisierungsbestrebungen der Kommunen, die sich angesichts knapper Kassen liebend gern von allem trennen, was Kosten verursacht. »Der Staat zieht sich aus der Erfüllung einer Verwaltungsaufgabe zurück. Hier können staatliche Regulierungsauflagen keinen Einfluss mehr auf die wirtschaftliche Betätigung nehmen, da bei der Übertragung von Aufgabe und Trägerschaft auf das Privatrechtssubjekt jede Form parlamentarischer Kontrolle endet«, heißt es in dem Abschlussbericht.

Genau das sieht die »Task Force« kritisch und auch die Formen des Public Private Partnership, bei denen die Gemeinde die Mehrheit der Gesellschaftsanteile behält, um sich so die Kontrollmöglichkeiten zu sichern, seien schwierig: »Durch die Entscheidungsstrukturen des Gesellschaftsrechts können sich Probleme bezüglich der Steuerung im öffentlichen Interesse ergeben.« Im Zuge der rückläufigen Abfallmengen sei aus dem Kampf gegen Abfälle ein Kampf um Abfälle geworden. Der Wettbewerb in der Entsorgungswirtschaft habe sich deutlich verschärft. Und die Kommunen reagieren immer gleich: Um ihre Anlagen auszulasten, nehmen sie Gewerbeabfälle zu Dumpingpreisen entgegen. Durch die zusätzlichen Umsätze sinken die Fixkosten für die Müllöfen, die zum Teil bis zu 80 Prozent der Gesamtkosten ausmachen. Die Folge dieser Subventionierung von Gewerbemüll: Die privaten Haushalte zahlen einen höheren Anteil an den Fixkosten. Ein klassischer Fall von Quersubventionierung.

Doch der vermeintliche Ausweg, durch eine Beteiligung von Privaten die steigenden Kosten abzufedern, erweist sich in vielen Fällen als Fehlschlag. Die Hoffung, über private Mitgesellschafter wie den Müll-Multi Trienekens an zusätzliche Müllmengen zu kommen, erfüllt sich nicht. Denn der Viersener hat faktisch ein neues Monopol. Er diktiert die Preise, indem er die Müllflüsse reguliert.

Die »Task Force« deckt noch mehr Schwachstellen auf. Obwohl die Kommunen grundsätzlich Vertreter in die Gremien der Misch-Unternehmen entsenden und in den Aufsichts- und Verwaltungsräten vertreten sind, »fehlt es oftmals an eindeutigen Regelungen über deren Rechte und Pflichten.« Als Hauptursache für diese Überwachungsmängel sieht die Kommission »die unzureichende persönliche Vorkenntnis der eingesetzten Aufsichtsräte«. Deren Auswahl erfolge »in der Praxis häufig vorrangig nach politischen Proporz-Gesichtspunkten und nicht nach Qualifikation.« Auch bei der Besetzung der Führungspositionen in den Unternehmen falle die Wahl der Kommune statt auf Fachleute zum Teil auf verdiente Verwaltungsbeamte ohne besondere Ausbildung in diesem Bereich: »Fehlende Fachkenntnis der kommunalen Vertreter stehen in einem gravierenden Missverhältnis zu dem Know How ihrer privatwirtschaftlichen Partner.« Was die »Task Force« damit meint, hat Hellmut Trienekens über Jahre vorgeführt: Er steckte sie alle in die Tasche – oder besser, Politiker und Verwaltungsmitarbeiter verfingen sich in seinem Netz von Abhängigkeiten. Wie sagte Arno Neukirchen doch so schön: »Hellmut Trienekens hatte es gar nicht nötig, jemanden zu bestechen.«

Der Untersuchungsstab stellte bei seinen Ermittlungen ein »Klima diverser Abhängigkeiten fest, welches bei isolierter Betrachtung nicht zu beanstanden ist, im Zusammenwirken jedoch bedenklich erscheint.« Und das sind nach Auffassung von Arno Neukirchen die wichtigsten Punkte eines unseligen Beziehungsgeflechts, die er im Abschlussbericht niedergelegt hat:

1. Ratsmitglieder stehen in einem Arbeitnehmerverhältnis zu einem Bewerber eines öffentlichen Auftrages.

2. Ratsmitglieder werden nach Beendigung der politischen Karriere durch den privaten Vertragspartner der Kommune weiter beschäftigt.

3. Ratsmitglieder stehen in ihrem Hauptberuf in einem Auftragsverhältnis zu einem Bewerber eines öffentlichen Auftrags.

4. Ratsmitglieder stehen als Aufsichtsratsmitglieder einer privatisierten oder teilprivatisierten Gesellschaft in einem Spannungsfeld divergierender Interessen.

5. Der private Investor zeigt sich auf gezielte Ansprache als Sponsor und Spender durchaus großzügig.

6. Es bestehen Beraterverträge zwischen privatem Investor und Mandatsträgern bzw. arrivierten Politikern ohne Mandat, deren fachlicher Hintergrund zumindest fragwürdig erscheint.

7. Zwischen einer Kommune und einem Bewerber für einen öffentlichen Auftrag bestehen bereits langjährige geschäftliche Verbindungen, die sich bewährt haben und zu einer Situation gegenseitigen Vertrauens führen.

8. Faktische Begrenzung der Ratskontrolle durch Beschränkung der Entscheidungsfindung auf die Mehrheitsführer im Rat. Grundlegende Entscheidungen mit weitreichenden finanziellen Folgen werden des öfteren mit Dringlichkeitsbeschlüssen ohne vorherige Diskussion im Rat umgesetzt. Hinzu kommt eine fehlende Transparenz komplexer Vertragswerke.

9. Die kommunalen Projektleiter, die mit der Konzepterstellung beauftragt waren, traten fast regelmäßig bei erfolgter Privatisierung in verantwortlichen Positionen der neu gegründeten Gesellschaften auf.

Das ist alles nicht strafbar, so lange keine Korruption im Spiel ist. Doch auch für Oberstaatsanwalt Arno Neukirchen, der mit der »Task Force« in eine völlig neue Rolle schlüpfte (»Im Grunde haben wir wie Journalisten gearbeitet.«), ist das eine rechtliche Grauzone, die es intensiv zu durchleuchten gilt. Ob es dazu kommt, bleibt abzuwarten. Innenminister Fritz Behrens setzt viel Hoffnung auf das interdisziplinäre Fachdezernat »Korruption und Umweltkriminalität«, das beim Landeskriminalamt Düsseldorf eingerichtet wird. Ob das ausreichen wird, um künftig Einflussnahmen zu verhindern, bezweifelt der Leiter des Untersuchungsstabs. Aus Neukirchens Sicht sei der bessere Weg, die Entsorgungswirtschaft komplett zu privatisieren: »Was bei den Telefongebühren klappt, muss doch auch beim Müll gehen.« Gefährlich und stark korruptionsgefährdet seien die Mischformen. Bei diesen Modellen dürfe die Stadt den Bürgern als Müllgebühr zwar nur das in Rechnung stellen, was ihr selbst an Kosten entstehe. »Dass die Privaten dabei Gewinne machen, fällt irgendwie unter den Tisch.« Da eine Rückkehr zur völligen Verstaatlichung nicht mehr zeitgemäß sei, müsse man den entscheidenden Schritt tun und vollends auf den Markt setzen. »Einer sammelt ein und rechnet dann die Mengen ab. So eine Waage an den Lastwagen zu montieren, die einem sagt, das ist Tonne für die Firma A und das ist die Mülltonne für die Firma B, kann doch nicht so schwierig sein. Dann hätte ich als Bürger zumindest eine Wahlmöglichkeit.« Denn eins hat die »Task Force« auch feststellen müssen: »Für einen Außenstehenden ist es fast unmöglich, das komplexe Netz der Beteiligungsbeziehungen zu überblicken. Auch für die kommunalen Vertreter in den Beteiligungsgesellschaften dürfte es ohne Hilfestellung nicht einfach sein, das System zu durchschauen.«

Innenminister Fritz Behrens bescheinigt der »Task Force« eine ausgezeichnete Arbeit: »Die Prüfer haben in fast allen Fällen eine unangemessene Einflussnahme auf oder durch politisch Verantwortliche festgestellt.« Der Untersuchungsstab habe Anhaltspunkte gefunden, »dass ein großes Entsorgungsunternehmen – die Firma Trienekens – ein flächendeckendes Netzwerk der Einflussnahme auf politische Entscheidungsträger aufgebaut hat. »Durch die »verschleierte Verflechtung zwischen Politik und privater Wirtschaft« sei ein »Klima diverser Abhängigkeiten« entstanden, das in weiten Teilen ein objektives und sachgerechtes Handeln der Kommunen ausschließe. Behrens betont, es sei äußerst schwierig, »in einem Konglomerat von Abhängigkeiten zwischen privaten und öffentlich-rechtlichen Firmen sowie politischen Entscheidungen im Zusammenhang mit großen Bauvorhaben korruptionsanfällige Sachverhalte aufzuspüren. Dort müssen und werden wir jetzt verstärkt ansetzen.«

Der »Task Force«-Bericht und die Einschätzung des Innenministers rufen heftige Reaktionen hervor. Carl Meulenbergh, Landrat des Kreises Aachen und Aufsichtsrat der Aachener Abfallwirtschaft (AWA), spricht von »pauschalen Verdächtigungen und Vorverurteilungen«. Das verwundert nicht, denn gerade die AWA gehört zur Betreibergesellschaft des Müllofens in Weisweiler, bei der die »Task Force« gravierende Unregelmäßigkeiten entdeckt hatte. Meulenbergh wirft der Landesregierung eine neue »Dimension von Meinungs- und Stimmungsmache« vor. Ohne nähere Prüfung des Sachverhalts durch die zuständige Justiz habe Behrens die Erkenntnisse der Untersuchungskommission »öffentlich als Verfahrensergebnisse verkündet«.

Auch Norbert Gatzweiler, Verteidiger des früheren Müll-Unternehmers Hellmut Trienekens, kritisiert, der Bericht beschränke sich auf unbewiesene Verdachtsmomente und verstoße damit gegen das Gebot der Unschuldsvermutung. Es gebe darin Behauptungen über Ermittlungsverfahren, die gar nicht existierten. Minister Behrens habe eine »einseitige, unverantwortliche Schuldzuweisung an ein einzelnes Unternehmen unter Nichterwähnung der Gesamtverantwortung höchster staatlicher Stellen in diesem Lande für die heutige Gestaltung der Müllversorgung« vorgenommen.

Die Kritik hat Folgen. Das Innenministerium nimmt den Abschlussbericht am 11. Juli 2003 aus dem Internet. Mit diesem Schritt solle »das geringste Risiko einer Verletzung von Persönlichkeitsrechten vermieden werden«, betont ein Ministeriumssprecher. Es gehe um die Sache und nicht um »emotionale Diskussionen«. Rechtsanwälte der in dem »Task Force«-Bericht erwähnten Beschuldigten hatten zuvor einstweilige Verfügungen gegen die Veröffentlichung beantragt.

Das Müll-Imperium
des Hellmut Trienekens

Wenn man ihn heute auf seinen Ausruf in einer der turbulentesten
Ratssitzungen anspricht, die Köln seit dem politischen Machtwech-
sel von den Sozialdemokraten zur CDU im September 1999 erlebt
hat, muss Jörg Detjen immer noch schmunzeln. Der PDS-Stadtverordnete sorgte am 16. August 2000 im Historischen Rathaus bei der
Debatte um den Verkauf von 49 Prozent der städtischen Anteile an
den heiß begehrten Abfallwirtschaftsbetrieben (AWB) für einen
Eklat: »Wir müssen verhindern, dass die Stadt zum Juniorpartner
der Firma Trienekens wird«, rief er in den Saal und zog damit die Empörung von CDU, FDP und SPD auf sich. Als der PDS-Mann dann
sogar noch eins draufsetzte und prophezeite, die »offenkundigen
Kungeleien mit Trienekens« würden die Stadt noch teuer zu stehen
kommen, hielt es den inzwischen von seinem Amt zurückgetretenen
CDU-Fraktionsvorsitzenden und Bundestagsabgeordneten Rolf
Bietmann nicht mehr auf seinem Stuhl. In der DDR habe es niemals
Ausschreibungen gegeben, verteidigte Bietmann das umstrittene
Geschäft. Trienekens hatte für 30 Millionen Euro den Zuschlag erhal-
ten, obwohl der westfälische Konkurrent Rethmann ein um zehn
Millionen Euro besseres Angebot abgegeben hatte.

Den umstrittenen AWB-Verkauf konnte auch der amtierende
Regierungspräsident Jürgen Roters nicht verhindern. Er hatte zwar
eine europaweite Ausschreibung gefordert, stimmte dem Deal nach
massiven Bedenken letztlich aber doch zu. Und Kölns damaliger
Stadtdirektor Bernhard Wimmer (CDU) ging sogar noch einen
Schritt weiter. Als Trienekens-Widersacher Rethmann seinem Un-
mut über das seiner Meinung nach undurchsichtige Verfahren öffentlich Luft machte und mit einer Klage drohte, wurden die Vertrags-
texte in letzter Minute noch passend gemacht; unter Mithilfe eines
Juristen des Müll-Unternehmers Trienekens, woran im Kölner Rat-

Müllunternehmer Hellmut Trienekens bei einem Besuch der Müllverbrennungs-anlage in Köln-Niehl

haus außer dem PDS-Abgeordneten und den Grünen keiner Anstoß nahm. Deren Fraktionschefin Barbara Moritz appellierte an die etablierten Parteien, nicht durch »undurchsichtige Verfahrensweisen« den Ruf Kölns als Klüngel-Hochburg weiter zu festigen.

Was der PDS-Stadtverordnete damals befürchtete, sollte sich zwei Jahre später als Tatsache erweisen. Hellmut Trienekens und die Kölner Politik: Der Müll-Mogul aus Viersen hat im Laufe der Jahrzehnte ein feines Netz von Abhängigkeiten gewoben, in dem sich nicht nur Kölner Politiker verfangen sollten. Er habe sich, wird Ex-Regierungspräsident Franz-Josef Antwerpes schon 1995 sagen, im Rheinland »ein kleines Monopölchen« zusammengebaut. Dass dies mit Hilfe von Millionen von Schmiergeldern geschehen ist, muss jetzt die Schwerpunkt-Staatsanwaltschaft Korruption in Köln beweisen. So lange dies nicht geschehen ist, darf dennoch getrost von geschickter Einflussnahme gesprochen werden.

Dem Mann aus Süchteln am Niederrhein gelingt binnen weniger Jahren das, was man als unternehmerische Bilderbuch-Karriere bezeichnen könnte. 1968 erbt er vom Vater einen Großhandel für Stroh und Heu und hat bereits wenig später die Finger im Müllgeschäft. In Süchteln, einem Ortsteil von Viersen, erinnern sich noch heute die Älteren gut daran, wie Trienekens junior am Steuer eines Dreitonners den Müll abholte und sich selbst die Hände schmutzig machte, wenn er die Ascheneimer leerte. Mit einer Mischung aus einem untrüglichen Instinkt für Geschäfte, Bodenständigkeit und Bauernschläue baut Müllmann Trienekens, dessen Vater als extrem streng und knauserig beschrieben wird, in 30 Jahren Schritt für Schritt ein Firmenimperium mit knapp 5000 Mitarbeitern auf. Und er erkennt schnell, dass die Umweltgesetze des Landes, die das Schließen aller Mülldeponien Ende 2005 vorsehen, einer Lizenz zum Gelddrucken gleichkommen. Die Abfallentsorgung in Nordrhein-Westfalen wird zum Geschäft ohne Risiko. Der Gesetzgeber schreibt vor, wie die Kommunen ihren Abfall zu vernichten haben, bezahlen muss es der Bürger über die Müllgebühren. Dass diese in den kommenden Jahren mit dem Bau der Müllverbrennungsanlagen in astronomische Höhen schnellen werden, dass Trennen und Wiederverwerten fette Zusatzgeschäfte bescheren müssen, erkennt Hellmut Trienekens schneller als die Konkurrenten in der Abfallbranche. Er weiß genau: Es geht um die Vorherrschaft bei den kommunalen Müllverbrennungsanlagen und darum, die Müllabfuhr unter Kontrolle zu bekommen. Denn 2005 soll die Bundesverordnung über die umweltverträgliche Verwertung von Haus- und Gewerbemüll in Kraft treten. Dann darf dieser Müll nur noch verbrannt oder biologisch aufgearbeitet werden. Das Ende der Deponien wird, glaubt Trienekens, einen Run auf die Müllöfen auslösen.

Und so kann auch die Tatsache, dass der Dreitonner, mit dem Hellmut immer dienstags zur Abfuhr von Hausbrand durch Süchteln tourt, eines Tages in Flammen aufgeht, den Aufstieg des Unternehmens nicht aufhalten. Jahre später versteht Trienekens unter Hausbrand etwas ganz anderes: den kleinen Abschluss-Schnaps nach einem gutbürgerlichen Abendessen.

Franz-Josef Antwerpes, der »kölsche Kurfürst«, ist begeistert von dem, was Trienekens so treibt. »Er folgt in allem, was er tut, meinem Abfallentsorgungsplan, und deswegen ist er mein Musterschüler.« Trienekens, lobt Antwerpes damals, habe geschafft, was die Kommunen zu »meinem Leidwesen« nicht hingekriegt hätten: die regionale Zusammenarbeit in der Müllentsorgung. Lob aus der Politik erntet Trienekens laut Staatsanwaltschaft überall im Rheinland. Auch der Geschäftsführer der Rhein-Sieg-Abfallgesellschaft (RSAG), Karl-Heinz Meys, der von Trienekens Schmiergelder in der Größenordnung von rund 4,1 Millionen DM erhalten haben soll, macht da keine Ausnahme. Zu dessen 60. Geburtstag schreibt ihm Meys im Mai 1998: »Zu Ihrem runden Geburtstag darf ich Ihnen ganz, ganz herzlich gratulieren. Es ist für mich immer wieder begeisternd zu erleben, wie Sie mit Souveränität und Gelassenheit die Abfallbranche in Deutschland beherrschen, ohne dass Sie Ihre menschliche Wärme verlieren. Ich wünsche Ihnen für die nächsten Jahrzehnte viel Gesundheit, weiterhin Vitalität, Schaffenskraft und Gottes Segen.« Als er diese Zeilen zu Papier bringt, ist laut Anklage das erste Schmiergeld schon geflossen.

Das feine Netz von Beziehungen, das Trienekens im Laufe der Jahre über das Rheinland spannt, macht auch vor Köln nicht Halt. Ein Netz, das selbst den Leiter der von der Landesregierung Nordrhein-Westfalen eingesetzten »Task Force Müll«, den Düsseldorfer Oberstaatsanwalt Arno Neukirchen, in Erstaunen versetzt. Der Viersener Müll-König habe seine Einflussnahme auf die Politik besonders geschickt organisiert. Einer der Gesprächspartner bei der Aufarbeitung der Hintergründe der Müllaffäre habe ihn folgendermaßen charakterisiert: »Man konnte sich auf das Wort von Trienekens verlassen. Wenn er sagte, du wirst Geschäftsführer und kriegst ein gutes Gehalt, dann galt das. Wenn er sagte, ich werde mich an dich erinnern, wenn es so weit ist, konnte man sich auch darauf verlassen. Der Mann hat es also offenbar gar nicht nötig gehabt, Leute in ihrem

Amt zu schmieren, weil man wusste, wenn ich mal nicht mehr in dem Amt bin, wird man sich an mich erinnern.« Ein typischer Fall sei der des ehemaligen Düsseldorfer SPD-Ratsherrn und Präsidenten von Fortuna Düsseldorf, Kurt Schneider, gewesen. Er sei nach seinem Ausscheiden aus dem Rat von Trienekens mit einem großzügigen Beratervertrag ausgestattet worden, habe dann für seinen neuen Chef mehrfach den Geldboten gespielt und Schmiergelder aus Zürich transferiert.

Trienekens erweist sich als Meister der politischen Lobbyarbeit. Im Oberbürgermeister-Wahlkampf 1999 bedenkt der CDU-Mann den SPD-Kandidaten Klaus Heugel auf Bitten des damaligen Fraktionschefs Norbert Rüther mit einer großzügigen Wahlkampfhilfe von rund 70 000 DM und begründet dies mit seinem »Faible für Heugel«. Abhängigkeiten schafft Trienekens zuhauf. Leitende Mitarbeiter der Kölner Müllofengesellschaft AVG und Ratspolitiker hievt der Konzernchef in die Beiräte von Trienekens-Firmen. Immerhin bringt so ein Mandat 5000 bis 15 000 DM jährlich ein. Auch Rüther selbst kommt nicht zu kurz. Klaus Heugel soll laut Eisermann gleich mehrfach bei der Unternehmensleitung darum gebeten haben, seinem politischen Ziehsohn neue Einnahmequellen zu verschaffen. Tatsächlich avanciert Rüther 1997/98 zum Aufsichtsratsvorsitzenden der Trienekens-Firma B&R mit einem Jahreshonorar von 16 000 DM. Heugels Anwalt will dies nicht kommentieren. Rüther selbst dient sich über Umwege bei Trienekens als Berater im Müllgeschäft an.

Der Entsorgungsunternehmer stellt einen Kontakt zu Professor Max Dohmann, Hochschullehrer an der Technischen Universität Aachen und Leiter der Forschungsinstitute für Wasser- und Abfallwirtschaft (FIW) und des Prüf- und Entwicklungsinstituts für Siedlungswasserwirtschaft (PIA), her. Dohmann, ein renommierter Sachverständiger, der schon bei vielen Gesetzesvorhaben mitgewirkt hat, ist als Gutachter häufiger für Trienekens tätig. Er berät auch die Kölner Abfallwirtschaftsbetriebe, bevor im Jahr 2000 knapp die Hälfte ihrer Anteile an den Viersener Entsorgungskonzern veräußert werden. Der Müll-Multi hilft Dohmann bei der Finanzierung einer Forschungsgesellschaft, die beratend in der Müllbranche tätig wird.

Im gleichen Jahr beordert Trienekens den Abfallwissenschaftler zu einem Treffen mit Rüther in die Geschäftsstelle des Bundesverbandes der Deutschen Energiewirtschaft nach Köln. Trienekens macht den Professor mit der Idee vertraut, den »umweltpolitischen Sachverstand« des SPD-Landtagsabgeordneten und Kölner Fraktionschefs Rüther einzukaufen. Weitere Details wie eine nähere Aufgabenbeschreibung werden nicht besprochen. Dohmann erklärt sich unter der Bedingung einverstanden, dass es die Uni nichts kostet. Trienekens nickt wissend. Die Zeche will der Konzernchef schon aus eigener Tasche bezahlen. Das ist schon vorher ausgehandelt worden: 50 000 bis 100 000 DM jährlich stehen im Raum. Trienekens verspricht, eine entsprechende Vereinbarung aufzusetzen. Zur Vertragsunterzeichnung kommt es nicht. Aus dem Landtag kommt die Order, dass Beraterverträge veröffentlicht werden müssen. Rüther zieht zurück.

Das Beziehungsgeflecht reicht jedoch noch viel weiter: Hardy Fuß sitzt heute für die SPD im Düsseldorfer Landtag und kassiert als Geschäftsführer der Trienekens-Tochter Isis ein sechsstelliges Jahreseinkommen. Es gehört zu den vielen ungelösten Rätseln der Müllaffäre, welche Motive Trienekens dazu bewogen haben, den Frechener Genossen zum Geschäftsführer zu machen. Nach dem Abitur war Fuß gleich in die Politik eingestiegen. Von einer besonderen beruflichen Vorbildung auf dem Gebiet der Abfallentsorgung ist nichts bekannt. Tatsache ist, dass die Trienekens-Gruppe inzwischen im Erftkreis die Schlüsselpositionen im Müllgeschäft innehält. Gegen den Landtagsabgeordneten Fuß ermittelt die Kölner Staatsanwaltschaft mittlerweile wegen des Verdachts der Steuerhinterziehung und Beihilfe zur Bestechung. Fuß soll laut Staatsanwaltschaft in seiner Eigenschaft als Geschäftsführer der Trienekens-Töchter UTG und Isis mit Hilfe von Scheinrechnungen Schwarzgelder in Höhe von mehreren Millionen DM auf Konten der Briefkastenfirma Stenna in der Schweiz geschleust haben.

Das Herz des Müllkönigs schlägt beileibe nicht nur für die Sozialdemokraten. Auch mit der Kölner CDU pflegen Trienekens-Unternehmen in vielen Bereichen enge Kooperationen. Die Kanzlei des ehemaligen CDU-Fraktionsvorsitzenden und Bundestagsabgeordneten Rolf Bietmann bedenkt Trienekens bis zur Übernahme seiner Firmengruppe durch die RWE Umwelt AG seit 1999 mit Honorarverträgen in der jährlichen Größenordnung von rund 200 000 DM, ein Vertrag, der noch bis 2005 läuft und nicht gekündigt werden kann. Der CDU-Ratsherr Heinz-Ludwig Schmitz, ein Hinterbänkler ohne offenkundigen Einfluss, räumt seinen Sessel freiwillig, als die Korruptionsermittler im Februar 2002 in den Trienekens-Unterlagen auf zwei Beraterverträge der Trienekens-Tochter Isis stoßen, für die Schmitz 370 000 Euro erhalten haben soll. Welche Gegenleistung Schmitz oder die Kölner CDU dafür erbracht haben, ist noch Gegenstand der Ermittlungen. Auf der Lohnliste des Müll-Unternehmers steht auch der ehemalige CDU-Ratsherr Egbert Bischoff, der es nach 1998 vom Grundschullehrer bis zum Geschäftsführer in der Entsorgungswirtschaft bei der Kölner Trienekens GmbH bringt – mit einem Jahresgehalt von mehr als 125 000 Euro. Seine Qualifikation: Er war zuvor umweltpolitischer Sprecher seiner Fraktion. Mit Egbert Bischoff hätte Trienekens gerne einen Lobbyisten im Deutschen Bundestag gesehen, doch scheitert der CDU-Mann bei der Bundestagswahl im Herbst 2002, weil er auf der Landesliste im Gegensatz zu Rolf Bietmann nicht auf den vorderen Plätzen abgesichert ist. Wie Bischoff zu dem Posten in der Führungsetage von Trienekens kam, darüber lässt sich der ehemalige AVG-Geschäftsführer Ulrich Eisermann genüsslich bei der Staatsanwaltschaft aus. Man habe halt auch einen CDU-Mann versorgen müssen. Entscheidungen habe Bischoff im Unternehmen aber niemals alleine treffen dürfen.

Auch FDP-Fraktionschef Ralph Sterck zählt zu den Trienekens-Kunden: Sein Kurierdienst »Kölner Flitzer« wird mit Aufträgen bedacht, im »Promillebereich«, wie Sterck bis heute beteuert. Die guten Geschäfte in Köln lässt sich Trienekens auch außerhalb der

Politik etwas kosten. Der Müll-Baron lässt mal eben 250 000 Euro springen, um dem 1. FC Köln den Transfer des Fußballprofis Dirk Lottner von Bayer 04 Leverkusen zu ermöglichen und rückt in den Verwaltungsrat nach. Geld bekommen auch die Eishockey-Profis der Kölner Haie, Trienekens entsorgt kostenlos die Abfälle in deren Spielstätte, der Kölnarena, und bezahlt den Parteien in Wahlkämpfen die Auftritte der Bläck Fööss.

Das alles kann den guten Ruf des bodenständigen Unternehmers Hellmut Trienekens in seiner Heimatstadt Viersen aber nicht schädigen: Dort ist man überzeugt, dass es der Gegend ohne das Engagement des Unternehmers viel schlechter ginge. Trienekens ist 30 Jahre Mitglied der örtlichen CDU, Ehrenvorsitzender des ASV Süchteln. Er sponsert den Bau der Musikschule mit 150 000 Euro, hat sich aber ausbedungen, den Architekten selber zu bestimmen, weil ein Freund den Zuschlag erhalten muss. Als die bei Hochzeitern beliebte Süchtelner Irmgardis-Kapelle durch Graffiti verunstaltet wird, zahlt Trienekens den neuen Anstrich. Mit den Vorgängen in Köln habe man nichts zu tun, heißt es im Viersener Rathaus bei Bürgermeisterin Marina Hammes. Nicht ganz so unkritisch sehen nur wenige den großen Sohn ihrer Stadt. Behörden, Kirchen und viele Institutionen befänden sich in einer »permanenten Demutshaltung« gegenüber Trienekens, sagt Magdalena Peterek, die bis 1989 für die Grünen im Kreistag saß und lange Jahre als Vorsitzende einer Bürgerinitiative vergeblich gegen den Bau einer Mülldeponie durch Trienekens in einem Naturschutzgebiet gekämpft hat. Dass der Vorzeige-Unternehmer auch beim Bestechungsskandal um den Bonner Müllofen eine Rolle spielt, dass in Düsseldorf der langjährige Stadtrat und Präsident von Fortuna Düsseldorf, Kurt Schneider (SPD) mehrfach den Schweizer Schmiergeldboten für den »lieben Hellmut« gespielt haben soll, dass der Frechener SPD-Landtagsabgeordnete Hardy Fuß im Verdacht steht, beim Bau von Müllverbrennungsanlagen korrupt gewesen zu sein, dass auch der Chef der Rhein-Sieg-Abfallwirtschaftsgesellschaft, Karl-Heinz Meys, Müllmanager und CDU-Kommunalpolitiker aus Siegburg, für die Wohltaten des Hellmut Trienekens empfänglich gewesen und mehr als eine Million Euro an Provision für die Vermittlung einer Firma an Trienekens kassiert haben soll – in Süchteln bleibt Hellmut Trienekens das, was er immer war: ein Kumpel-Typ, bodenständig und volkstümlich, ohne Allüren und Mätzchen.

Das Schmiergeldkartell

Ein Berater namens Reimer

Lech am Arlberg hat sich vor allem als Wintersportort einen Namen gemacht. Weniger bekannt ist die Diskretion der Österreicher, wenn es um anonyme Nummernkonten deutscher Kunden geht. Im September 1998 rollt im Touristenstädtchen ein Geldtransporter vor eine Filiale der Sparkasse Bludenz. Die Sicherheitsleute aus der Schweiz sind im Auftrag des Hamburger Maschinenbau-Ingenieurs Dr. Hans Reimer unterwegs. Der Hansestädter sorgt sich um sein Vermögen. Die Staatsanwaltschaft Mannheim sitzt ihm im Nacken. Reimer gilt bei der Staatsanwaltschaft in jener Zeit als einer der Hauptkassierer von Schmiergeldern im Zusammenhang mit dem Bau von Müllverbrennungsanlagen.

Als die Mannheimer Staatsanwaltschaft 1997 Korruptions-Ermittlungen gegen Manager der deutschen Tochter des schweizerisch-schwedischen Konzerns ABB aufnimmt, rücken schnell auch Reimer und dessen ehemaliges Hamburger Ingenieurbüro Göpfert, Reimer & Partner Ing. ges. mbH (GRP) ins Blickfeld.

In Lech unterhält Reimer seit Beginn der 90er Jahre Nummernkonten und Wertpapierdepots. In jenem September 1998 will der Ingenieur Kasse machen. Er veräußert seine Wertanlagen. Von seinem Konto mit der Nummer 9907–268 958 hebt er mehr als 40 Millionen DM ab und lässt die Geldbündel durch die schweizerische Sicherheitsfirma abfahren.

Der Zeitpunkt ist gut gewählt. Zwei Monate später durchsuchen die Staatsanwaltschaft Mannheim und Wirtschaftsexperten des Bundeskriminalamts (BKA) Geschäfts- und Privaträume des verdächtigen Industrieanlagenplaners. In einem Tresor seines Ferienhauses im südfranzösischen Aix en Provence entdecken die Korruptionsfahnder Unterlagen über das geheime Gelddepot in Österreich.

Hans Reimer schaut nach unten, als er im März 2002 hinter seinem Verteidiger den Hamburger Gerichtssaal verlässt.

Sie finden auch eine brisante Liste mit kurzen Stichworten und Zahlenkolonnen. Reimer ist ein penibler Mensch. Fein säuberlich hat er mutmaßliche Schmiergeldzahlungen in Höhe von 20 Millionen DM vermerkt.

Seit mehr als einem Jahrzehnt gilt der umtriebige Ingenieur bundesweit als Schlüsselfigur an der Nahtstelle zwischen den kommunalen Auftraggebern für den Bau von Müllverbrennungsanlagen und den Anlagenbau-Konzernen. Als die Kommunen in den 80er und 90er Jahren planen, die Deponien durch Müllöfen zu ersetzen, holen sie private Berater ins Boot. Es fehlt ihnen am nötigen technischen Know How. Die Firmen, sagt Reimer später in einem Interview mit der »Zeit«, hatten ziemlich freie Hand, ein Preisvergleich sei nur schwer möglich gewesen: »Das war das große Einfallstor für Machenschaften aller Art.«

Hans Reimer hat gut reden, gilt er doch in der Branche als

Meistergehilfe bei Preis-Tricksereien und Kungelrunden auf dem Markt des Anlagenbaus. Allerorten bedienen sich die kommunalen Abfallgesellschaften privater Planungsbüros. Dienstleister wie Reimers GRP steuern die Ausschreibung, legen die Größe des Müllofens fest oder beraten die öffentlichen Geldgeber bei der Auswahl der Baufirmen. Oft genug dienen diese Berater gleich zwei Herren. Neben der öffentlichen Hand kassieren sie üppige Honorare von den Anlagenbauern oder Entsorgungsfirmen – allen voran Hans Reimer. Gut die Hälfte aller Müllöfen hat der Geschäftsführer des inzwischen veräußerten Ingenieurbüros GRP mitgeplant. Das Wort des Abfall-Gurus hat bei den kommunalen Geldgebern Gewicht. Ein ungeschriebenes Gesetz unter den Anlagenbauern lautet: Wer von Reimer empfohlen wird, hat den Auftrag so gut wie in der Tasche. Er habe erheblichen Einfluss auf die Auftragsvergabe nehmen können, notieren BKA-Ermittler in einem Vermerk.

Bereitwillig zahlen die Konzerne üppige Provisionen für soviel Wohlwollen. Die Branche verbucht solche Schmiergelder unter der Rubrik »Nützliche Aufwendungen«. Zwei Prozent der Auftragssumme habe Reimer gefordert, berichtet der Geschäftsführer des früheren Gummersbacher Anlagenbauers Steinmüller, Sigfrid Michelfelder: »Eine Wegelagerergebühr.« Wer nicht zahlen wollte, habe keine Aufträge bekommen. In der Sparte Müllverbrennungsanlagen habe Reimers Ingenieursbüro GRP eine »gewaltige Marktmacht« repräsentiert. Das bekommt Steinmüller zu spüren: Trotz guter Angebote habe man jahrelang keine lukrativen Bauaufträge erhalten. Michelfelder: »Unsere Misserfolge waren darauf zurückzuführen, dass wir die Spielregeln nicht kannten.« Erst als die Anlagenbauer aus dem Oberbergischen Kreis Reimer kennenlernen und ihn regelmäßig bezahlen, füllen sich die Auftragsbücher. »Ohne Herrn Dr. Reimer hätten wir keine Chance gehabt, in den engeren Kreis der Anwärter zu kommen.« Also zahlt ein jeder. Reimer selbst behauptet stets, das Geld diene der »politischen Landschaftspflege«. »Beatmen« nennt er diesen Vorgang. Die Namen der Geldempfänger verschweigt er allerdings.

Die Provisionsliste des Maschinenbau-Ingenieurs liest sich wie das »Who is who« der Anlagenbranche. Darunter sind der Oberhausener Babcock-Konzern und dessen Firmen-Tochter L & C Steinmüller sowie Firmen wie Von Roll, ML Entsorgungs- und Energieanlagen, Preussag/Noell, Bilfinger & Berger Bauaktiengesellschaft und Asea Brown Boveri (ABB).

Reimers Muster ist denkbar einfach und wird auch in der rheinischen Müllaffäre kopiert: Der Ingenieur informiert die Interessenten über Details aus den Ausschreibungsverfahren, versorgt sie mit Insidertipps, damit sie ihr Angebot entsprechend nachbessern können, und setzt sich selbst als Berater oder Generalplaner der Kommunen für ihm genehme Anlagenbauer ein.

Der Kreis der Anbieter ist überschaubar. Nur sechs oder sieben Konzerne aus Deutschland und der Schweiz teilen sich in der Boomphase der Müllfabriken weltweit das Geschäft. Im Laufe der Zeit fusionieren einige, das Sextett schrumpft zum Quartett. An Hans Reimer kommt in der Branche aber niemand vorbei. So soll er Aufträge für die Müllöfen in Weisweiler bei Aachen, Hamburg, Neubrandenburg, Bamberg, Brunsbüttel, Böblingen und vermutlich auch Rostock vermittelt haben. Im Gegenzug kassiert er meist siebenstellige Provisionen in bar. Einen Teil will der Ingenieur an leitende Manager der kommunalen Betreibergesellschaften oder an Politiker weiter geschoben haben. Namen nennt er bis heute nicht. Die Herkunft der Schmiergelder wird über Schweizer Briefkastenfirmen verschleiert. Mini-Firmen wie die Pentag AG oder die AIF schreiben Scheinrechnungen. Durch dieses Kick-Back-Verfahren kann der Geld gebende Konzern das Bestechungsgeld als Betriebsausgabe beim Finanzamt geltend machen. Reimer kassiert die Honorare meist in bar. Leider vergisst das angesehene Mitglied der Hamburger Gesellschaft, die Einnahmen dem Finanzamt zu melden.

ABB und die Briefkastenfirmen

Im Februar des Jahres 1997 treten der Autokonzern Volkswagen und ABB eine Korruptionslawine los, deren Ausläufer bis in die rheinische Müllaffäre reichen. Die Konzernzentralen erstatten Strafanzeige gegen Spitzenmanager der Industrie wie den früheren VW-Einkaufschef José Ignacio López, seine rechte Hand Manuel Gutiérrez und den früheren Vizepräsidenten der Europazentrale von General Motors, Hans Hüskes, wegen der »Bildung einer kriminellen Vereinigung«, des Verdachts der versuchten Erpressung sowie der Geldwäsche. Die Beschuldigten sollen Teil eines Geflechts gewesen sein, das von Autozulieferern Schmiergelder kassiert hat.

Bei den Ermittlungen entsteht zunächst der Verdacht, dass ABB-Manager bei der Lieferung von Lackieranlagen an VW und Opel über Beraterfirmen in Liechtenstein und in der Schweiz Provisionen in Millionenhöhe zahlen. Offenbar ein konzernübliches Verfahren. Selbst dem damaligen ABB-Deutschlandchef Michael Pohr scheint diese Art von Aquise nicht anrüchig genug, um einzugreifen. Im Gegenteil: Als einer der Geldeintreiber des Korruptionsnetzwerkes bei ABB-Managern eine siebenstellige Restschuld einfordert, wenden diese sich Hilfe suchend an Pohr. Der Deutschlandchef habe verärgert reagiert, berichtet einer der Beteiligten. Pohr stößt sich laut Aussage eines ABB-Kollegen an den nachvollziehbaren Geldflüssen mittels Überweisungen von Bank zu Bank. »Was sind das für Amateure? Da werden ja nachvollziehbare Zahlungen dokumentiert«, soll Pohr seine Manager seinerzeit zurechtgestutzt haben. Der Vorstandschef befiehlt: »Suchen Sie den direkten Weg. Es wird nur noch cash bezahlt.«

Pohr weist diese Darstellung bis heute zurück. Tatsächlich ändern sich die Zahlungsmodalitäten. Die Schmiergelder werden über Briefkastenfimen in die benachbarte Schweiz gelenkt. Allein über die Mini-Unternehmen CC Partner Commerce & Consulting AG, Boresta AG und Technacount laufen knapp 20 Millionen DM. Im Juni 1997 klärt einer der Strohleute die Staatsanwälte über den Modus operandi auf: ABB-Firmen zahlen per Barscheck oder gegen Scheinrechnungen horrende Beträge auf die Konten der Schweizer CC-Gruppe. Nach Abzug einer fünfprozentigen Treuhandgebühr fließt das Geld an ABB-Manager in bar zurück. Die Beraterfirmen fungieren nach Ansicht der Ermittler als reine Geldwaschanlagen. Des öfteren holt ein ABB-Verantwortlicher Mitte der 90er Jahre millionenschwere Geldkoffer in Zürich ab und reicht sie in Frankfurt oder Genf an den früheren Geschäftsführer der ABB-Oberflächentechnik, Michael Rudnik, weiter. Rudnik ist zuständig für den Vertrieb der Lackieranlagen. Das System hat zwei Vorteile: Einerseits gibt es von der Steuer absetzbare Rechnungen, andererseits halten die ABB-Trickser nun Bares in der Hand, das sie ohne Beleg und Quittung weiterreichen können – und wenn es am Ende nur in die eigene Tasche wandert. Schließlich erhärtet sich im Ermittlungskomplex Lackieranlagen der Verdacht, dass der einstige ABB-Geschäftsführer sieben Millionen DM angeblicher Bestechungsgelder auf eigene Konten gelenkt hat. Rudnik hat dies stets bestritten. Er will die Geldkoffer bei Treffen auf Autobahnraststätten unbekannten Mittelsmännern übereicht haben. Auffallend ist nur, dass nach jeder Geldübergabe auch sein Konto bei der DG Bank in Luxemburg stetig anschwillt.

Das Schmuddelspiel mit Müllverbrennungsanlagen

Die ursprünglichen Untersuchungen im Komplex Lackieranlagen haben einen ungeahnten Nebeneffekt. Bei der Durchsicht von Bankunterlagen einer ABB-Tochtergesellschaft in Mannheim stoßen die BKA-Ermittler auf weitere Schmiergeldflüsse. Kaum ein Auftrag für Kraftwerke oder Müllverbrennungsanlagen, der nicht mit »Nützlichen Aufwendungen« angefüttert worden ist.

Erneut fällt die Briefkastenfirma Boresta AG auf. Die ABB Kraftwerksleittechnik GmbH hat Barschecks in Millionenhöhe an die eidgenössische Domizilgesellschaft übergeben. Etwa 15 Millionen DM werden bewegt. Nach Abzug der Treuhandgebühr fließt das Geld zurück – meist an den damaligen ABB-Geschäftsführer Gustav Bayer. Dieser verteilt die Millionen weiter. Bayer kam nach eigenen Angaben bei ABB eine nicht alltägliche Funktion zu: In den Konzernbereichen Heizkraftwerke und Müllverbrennungsanlagen beschafft er Bares, wenn die Kollegen der entsprechenden Tochtergesellschaften Schmiergelder versprochen haben. Er kümmert sich um die Abwicklung, um Gefälligkeitsrechnungen, tätigt Bargeldtransfers, ist der Ansprechpartner für die Schmiergeldempfänger im In- und Ausland, handelt Details aus.

Bargeldausputzer wie Bayer scheinen in der Branche keine Seltenheit zu sein. Jahrelang lassen etwa Preussag/Noell oder L+C Steinmüller solche Schwarzgelder über Briefkastenfirmen in der Schweiz und Liechtenstein laufen. Insider behaupten, über diese »Clearingstellen« seien jährlich zweistellige Millionenbeträge bewegt worden. Dabei bedienen sich die Anlagenbau-Konzerne stets der gleichen Firmen und Personen. Der Korruptionsvirus hat längst die gesamte Branche infiziert.

Top-Manager Bayer hat bereits bei der ABB-Vorgängergesellschaft BBC in den 70er und 80er Jahren das Geschäft mit den außervertraglichen Zuwendungen gelernt. Dort benutzt man schon seit 20 Jahren ein internes Formblatt, auf dem Details der Zahlungsweise angekreuzt werden können: »Überweisung über einen neutralen Bankplatz außerhalb der BRD« kann ebenso gewählt werden wie »bitte ohne Absenderangabe«. Im Ausland gehört Bestechung im Anlagenbau seit jeher zum guten Ton. Daraus machen die Konzerne auch kein Geheimnis. Offenherzig bekennt Göran Lindahl, Chef der schwedisch-schweizerischen ABB-Gruppe, im Oktober 1999 in einer brasilianischen Zeitung, dass sein Konzern an einem riesigen Bestechungsskandal im südafrikanischen Königreich Lesotho beteiligt gewesen sei. Mit elf anderen Technologie-Unternehmen haben die ABB-Verantwortlichen Unsummen für den Zuschlag zur Errichtung des größten Staudammes in Afrika ausgegeben.

Bis zur Jahrtausendwende können deutsche und schweizerische Firmen solche »Nützlichen Aufwendungen« von der Steuer absetzen.

Erst im Jahr 1999 schafft der deutsche Gesetzgeber das Steuer-
schlupfloch ab. Im Einklang mit der Anti-Korruptions-Konvention
OECD wird die Bestechung ausländischer Regierungsstellen am
15. Februar 1999 unter Strafe gestellt. Die Schweiz verschärft im Mai
2000 das Korruptionsrecht. Doch nicht nur in Asien, Afrika oder
Lateinamerika machen sich die westeuropäischen Anlagenbauer die
Entscheidungsträger in Politik und Verwaltung gefügig. Die simple
Regel vom Geben und Nehmen wirkt auch in hiesigen Breiten. Bei
ABB heißt der Mann für solch heikle Fälle Gustav Bayer. Als Geschäftsführer der ABB Umwelttechnik spinnt der Finanzexperte ein
feines Netz finanzieller Einflussnahmen. Offenbar denkt er sich auch
nichts dabei. Wachgerüttelt durch ungeklärte Millionenabflüsse bei
den deutschen Töchtern schickt die Schweizer Konzernzentrale 1996
Wirtschaftsdetektive zu Bayer. Dieser gibt offen zu, dass er seit 20
Jahren Schmiergeld auszahlt. Mindestens jedes zweite Geschäft sei
davon betroffen gewesen. Zwischen 1986 und 1996 will Bayer 15 Millionen DM an deutsche Auftraggeber und Berater verteilt haben. Die
Beträge bucht er unter der Rubrik »Auslandsprovisionen« ab. Zwei
Drittel der Summe erhält nach Angaben Bayers der Hamburger Maschinenbau-Ingenieur Hans Reimer. Laut BKA-Ermittlern soll der
Industrieanlagenberater dem ABB-Konzern Aufträge verschafft
haben.

In diesem Wirtschaftskrimi tritt eine weitere schillernde Figur
auf den Plan, die später auch in der rheinischen Müllaffäre eine wichtige Rolle spielen wird: der Züricher Wirtschaftsanwalt Dr. Heinz
Egli. Egli und ABB-Manager Bayer verbindet eine innige Geschäfts-
beziehung. Egli, Honorarkonsul von Vanuatu, setzt nach Erkenntnissen der Justizbehörden über Firmen wie die Aktiengesellschaft
für Industrieförderung (AIF) im schweizerischen Glarus oder der
Bua Baupromotion für die Anlagenbranche Schmiergeld in Millionenhöhe um. Mit Bayer und Reimer bildet er ein magisches Drei-
eck. Während der Durchsuchung in seiner Kanzlei gibt der versierte
Wirtschaftsanwalt nach längerem Widerstand zu, dass er für die beiden Herren Zahlungen abgewickelt hat. Über Einzelheiten schweigt

er sich aus. Vermutlich aus Angst vor Entdeckung weiterer Ungereimtheiten geht Egli gerichtlich gegen die Beschlagnahme von brisanten Unterlagen über die Geldflüsse vor. Mehr als zwei Jahre lang blockiert er die Weitergabe des beschlagnahmten Materials an die deutschen Behörden.

Doch hierzulande hat man längst eine ganze Palette von Hinweisen zusammengetragen: Im September 1992 zahlt ABB-Manager Gustav Bayer beispielsweise per Barscheck 930 000 DM an die Firma seines Schweizer Spezis. In seiner Vernehmung erzählt Bayer, dass das Geld an MVA-Planer Hans Reimer weitergegeben wurde. Tatsächlich korrespondiert die Zahlung mit dem Eintrag in Reimers Schmiergeldkladde: Oktober 1992, 879 000 DM. Es ist, so vermutet die Staatsanwaltschaft, eine Teilrate für die Vermittlung des Auftrags der geplanten Sondermüllverbrennungsanlage Kaisersesch in Rheinland-Pfalz.

Schmiergeldkartelle in der Anlagenbranche

Häufig genug dient Reimer nicht nur einem Herren: Beim Bau des Restmüllheizkraftwerkes Böblingen zelebriert er zusammen mit dem Geschäftsführer der kommunalen Betreibergesellschaft Bernd Söhndel geradezu virtuos seine Fähigkeiten, Anbieter zu »melken«. Bereits 1991 hat der Zweckverband Restmüllheizkraftwerk Böblingen den Bau einer Müllverbrennungsanlage mit vier Linien ausgeschrieben. Als Berater fungiert Hans Reimer. Von der Firma L&C Steinmüller aus Gummersbach im Oberbergischen Kreis fordert er eine Million DM, falls das Unternehmen den Müllofen als Generalunternehmer hochziehen wolle. Eine weitere Million ist nach Erhalt des Auftrags fällig. Die Gummersbacher willigen ein.

Natürlich fordert auch Bernd Söhndel ein Stück vom Kuchen. Bereitwillig stimmt man einer Schmiergeld-Forderung des Geschäftsführers zu. Die erste Rate wird gezahlt, obwohl sich der Bau verzögert. Die Größe des Müllofens ist politisch umstritten. 1995 gibt der Zweckverband grünes Licht für eine abgespeckte Version. Bei einem erneuten Bieterwettbewerb macht wiederum Steinmüller das Rennen.

Kaum sind die Verträge unter Dach und Fach, melden sich Reimer und Söhndel erneut bei den Steinmüller-Managern. Reimer verlangt nach Erkenntnissen der Ermittler die zweite Million. Ohne viele Worte zu machen überreicht der Maschinenbau-Ingenieur einem Steinmüller-Prokuristen die Adresse einer eidgenössischen Briefkastenfirma, über die das Geld mittels Scheinrechnung fließen soll. Im Juli 1996 überweist der Konzern die Summe auf ein Bankkonto im Schweizer Steuerparadies Zug. Später wird der damalige Steinmüller-Geschäftsführer Sigfrid Michelfelder behaupten, er habe zahlen müssen, weil sein Unternehmen auf dem Markt ansonsten so gut wie tot gewesen wäre.

Der Druck auf die Gummersbacher nimmt damit kein Ende: Bernd Söhndel, Geschäftsführer der kommunalen Heizkraftwerks-Betreibergesellschaft, erinnert ebenfalls an die ausstehenden Schmiergelder aus der alten Vereinbarung. Bei einem Treffen anlässlich eines Müllkongresses macht der Böblinger 0,6 Prozent der Auftragssumme in Höhe von 110 Millionen DM geltend. Michelfelder sieht sich in der Bredouille. Nach seiner Meinung hat Söhndel nichts dazu beigetragen, dass Steinmüller bei der Neuausschreibung das Rennen gemacht hat. Andererseits fürchtet der Steinmüller-Chef, Söhndel werde ihm bei der Projektabwicklung erhebliche Knüppel zwischen die Beine werfen. Söhndel lässt nicht locker. Im Herbst 1997 bedrängt er Michelfelder erneut. Der Steinmüller-Manager gibt nach und zahlt. Aber Söhndel will noch mehr. Auf sein Drängen hin vermittelt Michelfelder nach eigenen Angaben einen Kontakt zum Mitkonkurrenten ABB. Der schwedisch-schweizerische Anlagenbauer hat sich für den 60 Millionen DM teuren Bauabschnitt Leit- und Maschinentechnik beworben. Kurz vor dem Ende der Bietergespräche raunt Michelfelder dem ABB-Manager Gustav Bayer zu: »Wenn ihr was erreichen wollt, müsst ihr dort etwas machen.« Bayer fragt nach, ob er an Schmiergeld denkt. Achselzuckend antwortet sein Gesprächspartner lediglich, das müsse er selber herausfinden.

Bayer braucht nicht lange zu überlegen. Er arrangiert ein Treffen mit dem Geschäftsführer der Böblinger Anlage. Im Landratsamt in Böblingen wird man sich schnell handelseinig: Söhndel soll in mehreren Tranchen einen hohen sechsstelligen Betrag erhalten. Im April 1996 übergibt ABB-Geldbote Bayer bei einem Treffen im Hotel Mövenpick am Stuttgarter Flughafen dem Geschäftsführer des Böblinger Kraftwerks 400 000 DM in einem Umschlag. Bayer rät Söhndel bei dieser Gelegenheit, das Geld auf einem anonymen Schweizer Nummerkonto zu deponieren – falls die Justiz oder die Steuerfahnder anklopfen sollten. Ein Jahr später stoppt Bayer weitere Zahlungen. Die Staatsanwaltschaft hat mit ihren Ermittlungen gegen ABB-Manager begonnen, Bayer bekommt kalte Füße. Söhndel zeigt Verständnis. Schließlich hat er noch einen dritten Geldgeber geschröpft: Obendrein führt auch noch Ingenieur Reimer 80 000 DM cash an den Geschäftsführer ab. Offenbar ein Dankeschön dafür, dass die von Reimer favorisierten Anbieter auch den Zuschlag für die Errichtung des Millionenprojekts erhalten haben.

Solche Dreiecksverhältnisse sind beileibe kein Einzelfall. Als sich ABB Anfang der 90er Jahre um Aufträge beim Bau der MVA Ludwigshafen bewirbt, sitzt erneut Reimer als Berater auf Seiten der Kommune. Spinnengleich webt der Hanseat ein höchst korruptives Netz: Über die bekannten Briefkastenfirmen schleust ABB-Geldbeschaffer Bayer nicht nur eigene Mittel an den MVA-Berater. Auf Bitten Reimers hin wickelt Bayer nach eigenen Angaben die Zahlungen anderer Firmen über die gleiche Schiene ab. Reimer kassiert nicht nur bei ABB. Für den Auftrag zur Rauchgasreinigung und die Lieferung einer Verbrennungslinie sahnt er auch bei einem französischen und einem Unternehmen aus Ratingen ab. Im Oktober 1993 ist der clevere Ingenieur erneut um drei Millionen DM reicher.

Viele seiner Taten sind verjährt. Gleichwohl sind sie typisch für ein System von Mauscheleien, illegaler Einflussnahme und Bestechung im Bereich Müllöfen oder Kraftwerksbau. Das Schmiergeldmuster funktionierte in Bayern genauso wie in Hamburg – die Geldempfänger hingegen sind austauschbar. Beim Bau der MVA Ingolstadt etwa bewegen Bayer und Kollegen einen weiteren kommunalen Berater mit einer siebenstelligen Summe, sich für ABB auszusprechen. Die Bargeldübergabe erfolgt 1994 in der Schweiz – auch hier sind die Justizbehörden machtlos, weil die Taten verjährt sind.

Gustav Bayer ist ein kreativer Mensch, wenn es um illegale Zuwendungen geht. In Berlin sucht er sich mit einem siebenstelligen Betrag das Wohlwollen eines Abteilungsleiters der Vereinigten Energiewerke AG (VEAG) zu sichern. Diesmal verzichtet Bayer auf Bargeldumschläge. Er schleust das Geld über eine Leasinggesellschaft an jene Bauträgergesellschaft, die just in jener Zeit für den Berliner Energiemanager ein luxuriöses Anwesen erstellt. Der leitende Mitarbeiter der VEAG zahlt nicht einmal die Hälfte der Baukosten in Höhe von etwa 2,4 Millionen DM. Der mutmaßliche Geldempfänger bestreitet die Vorwürfe bis heute.

Mitunter kennt der ABB-Finanzjongleur die tatsächlichen Geldempfänger gar nicht. Es ist ihm offenbar auch einerlei. Was am Ende zählt, ist der Auftrag. Bei den Müllöfen in Fürstenfeldbruck und in Ulm tritt ein dubioser Vermittler auf. Heute erinnert sich Bayer nur noch an den Nachnamen. Die Zuwendungen, so ist dem Ex-Manager klar, gehen über den Mittelsmann an kommunale Entscheidungsträger. Für Einzelheiten scheint sich Bayer nicht interessiert zu haben. Noch heute rätselt das Bundeskriminalamt, wer hinter dem Vermittler steckt. Nach längeren Recherchen gelingt es zwar, den Mittelsmann zu identifizieren. Doch auch dies bringt die Ermittler nicht weiter: Der Mann ist inzwischen verstorben. Das Geheimnis, wer am Ende bestochen wurde, nimmt er mit ins Grab.

Ermittlungen, Prozesse und ein Urteil

Das Gros der Fälle ist inzwischen verjährt. Häufig bleibt nur der Verdacht der Steuerhinterziehung übrig. Hans Reimer zum Beispiel soll laut BKA 40 Millionen DM an Schmiergeldern erhalten haben. Doch nur in wenigen Fällen – etwa in Böblingen – wird noch gegen ihn wegen Korruptionsdelikten ermittelt. Das Steuerverfahren wurde auf etwa die Hälfte der ursprünglichen Summe begrenzt.

Im Juni 2002 verurteilt ihn eine Wirtschaftstrafkammer der Hansestadt Hamburg zu fünf Jahren Freiheitsstrafe wegen Steuerhinterziehung. Bis zuletzt hat Reimer behauptet, er habe mit den Provisionen die politische Landschaft gedüngt. Namen bleibt er aber schuldig. Ganz so, als habe er sich nichts vorzuwerfen, spricht der Literatur beflissene Schöngeist noch während des Plädoyers über seine Verdienste um die bildenden Künste. Langatmig plaudert er über seine Vorliebe für Werke aus dem 16. und 17. Jahrhundert, dass er zusammen mit der Familie Reemtsma die Aby-Warburg-Stiftung finanziere und preist sein zweibändiges Werk über Goethes Zeichenlehrer an, der seines Erachtens völlig zu Unrecht in Vergessenheit geraten sei. Der Kammervorsitzende wertet die Darstellungen Reimers als »Märchengeschichten. Er war längst Millionär, aber wollte noch mehr.« Reimer will das Urteil nicht hinnehmen. Seine Anwälte haben Revision beim Bundesgerichtshof eingelegt.

Auch bei Gustav Bayer und einer Reihe von ABB-Managern bis hin zum ehemaligen Deutschland-Chef Pohr sind die Strafverfahren noch nicht abgeschlossen. Im Korruptionskomplex Autolackieranlagen hat das Landgericht Gießen nach Angaben der Staatsanwaltschaft nur die Anklage gegen Ex-ABB-Manager Michael Rudnik zugelassen. Die Untreuevorwürfe gegen den ehemaligen ABB-Deutschland-Chef Michael Pohr etwa haben die Richter zurückgewiesen. Dagegen haben die Ankläger Beschwerde beim Oberlandesgericht eingelegt. Im Mannheimer Verfahren um Schmiergeldflüsse im Zusammenhang mit Müllverbrennungsanlagen erwartet den ABB-Manager Gustav Bayer nach Aussage eines Justizsprechers noch im Jahr 2003 die Anklage.

Die ABB-Spur führt nach Köln

Der Anrufer gibt sich als ein Herr Meier aus. Weitere Details zu seiner Person täten nichts zur Sache, lässt er den Beamten der Kölner Steuerfahndung an jenem 28. Juni 2000 wissen. Was der Mann dem Finanzbeamten dann mitteilt, ist der Beginn des größten Korruptionsskandals in der rheinischen Geschichte: Die Kölner Müllaffäre nimmt ihren Lauf. Herr Meier lenkt das Interesse der Steuerermittler auf Ulrich Eisermann, den ehemaligen Chef der Kölner Abfallentsorgungs- und Verwertungsgesellschaft (AVG). Der ein Jahr zuvor ausgeschiedene städtische Müllmanager, verrät Herr Meier, habe aus einem Beratervertrag mit dem schweizerischen Ingenieurbüro Ecoling einen zweistelligen Millionenbetrag vereinnahmt, ohne diesen zu versteuern. Der Vertrag habe ein Honorar-Volumen von 40 Millionen DM, aus steuerlichen Gründen sei jedoch nur die Hälfte ausgezahlt worden. Der Steuerfahnder fertigt einen Gesprächsvermerk an.

Die Finanzermittler nehmen den Hinweis so ernst, dass sie die Angaben des Anonymus vorsichtig abklopfen. Behutsam nähern sie sich in den folgenden Monaten ihrer Zielperson. Die Beamten überprüfen die inländischen Konten Eisermanns, erkundigen sich über das Ingenieurbüro in der Schweiz und stellen erste Verbindungen her.

In seiner Eigenschaft als Geschäftsführer der AVG zeichnet Eisermann für den Bau der Kölner Müllverbrennungsanlage im Stadtteil Niehl zwischen 1994 und 1998 verantwortlich. Der Müllmanager mit dem SPD-Parteibuch gilt als das ausführende Organ der Müllofen-Befürworter um den damaligen Oberstadtdirektor Lothar Ruschmeier, den SPD-Fraktionsboss und AVG-Aufsichtsratsvorsitzenden Klaus Heugel sowie den Kölner Regierungspräsidenten Franz-Josef Antwerpes. Beim Bau des Milliardenprojekts ist die schweizerische Ecoling GmbH für die Projektsteuerung und die technische Beratung zuständig. Die Finanzbeamten schalten die Korruptionsabteilung der Kölner Staatsanwaltschaft ein.

Im Fall Eisermann legen die Ermittler eine Täterakte an. Am 2. November 2000 durchsuchen sie Privat- und Büroräume des einstigen kommunalen Abfallexperten bei Wuppertal. Dabei stellen sie brisante Unterlagen sicher. Danach hat Eisermann in den 90er Jahren als Chef der Kölner Abfallentsorgungs- und Verwertungsgesellschaft intensive Geschäftskontakte zu dem Züricher Anwalt Dr. Heinz Egli unterhalten. Just zu den Zeiten, als der Bau des Kölner Müllofens in vollem Gange war.

Beim Namen Egli klingelt es. Der umtriebige Jurist ist den Ermittlern als mutmaßlicher »Schmiergeldverteiler« bereits aus dem ABB-Korruptionsskandal bestens bekannt. Und nun dieser Kontakt zu Ulrich Eisermann – das kann kein Zufall sein. 1995 hat der Müll-manager mit einer Briefkastenfirma des Heinz Egli einen üppigen Beratervertrag abgeschlossen. Zwei Jahre später steigt Eisermann mit einer sechsstelligen Summe in einen durch den Züricher Advokaten initiierten Investmentklub namens Mittex ein. Egli hat den Anle-gern zehnprozentige Renditen versprochen. Die Mittex Anlagenbau GmbH will mit Hilfe von Millionen-Subventionen der Europäischen Union in Sachsen-Anhalt ein Werk zur Herstellung von Soja-Ersatz-produkten errichten. Aus dem Projekt wird nichts, die Mittex geht in Konkurs. Inzwischen untersucht die EU-Korruptionsstelle OLAF den Fall, ferner ist die Staatsanwaltschaft Stuttgart eingeschaltet. Es wird wegen Subventionsbetrugs ermittelt.

Kölns Abfallchef Eisermann hat zu diesem Zeitpunkt seine Schäflein bereits ins Trockene gebracht. Nach kurzem Engagement verlässt er den Investmentklub wieder. Die Höhe der Rendite über-rascht selbst die Korruptionsexperten der Kölner Staatsanwaltschaft: Sie liegt bei 400 Prozent. Handelt es sich hier um verschleierte Schmiergeldzahlungen? Und wenn ja: Aus welcher Quelle stammt die Zuwendung tatsächlich? Es finden sich ferner Hinweise auf klei-nere Geschäfte Eisermanns. So veräußert er an einen Unternehmer einen »Bergischen Sekretär Eiche« für stolze 23 000 DM. Purer Zu-fall? Der Käufer des teuren Möbels ist mit seiner Firma für die Reini-gung der Kölner MVA zuständig. Und noch ein Umstand macht die Ermittler stutzig: Nach seinem Ausscheiden aus der Kölner Abfallge-sellschaft AVG hat Eisermann eine eigene Beraterfirma gegründet.

Das Unternehmen namens Orga Consult kassiert von zwei Firmen der Trienekens-Gruppe Beraterhonorare. Sind dies Dankenschön-Honorare des Müll-Multis Hellmut Trienekens für geleistete Dienste Eisermanns in seiner Zeit bei der AVG? Der Kreis scheint sich zu schließen.

Das BKA weist den Weg zum Kölner Schmiergeld

Der Korruptionsverdacht erhält im März 2001 neue Nahrung. Bei diversen Treffen macht das BKA die Kölner Staatsanwaltschaft auf dubiose Geldflüsse im Zusammenhang mit dem Bau des Kölner Müllofens aufmerksam. Im Zuge der Ermittlungen im ABB-Komplex haben die Bundesermittler auch den Gummersbacher Anlagenbauer L & C Steinmüller durchsucht. Der Konzern aus dem Oberbergischen, der später von der Deutschen Babcock aufgekauft wurde, hat sich Anfang der 90er Jahre stark auf das Geschäft mit dem Bau von Müllverbrennungsanlagen konzentriert. Auch im Hause Steinmüller sind »Nützliche Aufwendungen« kein Fremdwort. Auf Schmiergeldflüsse sind die BKA-Wirtschaftsexperten schon beim Restmüllheizkraftwerk Böblingen aufmerksam geworden. In diesem Zusammenhang hat das BKA seinerzeit auch bei Steinmüller durchsucht. Dabei sind die Beamten auf weitere Unregelmäßigkeiten gestoßen. Sie fördern Unterlagen über weitere Millionenzahlungen an Schweizer Domizilgesellschaften zu Tage. Die Überweisungen laufen unter dem Stichwort »Restmüllverbrennungsanlage Köln«. Der Verdacht kommt auf, dass die Gummersbacher als Generalunternehmer bei der Errichtung des Kölner Milliardenprojekts die Landschaft kräftig »gedüngt« haben.

Erneut spielt der Züricher Anwalt Heinz Egli mit einer seiner Tarngesellschaften eine Rolle. Ebenso passt es zu den Angaben des anonymen Tippgebers, dass das Ingenieurbüro Ecoling während der Errichtung der MVA in Köln-Niehl auffällig hohe Umsätze macht. Brisant ist vor allen Dingen eins: Allein auf die Konten der Minige-

sellschaft Stenna Umwelttechnik AG im schweizerischen Flims hat
Steinmüller mehr als 14 Millionen DM transferiert – augenscheinlich
ohne erkennbare Gegenleistungen. Nach Ansicht der Ermittler handelt es sich bei der Stenna um eine jener typischen Waschanlagen
für Schmiergelder. Alleiniger Verwaltungsrat ist Arthur A. Hofmann.
Der Geschäftsmann hat ein ganzes Firmengeflecht aufgebaut: immer
im Zusammenhang mit Immobilien- und Treuhandgesellschaften
sowie Baupromotion. Offiziell beschäftigt sich die Stenna Umwelttechnik mit Objektplanung für Umweltschutz und Entsorgungs-
anlagen. Im Örtchen Flims im schweizerischen Kanton Graubünden
hat das Zwei-Mann-Unternehmen gleich zwei Standorte gemeldet.
Wie sich herausstellt, existiert die Abteilung »Technik« nur auf dem
Papier. Bei der angegebenen Adresse handelt es sich um eine Wohnung in einer neu gebauten Ferienwohnanlage am Dorfrand. Werk-
tags sind häufig die Fensterläden geschlossen. Die gläserne Tür am
Eingang zu den Büros der »Verwaltung« auf der Hauptstraße weist
auf sämtliche Hofmann-Firmen hin, insbesondere eine Firma, die
sich mit der Vermarktung von Ferienimmobilien beschäftigt.

An diese Adresse faxen die Gummersbacher Anlagenbauer von
L & C Steinmüller während der Bauphase des Kölner Müllofens Vor-
lagen für Scheinrechnungen, die nur noch auf Stenna-Briefbögen
übertragen werden müssen. Das BKA übergibt den Kölner Kollegen
entsprechende Schreiben aus dem Jahr 1995. Darin fordert der Steinmüller-Prokurist Jörgen Becker die Stenna-Mitarbeiter auf, von
Steinmüller per Scheinrechnung eine Abschlagszahlung in Höhe
von drei Millionen DM für Ingenieurleistungen zu verlangen. Das
Geld wird auch prompt auf Stenna-Konten überwiesen. Offenbar
praktizieren die Steinmüller-Manager dasselbe Schmiergeldsystem
wie zuvor der Mitkonkurrent ABB. Die Kölner Staatsanwaltschaft
vermutet, dass die Millionen aus der Schweiz wieder in die Metropole am Rhein zurückgeflossen sind. Die Stenna ist den Ermittlern
schon aus einem anderen Bestechungsskandal geläufig. Über dieses
Unternehmen hat der Viersener Müll-Unternehmer Hellmut Trienekens einem ehemaligen leitenden Mitarbeiter im Umweltbundesamt

Schmiergelder zukommen lassen. Der Beamte soll laut BKA die Vergabe von Forschungsaufträgen an Trienekens-Tochterfirmen gesteuert haben. Über einen Schweizer Ingenieur schleust die Trienekens AG mehr als eine Million DM an den inzwischen pensionierten staatlichen Umweltexperten. Das Geld landet auf einem Schweizer Konto, das auf den Namen der Tochter läuft. Verfügungsberechtigt ist aber der Vater. Das Gros der Bestechungsvorwürfe ist inzwischen verjährt. Einem Steuerstrafverfahren kommt der Abteilungsleiter durch eine Selbstanzeige beim Finanzamt zuvor.

ABB zahlt auch beim Kölner Müllofen

Die BKA-Ermittler überraschen die Kölner Kollegen allerdings noch mit einem weiteren wichtigen Hinweis. Offensichtlich haben auch die Anlagenbauer von ABB beim Kölner Müllofen Schmiergelder gezahlt: Im Computer eines führenden ABB-Managers entdeckt man einen Vermerk, wonach im September 1996 während der Bauphase der Kölner MVA 560 000 DM geflossen sein sollen. Zuvor hat der ABB-Konzern in Köln Aufträge in dreistelliger Millionenhöhe erhalten. ABB-Manager berichten im Verhör, es sei Müllofen-Chef Eisermann gewesen, der dafür gesorgt habe, dass drei ABB-Firmen letztendlich den Zuschlag für drei Baulose erhalten hätten. Eigentlich hat der Kölner AVG-Aufsichtsrat den Konkurrenten Siemens ausgeguckt. Doch der Kölner Müllmanager lügt den AVG-Kontrolleuren vor, ABB habe einen Kampfpreis angeboten, an dem man unmöglich habe vorbeikommen können. In diesem Zusammenhang erinnern sich ABB-Manager, dass Eisermann sich gerne zu Geschäftsessen in Nobel-Restaurants einladen lässt. Als passionierter Waidmann nimmt er auch an einer Jagdgesellschaft teil, die der Konzern für potentielle Kunden veranstaltet.

Das Kölner Korruptionsverfahren ufert aus. Je tiefer die rheinischen Ermittler graben, desto länger wird die Liste der Verdächtigen. Im Herbst 2001 umfasst die Ermittlungsakte mehr als ein Dutzend

Namen. Neben ABB-Managern ist es die Firmenspitze des Konkurrenten Steinmüller mit Geschäftsführer Sigfrid Michelfelder und seiner rechter Hand, Jörgen Becker. Ermittelt wird ferner gegen den Vorstand der Trienekens AG, an dessen Spitze Konzernchef Hellmut Trienekens steht. Mit beschuldigt sind ebenfalls etliche Geschäftsführer von Tochterfirmen der Trienekens-Gruppe. Firmen wie die Isis GmbH oder die UTG überweisen nach Aussage eines Zeugen mittels Scheinrechnungen Millionen auf die Konten der Schweizer Briefkastenfirma Stenna. Der zuständige Geschäftsführer bestreitet das. Die Ausgaben macht Trienekens beim deutschen Fiskus geltend. Für die Kölner Steuerfahnder ein Fall von schwerer Steuerhinterziehung. Verborgen bleibt den Finanzbeamten zunächst der Hintergrund solcher Schwarzgeldtransfers. Wozu diese Heimlichtuerei? Für wen sind die Millionen gedacht? Geschäftsunterlagen aus der Schweiz führen etwa für die Jahre 1999/2000 verstärkte Zahlungseingänge auf, die nach Ansicht der Kölner Kripo im Zusammenhang mit den Plänen der Bonner CDU-Ratsfraktion stehen, den dortigen Müllofen zu veräußern. Als aussichtsreicher Kandidat wird eine Tochtergesellschaft der Trienekens-Gruppe gehandelt. Nach knapp zwei Jahre andauernden Ermittlungen ist die Zeit reif für den großen Schlag.

Razzia bei Trienekens & Co.

Die groß angelegte Durchsuchungsaktion nimmt am 20. Februar 2002 um punkt neun Uhr ihren Lauf. Mehrere Dutzend Polizeibeamte und Staatsanwälte schwärmen aus. Mehr als 17 Objekte in Nordrhein-Westfalen sind ihr Ziel, darunter die Firmenzentralen des Viersener Entsorgungskonzerns Trienekens. Die Beschuldigten dürfen die Räume nicht mehr verlassen. Im Privathaus des Konzernchefs Trienekens treffen die Beamten dessen Ehefrau an. Nach kurzem Telefonat mit ihrem Mann nimmt sie Kontakt mit einem Anwalt auf. Zunächst läuft alles glatt; akribisch sammeln die Beamten das Aktenmaterial ein. Dann unterläuft den Ermittlern eine schwere

Razzia im Hause Rüther: Kistenweise schleppen die Ermittler Unterlagen aus der Wohnung des ehemaligen SPD-Fraktionschefs im Stadtteil Lindenthal

Panne. Kurz nach zehn Uhr klingeln Kripobeamte am Frechener Privathaus des Geschäftsführers der Trienekens-Tochter Isis. Er soll an den Schwarzgeldtransfers in die Schweiz maßgeblichen Anteil haben, so der Verdacht der Staatsanwaltschaft. Zu diesem Zeitpunkt wissen die Beamten nicht, dass der Beschuldigte auch als SPD-Abgeordneter im nordrhein-westfälischen Landtag sitzt und daher Immunität genießt. Der Parlamentarier ist nicht mehr daheim, seine Frau öffnet. Als man ihr den Durchsuchungsbeschluss zeigt, will sie die Türe schnell schließen. Doch ein Beamter stellt einen Fuß in die Tür, die Fahnder drängen ins Haus. Sie durchstöbern die Räume, stellen schon einmal Kartons zum Abtransport von Unterlagen bereit, während man auf den Hausherrn wartet. Kurz vor elf Uhr trifft Fuß ein. Er liest gerade den Durchsuchungsbeschluss, als die Kripobeamten ein Anruf der Befehlsstelle der Kölner Polizei erreicht: Sofort alle Maßnahmen abbrechen, bei Fuß handelt es sich um einen Parlamentarier. Der Genosse aus Frechen ist aufgebracht. Er habe bereits mit dem Landtagspräsidenten gesprochen, der ihm versichert habe, dass seine Immunität nicht aufgehoben sei. Fuß pocht auf seine Rechte als Abgeordneter; die Beamten verlassen unverrichteter Dinge sein Haus.

Die Ermittlungspanne empört die Landespolitiker. Der Landtagspräsident schreibt einen geharnischten Brief an den damaligen NRW-Justizminister Jochen Dieckmann. Unterdessen holt die Kölner Staatsanwaltschaft Versäumtes nach und beantragt beim Landtagspräsidenten auf Grund der Verdachtslage die Aufhebung der Immunität von Hardy Fuß. In Düsseldorf hat man keine Bedenken. Die massiven Beschwerden aus der Politik führen im Kölner Justizzentrum zu einschneidenden Veränderungen. Die Ermittlungen werden nun in die Hände der Staatsanwälte Joachim Roth und Robert Bungart gelegt. Letzterer gilt als erfahren in Korruptionsermittlungen. Bungart hat schon zahlreiche Verfahren gegen Beamte der Kölner Stadtverwaltung, insbesondere im Bauamt geführt. Auch bei der Polizei gibt man dem Verfahren mehr Gewicht. Eine 14-köpfige Sonderkommission mit Namen »Ermittlungsgruppe Niehl« versucht nun die Fäden zusammenzuführen.

In jenen Februartagen geht es Schlag auf Schlag. Unter dem Eindruck der Durchsuchung knickt einer der beiden Steinmüller-Geschäftsführer ein, macht Andeutungen über Schmiergeldzahlungen im Zusammenhang mit der Kölner Müllverbrennungsanlage. Zwei Tage später packt der Steinmüller-Prokurist Jörgen Becker aus. Becker berichtet von Bestechungsgeldern an den Kölner AVG-Chef Ulrich Eisermann. Detailreich schildert er, wie der kommunale Müll-Manager ihn immer wieder massiv unter Druck setzte. Becker will nur das willige Werkzeug seines Chefs gewesen sein. Nach seinen Angaben trägt die Verantwortung für die Schmiergeldzahlungen einzig der frühere Geschäftsführer Sigfrid Michelfelder. Und Becker hält weitere brisante Informationen für die Staatsanwaltschaft bereit. Konzernlenker Hellmut Trienekens ist nach seinen Angaben ebenfalls tief in den Skandal verstrickt.

Die Staatsanwaltschaft beantragt am 25. Februar 2002 zwei Haftbefehle gegen die mutmaßlichen Hauptakteure der Kölner Schmiergeldaffäre: den ehemaligen AVG-Chef Ulrich Eisermann und den einstigen Steinmüller-Geschäftsführer und späteren Generalbevollmächtigten bei Babcock, Sigfrid Michelfelder. Tags darauf nehmen

Beamte der Kölner Polizei Michelfelder fest, als der Chauffeur früh morgens mit dem Firmenwagen am Haus des Top-Managers vorfährt. Der Festgenommene wirkt recht gelassen. Auf dem Weg ins Kölner Polizeipräsidium berichtet er den Beamten, dass er ursprünglich für diesen Tag eine Reise nach Nürnberg vorgesehen hatte. Anderntags wollte er mit seiner Frau nach Indien fliegen. Stattdessen muss er in Untersuchungshaft. Als die Kripo Köln Ulrich Eisermann, den einstigen Chef des kommunalen Abfallentsorgers AVG festnimmt, entdeckt man, dass der Müllmanager tags zuvor noch nach Zürich zu einem letzten konspirativen Treffen gereist ist. Eisermann hat sich dort mit seinen Schweizer Gewährsleuten über Wege aus der verzwickten Situation beraten. Erfolglos. Im Kölner Polizeipräsidium verkündet ein Amtsrichter den Haftbefehl.

Hellmut Trienekens tritt die Flucht nach vorn an

Nach der Verhaftungswelle geht auch bei den anderen Beschuldigten die Angst um. Ein regelrechter Run aufs Justizzentrum setzt ein. Den Anfang macht der Müll-König Hellmut Trienekens. Er wagt fünf Tage später den Gang nach Canossa, das in diesem Fall an der Luxemburger Straße im Justizzentrum liegt. Der Viersener Konzernchef geht in die Offensive. Fürchtet er doch, es könne ihm ähnlich ergehen wie Eisermann und Michelfelder. Trienekens weiß, was die Staatsanwälte hören wollen. Er weiß, dass sie die Schwarzgeldflüsse an die Schweizer Briefkastenfirma Stenna entdeckt haben. Der Konzernchef ist sich bewusst, dass er durch den Steinmüller-Prokuristen Becker schwer belastet wird. In der Presse war bereits das Bild Beckers nach seiner richterlichen Vernehmung zu sehen.

Am 1. März um kurz nach zehn Uhr betritt der Vorstandsvorsitzende der Trienekens AG im Beisein seines Verteidigers Norbert Gatzweiler die Räume der Kölner Staatsanwaltschaft. Der renommierte Kölner Wirtschaftsstrafrechtler erzählt später, es sei eine Entscheidung aus dem Bauch heraus gewesen, in die Höhle des Löwen

Hellmut Trienekens

zu gehen: »Ich hatte so ein Gefühl, dass mein Mandant ansonsten verhaftet worden wäre.« Gatzweiler behält Recht. Bei der Begrüßung lassen die Staatsanwälte keinen Zweifel daran, dass sie Firmenchef Trienekens andernfalls »holen gekommen« wären. In seiner dreistündigen Vernehmung räumt Trienekens Schwarzgeldtransfers in zweistelliger Millionenhöhe auf die Konten der Briefkastenfirma Stenna ein. Der Konzernchef spricht von seiner »Kriegskasse« zum Aufbau ausländischer Unternehmungen. Er gewährt den Beamten tiefe Einblicke in das Schmiergeldkartell, das sich im Herbst 1993 im Zusammenhang mit dem Bau der Müllverbrennungsanlage in Köln gebildet hat. Trienekens nennt Daten konspirativer Treffs, schildert seine Gewissensbisse »als ehrlicher Kaufmann«, die ihn nach der ersten Geldübergabe in der Schweiz aus der Korruptionsriege aussteigen ließen. Am Nachmittag darf der Steuersünder das Kölner Justizgebäude als freier Mann verlassen. Zuvor hat er seinen Zuhörern den Namen des mutmaßlichen Strippenziehers der Kölner Müllofenaffäre an die Hand gegeben: Karl Wienand, in den 70er Jahren Parlamentarischer Geschäftsführer der SPD-Bundestagsfraktion und selbständiger Unternehmensberater.

Karl Wienand: Der Mann fürs Grobe

Nach den Erzählungen des Müll-Multis kassierte Wienand im Kölner Müllkartell kräftig mit. Der Name lässt die Staatsanwaltschaft aufhorchen. »Karl Wienand ist die Idealbesetzung für einen Verdächtigen«, schreibt der »Kölner Stadt-Anzeiger« nach dem Bekanntwerden seiner Rolle in der Affäre. Geräuschlos, effektiv und erfolgreich agiert Wienand bereits in den 70er Jahren als Parlamentarischer Geschäftsführer der SPD-Bundestagsfraktion unter Helmut Schmidt und Herbert Wehner. Oft hat er am Abgrund gestochert, die Drecksarbeit erledigt, für die sich andere zu fein waren. Wienand ist der »Mann für das Grobe«, skrupellos, ein »Frontschwein«, das häufig genug nach dem Motto verfuhr: Der Zweck heiligt die Mittel.

Der Kriegsversehrte hat nach der Kapitulation 1945 schnell Karriere in der SPD gemacht. Mit 27 Jahren zieht er in den Bundestag ein, zehn Jahre später ist er zweiter Vorsitzender des Verteidigungsausschusses, avanciert unter Herbert Wehner zu dessen Kulissenschieber. Sein Meisterstück gelingt ihm 1972 beim Misstrauensvotum gegen Bundeskanzler Willy Brandt. Der erhält die Mehrheit, weil vier Unionsabgeordnete gegen den CDU-Kandidaten Rainer Barzel stimmen.

Wie ein Spinnennetz wächst in jenen Jahren das Geflecht der Wienand'schen Partei- und Geschäftsbeziehungen. Seinen zweiten Spitznamen »Charter Charly« bekommt er, nachdem am 6. September 1971 eine voll besetzte Maschine der Charterfluggesellschaft Paninternational mit Triebwerkschaden auf der Autobahn bei Hamburg notlanden muss. 22 Menschen sterben. Ein Untersuchungsausschuss stellt später fest, dass Wienand sich bei der Luftfahrtbehörde für das Überleben der Skandalfirma eingesetzt hat. Vor dem Ausschuss bestreitet Wienand seine Beratertätigkeit. Als herauskommt, dass er dennoch von der Firma bezahlt wurde, ohne dies beim Fiskus anzugeben, legt er 1974 sein Bundestagsmandat nieder. Ein Jahr später wird er zu einer Geldstrafe wegen Steuerhinterziehung von 102 000 DM verurteilt. Fortan engagiert sich der gescheiterte Politiker aus dem

Karl Wienand soll das Müllkartell zusammengebracht
haben.

kleinen Örtchen Windeck im Rhein-Sieg-Kreis als Firmenberater.

In den 80er Jahren entdeckt Wienand seine Chance in der aufstrebenden Entsorgungsbranche. Er dient sich dem Müll-Multi Hellmut Trienekens an. Dieser nutzt zuweilen die guten Kontakte des Lobbyisten in die Politik. So etwa, als er im September 1990 die Präsidentschaft des Bundesverbandes der Deutschen Entsorgungswirtschaft übernimmt: »Die Arbeit übertrifft meine Erwartungen.«, schreibt Trienekens an Wienand im April 1991. »Die Umweltgesetzgebung der letzten beiden Jahre und der zukünftigen wird eine Fülle zusätzlicher Arbeiten in unserem Verband erforderlich machen, die ich sicherlich auch mit der SPD-Fraktion (im Bundestag, Anm. der Autoren) abstimmen möchte. Hierbei können Sie mir noch sehr erfolgreich unter die Arme greifen. Weiterhin sind von der Fa. R + T Entsorgung GmbH zusätzlich einige Firmen im Rhein-Sieg-Kreis übernommen worden, die ebenfalls einer Betreuung bedürfen (eine neue Deponie ist vonnöten). Auch hier ist Hilfe erforderlich.«

Seit 1982 steht Wienand auch im Sold des Gummersbacher Anlagenbauers Steinmüller. Das Netzwerk aus den Tagen der Bonner Republik funktioniert wie eh und je. Wienand lotst sogar Bundeskanzler Helmut Schmidt zur Werksbesichtigung ins Oberbergische.

Der Altgenosse lässt seine Kontakte zur Landesregierung und zur Westdeutschen Landesbank spielen, als ein Viertel der Steinmüller-Geschäftsanteile an die Hausbank der nordrhein-westfälischen Sozialdemokraten veräußert wird.

Begehrt sind Wienands Dienste vor allem bei Projekten in europäischen Staaten mit einer Linksregierung. Wienand hat beispielsweise einen direkten Draht zum griechischen Ministerpräsidenten Kostas Simitis. Er ist bestens bekannt mit sozialdemokratischen oder sozialistischen Politgrößen in Spanien, Portugal und im Ostblock. Auch bei Rüstungsprojekten soll er als Aufsichtsratsmitglied von Thyssen mit Provisionen trickreich geholfen haben. Wegen seiner guten Kontakte zur sozialistischen Regierung des portugiesischen Ministerpräsidenten Mario Soares hilft er 1986 bis 1989 beim Verkauf von Fregatten mit. Ein Rüstungsgeschäft mit einem Auftragsvolumen von knapp zwei Milliarden DM, an dem sich die Bundesrepublik mit 300 Millionen DM beteiligt. Bei den Ermittlungen in der Müllaffäre kommt heraus, dass Wienand in diesem Zusammenhang eine dreiprozentige Provision kassiert haben soll.

Nebenher bastelt der gewiefte Taktiker in den 80er Jahren zielstrebig an seinem Comeback in der SPD. Er sitzt wieder im Unterbezirksvorstand des Rhein-Sieg-Kreises und im Bezirksvorstand Mittelrhein. Noch während er die Fäden in der Müllaffäre knüpft, gerät er 1994 unter Spionageverdacht. Zwei Jahre später verurteilt das Oberlandesgericht Düsseldorf Karl Wienand zu zweieinhalb Jahren Freiheitsstrafe wegen 13 Jahre geheimdienstlicher Agententätigkeit für die DDR und ordnet den Verfall von einer Million DM Spionagelohn an.

Wie eine heiße Kartoffel lassen die Firmen den DDR-Agenten fallen, doch die Partei hält dem verdienten Genossen die Treue. Mit einem zinslosen Kredit über 150 000 DM sorgt die SPD-Bundestagsfraktion dafür, dass der gestolperte Politiker flüssig bleibt. Wienand hat offenbar mit seinen Klagen über die hohen Prozesskosten die Herzen seiner ehemaligen Fraktionskollegen erweicht. Als ihm für ein Revisionsverfahren die Mittel fehlen, lässt sich die SPD nicht lange bitten. Am 23. April 1997 unterzeichnen beide Seiten einen Darlehensvertrag. Was die Parlamentarier zu jenem Zeitpunkt nicht ahnen ist der Umstand, dass ihr Schuldner nach Aussage anderer Beschuldigter in der Kölner Müllaffäre noch im Jahr zuvor die letzten Millionen aus dem Schmiergeldtopf eingesteckt hat. Revisions- und Wiederaufnahmeanträge werden vom Bundesgerichtshof in Karlsruhe zwar verworfen, dennoch fällt Wienand weich. Im April 1999 gibt Bundespräsident Roman Herzog dem Gnadengesuch nach. Der inzwischen 75-Jährige hat die Eingabe mit gesundheitlichen Problemen seiner Frau, seines Sohnes und seiner eigenen Person begründet. Herzog beharrt auf einer ungewöhnlich langen Bewährungszeit von fünf Jahren – also bis 2004. »Selbst der Sauberste stinkt, wenn er in einen Eimer Scheiße steigt.« Diesen Satz hat Karl Wienand einst von seinem politischen Ziehvater Herbert Wehner übernommen. Nachdem der Müll-Multi Trienekens über seine Verstrickungen in den Kölner Müllskandal am 1. März 2002 berichtet hat, steht Wienand mitten drin.

Das Personenkarussell dreht sich in jenen Tagen immer schneller. Nahezu täglich rücken neue Namen aus dem rheinischen Müll-Filz ins Blickfeld. Die Affäre erreicht die Politik. Drei Tage nach Trienekens sucht Norbert Rüther, Landtagsabgeordneter und Fraktionsboss der einst in Köln so mächtigen SPD die Korruptionsermittler auf. Er hat am 4. März 2002 sämtliche Parteiämter aufgegeben. Den schwergewichtigen Sozialdemokraten treibt offenbar die schiere Panik zur Staatsanwaltschaft. Rüther hat Sorge, dass Mitglieder der Müllofenmafia die Ermittler in das illegale System der »Dankeschön-Spenden« der Kölner Genossen eingeweiht haben könnten.

Noch vor Wochenfrist hat der Steinmüller-Prokurist Jörgen Becker von einer ominösen Geldkurierfahrt Mitte der 90er Jahre in die Schweiz berichtet. Vor einem Café habe er seinerzeit dem Vorsitzenden der Kölner SPD-Ratsfraktion in Zürich einen Umschlag mit 70 000 DM übergeben. An den Namen erinnert er sich im Verhör nicht mehr. Die Ermittler tippen zunächst auf Rüthers Vorgänger, den damaligen SPD-Fraktionschef und Landtagsabgeordneten Klaus

Nach der Vernehmung bei der Staatsanwaltschaft: Norbert Rüther tritt in
Begleitung seiner Anwälte den Heimweg an.

Heugel. Seine Wohnung wird durchsucht, flugs laden sie ihn zur
Vernehmung vor. Doch Heugel bestreitet die Vorwürfe – und das zu
Recht. Bei einem Fotovergleich stellt sich heraus, dass sich der Stein-
müller-Geldbote vertan hat. Der Prokurist deutet auf das Bild eines
anderen prominenten Kölner Genossen: Heugels politischen Erben
Norbert Rüther.

Rüther ist also gewarnt, als er in Begleitung seiner Anwälte ver-
einbarungsgemäß am 12. März 2002 in den fünften Stock der Kölner
Staatsanwaltschaft hinauffährt. Als er aus den Fenstern nach unten
schaut, sieht er die Journalistenschar, die das Gebäude der Kölner
Anklagebehörde umlagert. Fotografen haben ihre Teleobjektive auf-
gesetzt, um den einst so mächtigen Fraktionschef aus weiter Entfer-
nung abzulichten. Im Vernehmungszimmer ist es warm, es dauert
nicht lange, da fängt der übergewichtige Politiker an zu schwitzen.
Es fällt ihm nicht leicht, die Dinge beim Namen zu nennen. Mitun-

ter ist er den Tränen nahe, der Magen spielt verrückt, so dass eine Unterbrechung nötig wird. Am Abend – nach achtstündiger Vernehmung – stellt er sich am Ausgang den Fotografen. Er sieht müde und geschafft aus. Fragen beantwortet er nicht. Seine Anwälte geben lediglich eine kurze Erklärung ab. Über Inhalte der Vernehmung schweigen sie sich aus. Nur so viel: Ihr Mandant habe sich über 25 Seiten ausführlich zur Parteispendenaffäre geäußert.

Eisermann und Michelfelder brechen ihr Schweigen

Während sich die Schlagzeilen zum Müllskandal häufen, sitzt Top-Manager Sigfrid Michelfelder im Knast. Die ungewohnte Umgebung wirkt sich auf seinen Gemütszustand aus. Häufig lässt sich ein kleiner Gauner zu dem promovierten Maschinenbau-Ingenieur in die Zelle schließen. Die beiden spielen Schach. Michelfelders Qualitäten fordern seinen Gegner nicht sonderlich, aber der lässt ihn häufig gewinnen. Der Mann ist froh, dass er zumindest jemanden gefunden hat, der sich zu ihm ans Schachbrett setzt. Das Spiel beansprucht den Geist, das ist wichtig im tristen Zellen-Alltag. Außerdem redet sein Gegenüber viel und gerne. So etwas könnte für die eigene vorzeitige Entlassung von Nutzen sein. Michelfelders Schachpartner vertraut sich der Staatsanwaltschaft an. Der Top-Manager habe ihm erzählt, dass er selbst Schmiergeld für eigene Zwecke abgezweigt habe, berichtet der Untersuchungsgefangene den Ermittlern. Die Beamten hören interessiert zu. Mit der Staatsanwaltschaft spricht der frühere Steinmüller-Geschäftsführer auf Anraten seiner Anwältin nicht. Seine Verteidigerin Anne Wehnert lotet indes Mittel und Wege aus, um ihren Mandanten aus der Untersuchungshaft zu bekommen. Auch ihr ist die schlechte psychische Verfassung Michelfelders nicht verborgen geblieben. Sie weiß, dass die Gegenseite auf Zeit spielt. Mit ihrem Urteil, dass die Staatsanwälte mit dem Aufenthalt hinter Gittern die Tatverdächtigen zum Reden bringen wollen, steht sie nicht allein. So mancher in der Affäre engagierte Verteidiger spricht von »Beugehaft«. Es sei schon absurd, meint Rechtsanwältin Wehnert in jenen Tagen, den Haftgrund der Fluchtgefahr für ihren Mandanten anzunehmen. Michelfelder ist familiär im Oberbergischen gebunden, sorgt sich sehr um seinen behinderten Sohn. »Wohin sollte mein Mandant unter diesen Voraussetzungen wohl fliehen?«, fragt die Düsseldorfer Verteidigerin.

Die Staatsanwaltschaft weist solche Vorwürfe in der Öffentlichkeit entschieden zurück. Immerhin gebe es da auch noch den Haftgrund der Verdunkelungsgefahr. Intern lässt man aber keinen Zweifel daran, dass die beiden Inhaftierten nur bei entsprechenden Geständnissen wieder freikommen werden. Gestützt sieht sich die Anklagebehörde durch die Gerichte. Ende März gibt Michelfelders Anwältin eine 35-seitige Einlassung ihres Mandanten ab und legt Haftbeschwerde ein. Ein gerichtlicher Haftprüfungstermin für die kommende Woche soll dem Top-Manager endlich wieder die Freiheit bringen. Am Donnerstag, 28. März 2002, rollt Michelfelder im Gefangenentransporter zum Kölner Gerichtsgebäude an der Luxemburger Straße.

Die Hoffnung des Ingenieurs wird herbe enttäuscht. Obwohl der Termin auf 14 Uhr festgesetzt ist, muss der Hauptbeteiligte erst einmal in der Vorführzelle im Keller warten. Hinter verschlossenen Türen bleiben die Juristen zunächst unter sich. Zwei Stunden lang liefern sich Verteidigung, Gericht und Staatsanwaltschaft ein hitziges Wortgefecht, ehe Michelfelder nochmals richterlich befragt wird. »Viel zu dünn«, befinden Staatsanwaltschaft und Gericht nach einer knappen halben Stunde. Viele Fragen seien offen geblieben. Die Verteidigerin zieht ihre Haftbeschwerde zurück. Michelfelder willigt ein, sich von den Staatsanwälten vernehmen zu lassen. Der Poker um die Freilassung des einstigen Steinmüller-Geschäftsführers wird auf nach Ostern vertagt. Anfang April sagt Michelfelder zum ersten Mal aus. Doch es werden noch drei weitere Monate vergehen, ehe der Spitzenmanager alle Zweifel an seiner Glaubwürdigkeit ausräumen kann und gegen die Zahlung von einer Million Euro Kaution auf freien Fuß gelangt.

Der ehemalige AVG-Chef Ulrich Eisermann hat da bessere
Karten. Zu jenem Zeitpunkt hat er das Untersuchungsgefängnis
längst gegen die Zahlung von 520 000 Euro Kaution verlassen dürfen. Wochenlang steht er den Korruptionsermittlern Rede und Antwort, offenbart den Weg der Schmiergelder, belastet sich und die
Mitbeschuldigten schwer. Eisermann führt die Beamten der Ermittlungsgruppe Niehl auch zu seinem geheimen Geldbunker, einer
Garage mit einem metallenen Rolltor in der Kölner Innenstadt –
im Schatten des Doms.

Darüber hinaus liefert der einstige Müllentsorgungschef bizarre
Einblicke in das rheinische Polit-Biotop. Er zeichnet ein Bild Macht
besessener Ratspolitiker, die für ihre Wiederwahl sogar ihre Mutter
verkaufen würden. Seine Aussagen handeln von politischer Einflussnahme, von skrupellosen Parteibonzen, die mit leicht erpresseri-
schem Unterton bei Firmen, die von der Stadt Köln Aufträge erhalten, Spenden eintreiben.
Mächtige Stadtparlamenta-
rier schachern um lukrative
Posten in den Abfallgesellschaften, mitunter werden
aus den Spitzen der beiden
großen Ratsfraktionen SPD
und CDU auch Bitten an
den privaten Abfallentsor-
ger Trienekens herangetragen, verdiente oder auch
missliebige Parteifreunde
mit gut dotierten Posten in
einer seiner Firmen ruhig

Eröffnung d[...]
Restmüllver[...]nnungsanlage K[...]

Steinmüller-Geschäftsführer
Sigfrid Michelfelder bei der
Eröffnung der Kölner Müllver-
brennungsanlage

zu stellen. Auf die eine oder andere Art werde man es ihm schon vergelten. Anfang Mai 2002 wartet Eisermann in dem Vernehmungsmarathon mit einem Knüller auf. Neben der Beschaffung üppiger Parteispenden will er dem Kölner SPD-Spitzenpolitiker Norbert Rüther zwei Millionen DM aus dem Schmiergeldtopf übergeben haben.

Auf Anordnung des Amtsgerichts lassen die Staatsanwälte die Telefone des erst kürzlich zurückgetretenen Fraktionschefs abhören. Viel kommt dabei aber nicht heraus. Nur bei einem Gespräch mit einem Parteifreund aus dem Historischen Archiv macht Rüther vage Andeutungen zu seiner Beteiligung an der Affäre. Rüther erkundigt sich bei ihm, ob es möglich sei, zu den dort deponierten Unterlagen aus den 90er Jahren weitere Akten zu geben. Er habe doch schon welche hinterlegt, wendet der Gesprächspartner ein. »Ja, ja, ein Teil meines Nachlasses«, dies seien aber jetzt Dinge aus seiner Studentenzeit. Es gebe da ja noch eine zweite Lagerstätte in den Archivräumen, hilft der Archivar dem Anrufer auf die Sprünge. Rüther erinnert sich. »Dann tu' ich den dazu.« Dieser Teil sei aber für die Öffentlichkeit gesperrt, entgegnet sein Gesprächspartner. Für Rüther werde er aber eine Ausnahme machen. Man könne das ja so regeln, dass nur der Amtsleiter im Hause informiert werde. Rüther ist erleichtert: »Das sind auch eher Inhalte, die braucht man gar nicht groß zu sperren. Das sind Inhalte. Ehm, ehm, also das können wir noch besprechen.«

Rüther kündigt sich für die nächsten Tage an. Als man auf die SPD-Affäre zu sprechen kommt, kanzelt das SPD-Schwergewicht den Genossen im Archiv mit dem Hinweis ab, solche Gespräche könne man nicht am Telefon führen. »Du wirst verstehen. Zu den eigentlichen Dingen sag' ich nirgends was. Das habe ich auch öffentlich nie getan. Die sind an Stellen deponiert, wo sie hin müssen.«

Drei Wochen nach dem Telefonat wird Rüther im Foyer des Museum Ludwig in Köln verhaftet. In seiner Aktentasche stellen die Zivilbeamten eine Kopie der Ermittlungsakte der Parteispendenaffäre sowie Zeitungsartikel sicher, die sich ausschließlich mit Konzernchef Hellmut Trienekens beschäftigen. Beamte der Sonderkommission suchen das Historische Archiv in Köln auf und beschlagnahmen sämtliche Unterlagen des früheren Fraktionschefs. Noch am gleichen Abend wird Rüther vernommen. Vehement weist er die Bestechungsvorwürfe Eisermanns zurück. Unglaubwürdig ist die belastende Aussage des einstigen Müllmanagers auch aus Sicht der Verteidiger Rüthers. In punkto Schmiergeldübergaben weisen sie auf zeitliche Widersprüche im Vernehmungsprotokoll Eisermanns hin. Außerdem könne sich Eisermann an keinerlei Details über die angeblichen Geldübergaben erinnern. Eine Verteidigungslinie, die Rüther bis zum heutigen Tag beibehalten hat. Auch für das konspirative Telefonat ins Historische Archiv haben die Juristen eine einfache Erklärung: Rüther sei geraten worden, sich nicht allzu offen am Telefon zu geben, schließlich könne immer jemand mithören. Als die Staatsanwälte weiter bohren, bricht Rüther das Verhör auf Anraten seiner Verteidiger ab.

Haftbefehle gegen Hellmut Trienekens und Karl Wienand

Am gleichen Tag verhaften die Korruptionsermittler den Müllunternehmer Hellmut Trienekens und den SPD-Politiker Karl Wienand. Sie alle sollen zum Bestechungszirkel gehören. Der herzkranke Trienekens wird ins JVA-Krankenhaus nach Fröndenberg gebracht. Auf Grund der Erfahrungen während einer vorangegangenen Razzia gehen die Beamten bei Wienand besonders vorsichtig zu Werke. Der 76-Jährige besitzt einen Jagdschein. Eine ganze Reihe von Schusswaffen lagern in seinen Tresoren. Im gepanzerten Waffenschrank in seinem Schlafzimmer liegt unter anderem ein scharfer Revolver Smith & Wesson Kaliber 357 Magnum. Eine durchgelade-ne Pistole hält er griffbereit unter der Matratze am Kopfende seines Bettes versteckt. Die Kripo entschließt sich zu einem kleinen Täuschungsmanöver. Die Beamten geben sich als Steuerfahnder aus und kündigen sich für den 13. Juni mittags zum Besuch an. Arglos lässt Wienand die Männer in den Hof des Anwesens hinein. Dort eröffnen ihm die Kriminalbeamten den wahren Grund ihre Kommens. Nach eingehender ärztlicher Untersuchung steigt der festgenommene Firmenlobbyist in den zivilen Polizeiwagen.

Die Welle des Entsetzens über die jüngsten Verhaftungen reicht bis ins ferne Berlin. SPD-Generalsekretär Franz Müntefering nennt das Verhalten Wienands »Partei schädigend«. Aus München ätzt der damalige Kanzlerkandidat der CDU/CSU, Edmund Stoiber: »Die Affäre schadet der SPD, aber auch der gesamten Politik. Ich stehe fassungslos vor der kriminellen Energie einzelner Politiker.«

Abseits dessen wird Hellmut Trienekens im Justizvollzugskrankenhaus unter ärztliche Beobachtung gestellt. Trienekens' Verteidiger Norbert Gatzweiler macht der Staatsanwaltschaft deswegen schwere Vorwürfe. Die Untersuchungshaft setze seinem Mandanten schwer zu. »Es besteht die Gefahr schwerster Gesundheitsschäden, wenn nicht sogar eine Todesgefahr. Die Inhaftierung dient offenbar lediglich dazu, auf Herrn Trienekens Druck auszuüben, sich möglicherweise zu noch von den Ermittlungsbehörden als relevant betrachteten Ermittlungsfeldern zu äußern.«

Tatsächlich sieht die Staatsanwaltschaft in dem Konzernchef die eigentliche Schlüsselfigur im rheinischen Müll-Filz. In den 90er Jahren hat der Unternehmer mehr als 30 Millionen DM auf die Konten der Schweizer Briefkastenfirma Stenna Umwelttechnik AG geschleust. Der Kölner Justiz tut sich der Verdacht auf, dass Trienekens mit Hilfe seiner »schwarzen Kriegskasse« die Abfallentsorgung möglichst vieler Kommunen an Ruhr und Rhein unter seine Kontrolle bringen wollte. Noch im Jahr 2000 flossen siebenstellige Beträge in die Schweiz mit dem Zusatz »Privatisierung der Bonner Müllverbrennungsanlage«. Von dem kränkelnden Untersuchungsgefangenen erwartet man nun die Namen der deutschen Geldempfänger in den Kommunen. Der inhaftierte Konzernlenker gibt sich zugeknöpft. Nahezu täglich erhält er Besuch von seinen Verteidigern. Wenn der angeschlagene Unternehmer schwankend wird, halten sie ihn bei der Stange.

Eine Woche nach seiner Verhaftung berichtet der Untersuchungsgefangene seinen Verteidigern Merkwürdiges: Nach einem Gespräch mit seinem Anwalt wird Trienekens zurück in sein Krankenzimmer gebracht. Es ist Umschluss. Ein Kleinkrimineller namens Peter Müller (Name geändert) sucht ihn auf. Die beiden plaudern. Müller erkundigt sich bei Trienekens, was er denn ausgefressen habe. Der Mann versucht den Unternehmer auszufragen. Dabei wirkt er reichlich angespannt und nervös. Offenbar plagen ihn Gewissensbisse, denn nach kurzer Zeit zeigt Müller Trienekens ein kleines Mikrofon, das er in seiner Unterhose festgeklebt hat. Der Firmenchef ist sauer. Um ihn zu besänftigen, reißt sich Müller das Abhörgerät vom Leib und spült es die Toilette hinunter. Der Spitzel berichtet, am Vormittag seien zwei Herren erschienen und hätten ihm ein Geschäft vorgeschlagen. Müller sollte Trienekens aushorchen, im Gegenzug dürfe er auf einen milden Richterspruch hoffen. Tags darauf meldet sich Müller erneut bei Trienekens. Die beiden Herren hätten ihn eben aufgesucht. Die Männer machten ihm Vorwürfe, dass er sich Trienekens anvertraut habe. Die Verteidiger des Konzernchefs wittern einen handfesten Skandal, zumal der Gefangene Müller noch am gleichen Tag zurück in seine ursprüngliche Haftanstalt nach Hamm gebracht wird. In einem Schreiben fordern die Trienekens-Anwälte die Staatsanwaltschaft auf, das Geschehen umgehend zu untersuchen. Die Untersuchung verläuft im Sande. Letztendlich wird nie geklärt, wer die beiden fremden Besucher gewesen sind, ob es sie überhaupt gegeben oder ob der Kleinkriminelle Peter Müller gelogen hat.

Mit allen Mitteln versuchen die Trienekens-Anwälte, ihren Mandanten aus der Untersuchungshaft zu pauken. Rechtliche Stellungnahmen, Haftbeschwerden und ärztliche Atteste über den schlechten Gesundheitszustand des inzwischen 64-Jährigen veranlassen das Kölner Landgericht zu einem Kompromissvorschlag: Der Konzernchef macht eine umfassende Aussage und muss die bis dato höchste Kautionssumme in der deutschen Justizgeschichte zahlen – mehr als 100 Millionen Euro. Trienekens willigt ein. Auch die gewaltige Sicherheitsleistung stellt kein Problem dar. Erst kürzlich hat er seine Firmengruppe an den RWE-Konzern veräußert. Geschätzter Verkaufswert: 350 bis 450 Millionen Euro. Mitte Juli 2002 wird Trienekens drei Tage lang verhört. Am 19. Juli 2002 überreicht Verteidiger Gatzweiler den Staatsanwälten ein Kuvert mit einer Bankbürgschaft über die Kautionssumme. Der Müll-Multi darf das Justizvollzugskrankenhaus verlassen.

Nach dreimonatigem Schweigen in seiner Zelle kommt auch Ex-SPD-Boss Norbert Rüther im September unter Auflagen frei. Mühsam kratzt er 200 000 Euro Kaution zusammen. Das Geld haben ihm Freunde geliehen. Ein Konto Rüthers bei der Deka Bank in Luxemburg ist inzwischen aufgetaucht. Der Tipp stammte von Bankern aus dem benachbarten Großherzogtum. Aus der Zeitung hatten sie von der Verhaftung Rüthers erfahren und das Bundeskriminalamt über die Existenz des Kontos informiert. Der einzige, der nichts für seine Entlassung aus der Untersuchungshaft zahlen muss, ist Unternehmensberater Karl Wienand. Das Kölner Oberlandesgericht berücksichtigt seine schwierige Familiensituation und lässt den 76-Jährigen ebenfalls frei. Wienands Frau ist schwer pflegebedürftig, sein Sohn macht gerade eine Drogentherapie.

Das Kölner Müllkartell findet zusammen

»Staatsbesuch« in Gummersbach

Das Empfangskomitee hätte auch einem kleinen Staatsbesuch gut angestanden: Der »kölsche Kurfürst« aus dem 50 Kilometer entfernten Köln hat sich für heute angesagt. Nicht hoch zu Ross, sondern im Dienstwagen rollt der Kölner Regierungspräsident Franz-Josef Antwerpes 1992 durchs Werkstor des Gummersbacher Anlagenbauers Steinmüller. Der Chef der Kölner Bezirksregierung ist der Einladung des Steinmüller-Geschäftsführers Sigfrid Michelfelder zur Betriebsbesichtigung gefolgt. Die Vorstandsetage des Anlagenbau-Unternehmens ist vollständig angetreten. Der Besuch hat höchste Priorität. Die Kölner wollen eine Restmüllverbrennungsanlage errichten. Und der Kölner Regierungspräsident gilt als einer der einflussreichsten Befürworter des Milliardenprojekts. Die Steinmüller-Leute machen gut Wetter. Geschäftsführer Michelfelder führt den Gast durchs Werk. Er nutzt jede Gelegenheit, um den Besucher von der technischen Überlegenheit des Konzerns auf dem Feld der Verbrennungsanlagen zu überzeugen. Das ist auch dringend erforderlich, denn der Not leidende Konzern braucht den Auftrag. Anfang der 90er Jahre steckt das Unternehmen in einer Krise. Die Umsätze im Bereich des Kraftwerkbaus gehen zurück, Michelfelder und seine Kollegen setzen verstärkt auf die Umwelttechnik. Zwar sind die oberbergischen Anlagenbauer bereits seit 20 Jahren auch in der Müllofensparte tätig, haben bis dahin aber hauptsächlich nur einzelne Bauteile geliefert. Vor allem im Bereich der Rauchgasentstickung und der Entschwefelung ist Steinmüller führend. Doch auch dort drohen mit dem Ende der gesetzlichen Nachrüstungsverpflichtung 1989 Verluste. Die Manager planen, ihr Kerngeschäft auf den Bau von Abfallentsorgungsanlagen umzustellen. Andernfalls, so die internen Überlegungen, muss die halbe Belegschaft entlassen werden. Michelfelder spart bei der Werksbesichtigung nicht mit Eigenlob. Interessiert lauscht Antwerpes, als der Manager ihm ausmalt, dass Steinmüller in der Lage sei, die zulässigen Emissionswerte deutlich zu unterschreiten. Der Regierungspräsident ist beeindruckt und stellt den Managern in Aussicht, dass das umstrittene Projekt auf jeden Fall gebaut wird. Entzückt vernehmen die Steinmüller-Verantwortlichen die Antwerpes-Zusage, er werde sich dafür einzusetzen, dass ein Unternehmen aus Nordrhein-Westfalen den Auftrag erhalte. Dann, so wissen die Manager sofort, bleiben nur zwei Konkurrenten übrig: die Deutsche Babcock in Oberhausen und L & C Steinmüller in Gummersbach. Am Ende seines Besuches verspricht der Regierungspräsident, den Vorstand in Sachen Kölner MVA auf dem Laufenden zu halten.

Doch Michelfelder will nichts dem Zufall überlassen. Der Müllofen in Köln soll einer der größten seiner Art werden – ein lukrativer Auftrag. Später wird der Steinmüller-Chef von der »erhofften Eintrittskarte in den Gesamtanlagenbau« für Abfallentsorgungsanlagen sprechen. Michelfelder versucht, auch NRW-Umweltminister Klaus Matthiesen für sich einzunehmen. Doch Matthiesen hat andere Präferenzen. Zusammen mit der ehemaligen Bundestagspräsidentin Annemarie Renger (SPD) macht er sich zunächst für den Konkurrenten ABB stark. Steinmüller-Chef Michelfelder spielt seine stärkste Karte aus: Er setzt den SPD-Strippenzieher Karl Wienand in Bewegung.

Nach dem Abschied aus der Berufspolitik hat der einst so mächtige Parteihauptmann eine zweite Karriere als Firmenberater begründet. Es geht um die große Linie der Abfallentsorgung auf der Rheinschiene, das Deponieproblem, die Müllverbrennungsanlagen. Die beiden sind sich einig, dass die Zukunft den Müllöfen gehört.

Aus der gemeinsamen Arbeit für die SPD im Rhein-Sieg-Kreis ist Wienand mit Kölns Oberstadtdirektor Lothar Ruschmeier bekannt. In örtlichen Parteizirkeln spricht man von der »Troisdorfer Mafia«. Die Verbindung zu Kölns Oberstadtdirektor macht es Wienand leichter, Türen zu öffnen. Gilt der Chef der Kölner Stadtverwaltung doch als Motor der Restmüllverbrennungsanlage. Ruschmeier steht dem Aufsichtsrat der Müllofenbetreibergesellschaft AVG vor. Die Stadt ist zu 75 Prozent Mehrheitseigner der Müllentsorgung GmbH, Müll-Multi Hellmut Trienekens hält eine Sperrminorität von 25 Prozent. Als Vizechef des Aufsichtsrats ist er der zweite starke Mann im Kontrollgremium. Und auch in diese Richtung hat Lobbyist Wienand Verbindungen geknüpft. Seit den 80er Jahren steht er auf der Beraterliste der Trienekens AG. Im Dienste des Viersener Entsorgers strickt er nach eigenen Angaben daran mit, dass sich Trienekens an der Kölner Müllofengesellschaft AVG beteiligen darf.

Karl Wienand greift ein

Als die großen Parteien 1990 im Kölner Rat die Gründung der Abfallentsorgungs- und Verwertungsgesellschaft (AVG) und den Bau einer MVA auf den Weg bringen, wittert Wienand seine Chance. Umgehend informiert er die Anlagenbauer von Steinmüller über das Vorhaben. Das Projekt nimmt zusehends Formen an, und Wienand dient sich im Werk als Vermittler an. Bei einem Projektgespräch glänzt er mit seinen Kontakten zu den Kölner Entscheidungsträgern: Bekannt ist der Ränkeschmied beispielsweise mit Ulrich Eisermann, dem Chef der Kölner AVG. Man kennt sich von den Bezirksparteitagen der SPD und aus »Klüngelrunden«, in denen die roten Lokalfürsten im Kölner Rathaus die Ergebnisse der Delegiertenversammlungen auskungeln. Eisermann steht als Parteitagsdelegierter Wienand und dem Kölner Oberstadtdirektor Lothar Ruschmeier zur Seite, als diese versuchen, für den Rhein-Sieg-Kreis und den Oberbergischen Kreis Mehrheiten zu schmieden. In dem Forum trifft man Absprachen, um interne Gegner niederzuhalten, Intrigen werden gesponnen, Mehrheiten gebildet. Eisermann ist der entscheidende Mann, wenn es um die Auftragsvergabe zum Bau der Müllverbrennungsanlage geht. Er lenkt auf Geheiß der Kölner Verwaltungsspitze die Ausschreibung, er steuert den Informationsfluss, er ist über die Angebote der Mitbewerber bestens informiert. Außerdem besitzt der Müllmanager das uneingeschränkte Vertrauen des Oberstadtdirektors.

Die personelle Konstellation in der AVG ist wie geschaffen für den Aquisiteur Karl Wienand. Mit der Firma Steinmüller vereinbart der Berater eine Sonderprovision für den Fall, dass die Gummersbacher den Zuschlag für den Bau der Müllverbrennungsanlage erhalten werden. Glaubt man den späteren Aussagen der Beteiligten, spielt Wienand fortan ein doppeltes Spiel. Im Frühjahr 1993 sucht er den Kölner AVG-Chef Eisermann in dessen Büro auf. Ohne viel Umschweife, so erzählt Eisermann später, kommt Wienand zur Sache. Bei einem Auftrag, wie ihn der Bau der Abfallentsorgungsanlage darstelle, müsse man sicherlich von einer Provision ausgehen. So etwas sei üblich in der Branche. Er selbst habe schon einmal bei einem Schiffsauftrag in Portugal unter dem sozialistischen Ministerpräsidenten Mario Soares drei Millionen DM kassiert. Wienand bestreitet diese Version bis heute. Er bringt die Namen gleich mehrerer Anlagenbaufirmen ins Gespräch. Beste Beziehungen unterhält er nach eigenen Worten zu dem Schweizer Unternehmen von Roll. Das Unternehmen habe schon in Bonn hervorragend gearbeitet. Eisermann hat Vorbehalte. Wienand bringt den Konkurrenten Noell ins Spiel. Ob man es nicht einmal mit dieser Firma in Köln versuchen wolle. Eisermann winkt ab. Noell gilt in der Branche als »billiger Jakob«. Seinen eigentlichen Auftraggeber, L & C Steinmüller aus Gummersbach, führt Wienand erst als drittbeste Lösung ins Feld. Eisermann zögert. Doch Wienand empfiehlt, sein Angebot ernst zu nehmen. Sicherheitshalber werde er schon einmal bei den Firmen »antichambrieren«. Wienand ist in seinem Element. Er entwickelt mehrere Vorschläge, darunter auch ein Treffen mit dem Steinmüller-Geschäftsführer Michelfelder. In der Folgezeit meldet sich Wienand häufiger bei Kölns AVG-Chef. Aus den Gesprächen hört er heraus, dass der von ihm favorisierte schweizerische Anbieter bei Eisermann schlechte Karten hat. Stets will er wissen, welchen Firmenkandidaten der kommunale Abfallentsorgungschef im Auge habe. Doch dieser hält sich bedeckt.

Das Gerangel um den MVA-Auftrag wird ruppiger. Die Anbieter hofieren den Kölner AVG-Chef Eisermann, wo es nur geht. Mal geht es zur Bockjagd in die firmeneigene Jagdhütte im Schwarzwald, mal tafelt man in einem Nobelrestaurant. Dabei gehört es zum guten Ton, die Konkurrenten anzuschwärzen. In einem gleichen sich die Interessenten: Unisono bieten Babcock, ABB und Steinmüller Eisermann Schmiergeld in Millionenhöhe an.

Die Politik hat im Kandidatenrennen eindeutige Präferenzen, die der Müllofenchef zu beachten hat. Regierungspräsident Franz-Josef Antwerpes zitiert Eisermann zum Rapport. Antwerpes, ein Freund regionaler Wirtschaftsförderung, entlässt den AVG-Geschäftsführer mit den Worten: » Vergiss die Firma Steinmüller nicht.« Auch aus Düsseldorf kommen neue Signale. Aus der Staatskanzlei wird der Wunsch an Eisermann herangetragen, die Gummersbacher zu bedenken. Umweltminister Klaus Matthiesen hat offenbar seine Vorliebe für den Konkurrenten ABB verloren. Nachdem er feststellt, dass sein Favorit in der Ausschreibung schlechte Karten hat, schwenkt er ebenfalls auf Steinmüller um.

So folgt der Müllofenplaner Eisermann im Sommer einer Einladung des Steinmüller-Geschäftsführers Michelfelder in ein Nobelrestaurant in Gummersbach-Marienheide. Während des Essens lässt der Top-Manager erneut Andeutungen über Provisionszahlungen fallen, sollte Steinmüller bedacht werden. Das Know How seiner Firma schildert er in den buntesten Farben. Doch Eisermann lässt sich nicht blenden; er ist im Bilde. Punkt für Punkt zählt er seinem Gesprächspartner die Schwächen von Steinmüller-Produkten auf. Kleinlaut antwortet Michelfelder: » Ich brauche den Auftrag, dafür würde ich auch etwas tun.« Eisermann entgegnet, dass Wienand schon in derselben Sache bei ihm vorstellig geworden sei. Nach seinem Empfinden ist es aber viel zu früh, über solche Dinge zu reden.

Das Eis taut. Langsam aber sicher freundet sich Eisermann mit dem Gedanken an. Er unterrichtet Firmenberater Wienand über die

Zusammenkunft mit Steinmüller-Chef Michelfelder. Wienand ist begeistert. Subtil fügt er in den folgenden Monaten das Schmiergeld-kartell zusammen. Wienand erörtert laut Anklage mit dem Müll-Multi Hellmut Trienekens in jenen Tagen die Frage, wie man Stein-müller den Auftrag verschaffen könne. Er berichtet, dass Eisermann eine dreiprozentige Provision fordert. Trienekens schäumt vor Wut. Den Ermittlungen der Staatsanwaltschaft zufolge überredet Wie-nand den Unternehmer jedoch zum Einstieg in das Müllkartell.

Warum Trienekens einschwenkt, ist nie überzeugend geklärt worden. Der Vorstandsvorsitzende der Trienekens AG ist Minder-heitsgesellschafter der Müllofenbetreibergesellschaft AVG, es hätte ihm ein Leichtes sein können, das illegale Inkasso zu stoppen. Aber Trienekens weiß auch um die Wünsche der Politik bezüglich der Firma Steinmüller. Glaubt man den späteren Erklärungen des Kon-zernchefs, so will er offenbar unnötigen Ärger mit den Mächtigen in Stadt und Land vermeiden. Gänzlich schlüssig ist dies nicht – eine bessere Erklärung hat bisher aber niemand gefunden. Wienand klün-gelt jetzt an allen Fronten. Er hält die Fäden in der Hand; er ist die Schlüsselfigur des Kartells. Er ist auch der Einzige, der das Vertrauen aller Beteiligten genießt. Skrupellos soll er es missbraucht haben. Wienand setzt den Steinmüller-Chef Michelfelder unter Druck. Drei Prozent der Auftragssumme in Höhe von damals noch 800 Millio-nen DM fordert er von dem Geschäftsführer, falls Steinmüller den Zuschlag erreichen wolle. Es handele sich um ein Wienand-Triene-kens-Eisermann-Angebot. »Diese Forderung ist nicht verhandelbar«, soll Wienand, der diesen ganzen Vorgang bestreitet, gelogen haben. Der Steinmüller-Manager ist geschockt ob der gewaltigen Summe und willigt nur unter der Bedingung ein, dass seine Firma als Gene-ralunternehmer auftreten darf. Wienand arrangiert ein Vierertreffen. Neben ihm sollen Eisermann, Michelfelder und auch Hellmut Trie-nekens teilnehmen. AVG-Chef Eisermann ist überrascht, dass Trie-nekens dabei ist, es beruhigt ihn aber zugleich. Was soll noch passie-ren, wenn der stellvertretende Aufsichtsratschef der AVG schon mit im Boot sitzt? Die Hemmschwelle sinkt zusehends.

Die »Viererbande« kommt im Herbst 1993 im Düsseldorfer Hilton zusammen. Trienekens räumt die letzten Bedenken Eisermanns mit dem Hinweis aus, dass Provisionszahlungen bei solchen Projekten üblich seien. Wienand pocht bei dieser Gelegenheit nochmals auf eine Provision: Drei Prozent der Auftragssumme in Höhe von 800 Millionen DM. Eisermann gerät ins Schwärmen. Sein Anteil betrüge sechs Millionen DM. Wienand gibt ihm schon einmal den Tipp, seinem Beispiel zu folgen und das Geld in Monaco anzulegen – der Steuer wegen. Die Herren sind sich vom Grundsatz her einig. Bei einer weiteren Begegnung ohne Wienand werden die Zahlungsmodalitäten verabredet: ein Drittel sind bei Auftragsvergabe fällig, ein Drittel bei Baubeginn und ein Drittel nach dem Ende der Arbeiten.

Im November trifft sich das Kleeblatt erneut. Diesmal geht es um den Zahlungsweg. Wienand will das Geld über einen Schweizer Notar waschen. Doch das Vorhaben erweist sich als Flop. Bei einem Besuch Wienands und Michelfelders weist der Notar das Ansinnen kategorisch zurück. Hellmut Trienekens löst das Problem: Das Geld könne über seinen Immobilienmakler Arthur A. Hofmann und dessen Briefkastenfirma Stenna laufen, schlägt er während einer Zusammenkunft im November 1993 vor. Die Zahlungen könnten mittels Scheinrechnungen verschleiert werden. Die Runde stimmt zu. Das Tandem Wienand und Michelfelder trifft einen Monat später mit dem Chef des Geldwäscheunternehmens in Zürich zusammen. Bei einem Notar besprechen Michelfelder und der Schweizer Mittelsmann die Einzelheiten der Geldtransfers. Die Zahlungen werden vertraglich festgelegt. Der Modus ist simpel: Die Minifirma aus dem schweizerischen Flims fordert per Scheinrechnungen die Schmiergelder an. Steinmüller überweist das Geld und setzt die geforderte Summe als Betriebsausgabe beim Finanzamt ab. Die Bestechungsgelder übergibt der Stenna-Verantwortliche Hofmann an Eisermann & Co. in bar. Für den Schweizer Kaufmann ein einträgliches Geschäft: Hofmann behält bei jedem Geldtransfer 20 bis 30 Prozent als Aufwandsvergütung ein. Bleiben 18 Millionen DM, die Trienekens, Eisermann und Wienand kassieren sollen.

Die Auftragsvergabe über Wasserdampf

Die Müllmafia hat sich gefunden, noch bevor die Ausschreibung in ihre entscheidende Phase geht. Der Kölner Oberstadtdirektor Lothar Ruschmeier hat Eisermann angewiesen, denjenigen als Generalunternehmer auszuwählen, der bei der Mehrzahl der einzelnen Baulose der Billigste ist. Ende November 1993 haben alle Anlagenbauer ihre Angebote vertrauensvoll in die Hände des Bauherrn Ulrich Eisermann gelegt. Daheim öffnet er die versiegelten Umschläge über Wasserdampf. Mit Steinmüller-Chef Michelfelder hat er sich darauf verständigt, die Offerten der Konkurrenten bis ins Detail hinein aufzulisten. Michelfelder erscheint noch in der Nacht. Er notiert sich die Preise der Konkurrenz und nimmt das eigene Original, um es zu überarbeiten. In die Nacht-und-Nebel-Aktion hat Michelfelder zudem seine rechte Hand, den Prokuristen Jörgen Becker eingeweiht: »Bereiten Sie sich darauf vor, dass wir noch Preise ändern müssen.« Niemand dürfe etwas erfahren, hat der Steinmüller-Chef seinem leitenden Mitarbeiter eingebläut: »Deswegen – Becker – machen Sie sich darauf gefasst, in Excel zu ändern und beschaffen Sie sich die Unterlagen mit unseren Angebotspreisen.«

In aller Eile hat sich Becker in die Geheimnisse der Excel-Tabellen einweisen lassen, hat eigens tagelang geübt, um in der Nacht der Nächte auf Anweisung seines Chefs das eigene Angebot nachzubessern. In einigen Bereichen machen die Manager Abstriche, um aber nach der Erinnerung Beckers beispielsweise bei der Rauchgasreinigung einen zweistelligen Millionenbetrag draufzusatteln. Nachts um vier Uhr ist das Werk getan. Die Verschwörer werfen die neue Offerte in Eisermanns Briefkasten. Kaum im Bett, fällt Becker ein, dass man die ausgetauschten Seiten sichtbar anders formatiert hat. In Windeseile bringen Becker und seine Sekretärin das manipulierte Material am nächsten Morgen in die ursprüngliche Form. Der Chauffeur schafft die geänderten Seiten in Eisermanns AVG-Büro am Ebertplatz. Der tauscht die guten gegen die schlechten Seiten aus. Danach versiegelt er alle Umschläge wieder. Niemand fällt auf, dass die Ausschreibung manipuliert wurde – weil Eisermann sie bis zuletzt in der Hand behält.

Es gelingt ihm auch, seinen Geldgeber bei der Stange zu halten, obwohl dieser nicht den geforderten Generalunternehmer-Aufschlag erhält. Steinmüller-Chef Michelfelder ist zwar erbost, aber man findet einen Ausweg. Eisermann verspricht ihm, dabei mitzuwirken, die Subunternehmer so im Preis zu drücken, dass sich der Generalunternehmer dort schadlos halten kann. Kurz vor Vertragsabschluss taucht für beide ein zusätzliches Problem auf. Massiv mischt sich die Kölner Politspitze in die Auswahl weiterer Firmen ein. Insgesamt werden 270 Unternehmen unter der Ägide des Generalunternehmers Steinmüller den Müllofen erstellen. Neben Steinmüller werden auch ABB und Babcock mit Baulosen bedacht.

Schwierig wird es für Eisermann, beim Bauteil allen Wünschen gerecht zu werden. Nachdrücklich legt ihm die SPD-Ratsspitze den Baukonzern Hochtief ans Herz. Der Kölner FDP-Vorsitzende wirbt eindringlich für Bilfinger & Berger, der CDU-Ratsherr und spätere Oberbürgermeister Harry Blum setzt sich für die Strabag AG ein. Eisermann meint, er habe bei Blum etwas gut zu machen. Im Jahr zuvor hatte er den Unionspolitiker mit einem Vorschlag abblitzen lassen, die Müllverbrennungsanlage über ein Immobilienleasinggeschäft zu finanzieren. Blum wollte den Deal vermitteln. Auf Geheiß der Stadtverwaltungsspitze lehnte Eisermann ab. Seither ist sein Verhältnis zu dem CDU-Ratspolitiker unterkühlt.

Den mächtigsten Fürsprecher besitzt der Bauriese Philipp Holzmann, verfügt der Frankfurter Konzern doch über die Stimme des Aufsichtratsvorsitzenden der AVG, Lothar Ruschmeier. Noch vor dem Beginn der Ausschreibung empfiehlt Kölns Oberstadtdirektor Eisermann an, die »Holzmänner« am Auftrag zu beteiligen. Der Müll-Manager stellt keine Fragen. Ruschmeiers Wort ist für ihn das Evangelium. Es bekommt keinem gut, dem Chef der Kölner Stadtverwaltung zu widersprechen. Befragt zu Kölns erstem Beamten sagt Eisermann später: »Zwischen Herrn Ruschmeier und dem lieben Gott waren nur drei Millimeter Abstand; ich weiß nur nicht, ob nach oben oder unten.« So einem Mann nicht zu folgen, käme einem beruflichen Selbstmord gleich.

Die Nähe des Kölner Oberstadtdirektors zum Holzmann-Konzern ergibt sich auch durch persönliche Bindungen. Bei einem Treffen Ende Dezember erklärt der Kölner Holzmann-Niederlassungsleiter Eisermann, dass der Oberstadtdirektor mit Dieter Rappert, Vorstandsmitglied im Frankfurter Konzern, gut befreundet ist. Später dürfen die »Holzmänner« auch das zweite Milliardenprojekt der 90er Jahre in Köln hochziehen: die Kölnarena, mit ihren 18 000 Plätzen lange Zeit die größte Halle Europas. Ein weiterer Grund für die Auftragsvergabe an Philipp Holzmann sind die Verbindungen zum Generalunternehmer der Kölner MVA. Holzmann ist Mehrheitseigner des Gummersbacher Anlagenbauers Steinmüller.

So ergeben sich nicht nur für Müll-Manager Eisermann Abhängigkeiten, sondern auch für dessen Partner im Schmiergeldkartell, Steinmüller-Chef Michelfelder. Letztendlich läuft bei der Bautechnik alles auf eine Arbeitsgemeinschaft zwischen Philipp Holzmann und Hochtief hinaus. Von der Firma Hochtief kassiert die SPD-Fraktionsspitze im Kölner Rathaus im Jahr darauf eine fünfstellige Dankeschön-Spende. Kurz nach Weihnachten 1993 sind alle Hürden überwunden. Steinmüller macht das Rennen. Eisermann teilt seinem Partner Michelfelder die frohe Botschaft telefonisch mit.

Bei allen Beteiligten herrscht Zufriedenheit: die Politik, weil ihre Wünsche erfüllt wurden, AVG-Chef Eisermann, weil er nun ein gemachter Mann ist; Steinmüller-Chef Michelfelder, weil sein Betrieb für mehrere Jahre Arbeit hat und er nicht um seinen Job bangen muss. Auch Müll-Multi Hellmut Trienekens frohlockt, verspricht er sich von der Beteiligung am Kölner Müllofen doch lukrative Abfallentsorgungsgeschäfte und hat daher nichts dagegen, dass andere sich ebenfalls bereichern. Last not least Karl Wienand, dessen Mission erfüllt scheint und dem Bares lacht.

Die Schmiergelder fließen in die Schweiz und wieder zurück

Kölns Oberstadtdirektor Lothar Ruschmeier gibt sich geradezu euphorisch, als er am 28. Januar 1994 im Namen der kommunalen Abfallentsorgungs- und Verwertungsgesellschaft (AVG) den Vertrag zum Bau der politisch umstrittenen MVA unterzeichnet. Der sonst für seine eher nüchterne Art bekannte Verwaltungschef blickt lächelnd ins Blitzlicht der Fotografen. Mit dem Anlagenbauer Steinmüller habe man einen »kompetenten Partner« aus der Kölner Region gefunden, schwadroniert der Oberstadtdirektor. Dank zollt er jenen, die das Auswahlverfahren so professionell durchgezogen haben. Die Angesprochenen nicken amüsiert. Denn als Ruschmeier zu seinem Loblied anhebt, ahnt er nicht, dass in wenigen Monaten die ersten Schmiergeldraten verteilt werden.

Im Herbst 1994 beordert Michelfelder das Müllkartell nach Zürich. Am Flughafen erwartet der Chef der Geldwäschefirma Stenna die Herren Wienand, Trienekens und Eisermann. Arthur A. Hofmann geleitet das Trio in das Hinterzimmer einer Bank am Airport und verteilt jeweils zwei Millionen DM. Trienekens schiebt sein Geldbündel an Wienand mit dem Satz weiter: »Jetzt sind wir quitt.«

Eisermann deponiert seinen Anteil in einer AVG-Garage in der Kölner Innenstadt. Dort sammelt er Autos. In einem Kofferaum versteckt er die Banknoten bis zu ihrem endgültigen Verwendungszweck. Das Gelddepot hatte er eigens für seine konspirative Zwecke mit einem metallenen Rolltor ausstatten lassen. Eine sichere Geldanlage hat er zu diesem Zeitpunkt noch nicht gefunden.

Im Oktober ruft ihn Michelfelder an: Die nächste Rate ist fällig. Es handele sich um eine vorgezogene Zahlung für den Baubeginn. Eisermann lässt sich in Vaduz vom Chef der Geldwäschefirma Stenna weitere 1,2 Millionen DM aushändigen. Von Müll-Multi Trienekens holt er sich die Erlaubnis, das Geld gänzlich zu vereinnahmen. Der Konzernchef will nicht, dass Wienand etwas davon erfährt. Der habe erst einmal genug, meint Trienekens, der auf seinen Anteil verzichtet.

Bei der Liechtensteinischen Landesbank eröffnet Eisermann auf Empfehlung des Stenna-Geldverteilers ein Konto und ein Schließfach. Die Banker behandeln die Angelegenheit diskret. Der Schweizer Geldwäscher Hofmann hat seine Kontakte in die Führungsetage spielen lassen, so dass niemand dumme Fragen über die Herkunft der Schwarzgelder stellt. Eisermann investiert in Festgeldern und Aktien.

1995 erhält Eisermann erneut einen Anruf, er solle doch noch einmal nach Liechtenstein kommen. Nach einem Imbiss überreicht der Stenna-Geldbote Hofmann dem Müll-Manager erneut zwei Millionen DM. Diesmal braucht Eisermann nur über die Straße zu seiner Bank zu gehen, um das Geld dort einzuzahlen. In Köln hat die Hochphase der Proteste gegen den Müllofen begonnen. Selbst bei den großen politischen Parteien ist das Projekt umstritten.

Eisermann & Co. atmen auf, als das Genehmigungsverfahren für die MVA 1996 endlich unter Dach und Fach ist. Die MVA-Gegner von der Bürgerinitiative Kimm scheitern vor Gericht aus formaljuristischen Gründen. Symbolisch schaufeln Kölns Oberstadtdirektor Ruschmeier und AVG-Chef Eisermann ein Loch auf dem Baugelände im Kölner Stadtteil Niehl frei: Der Startschuss für die Errichtung einer der teuersten Müllverbrennungsanlagen ist gefallen.

Das Gelddepot des Ulrich Eisermann: In dieser Garage in der Kölner Innenstadt deponierte er die Bestechungs-Millionen.

Unterdessen suchen die Beteiligten neue Wege für die Geldtransfers. Die Schwarzgeld-Connection zur Briefkastenfirma Stenna scheint nicht mehr sicher. Ein Anonymus hat den Kölner Oberstadtdirektor in einer Strafanzeige bei der Staatsanwaltschaft beschuldigt, im Zusammenhang mit der Auftragsvergabe der MVA Schmiergelder angenommen zu haben. Das Schreiben löst hektische Betriebsamkeit aus. Eisermann reist gleich mehrfach in die Schweiz. Im Herbst sammelt er weitere Millionen bei der Stenna ein, danach beenden die Beteiligten die Verbindung. Die Größe des Unternehmens ist zu auffällig. Wer sollte ernsthaft glauben, dass ein Zwei-Mann-Unternehmen Leistungen in zweistelliger Millionenhöhe am Kölner Müllofen erbringen könnte?

Eine neue Firma aus dem Alpenland ist von nun an behilflich, die Schmiergeld-Connection mit Barem zu füttern: die Ecoling GmbH. Die neue Tarnung scheint perfekt. Das Ingenieurbüro ist alles andere als eine Briefkastenfirma. Seine Mitarbeiter haben in der Anlagenbranche einen guten Ruf, wenn es um die Beratung und Projektsteuerung bei Müllverbrennungsanlagen geht. In Köln waren Ecoling-Ingenieure schon in die Vorbereitung der Ausschreibung eingebunden, im Jahr 1996 erhält die Ecoling den Auftrag, die Fortschritte am Bau zu überwachen. So fällt es kaum auf, wenn die Firma in ihren Rechnungen mehr abrechnet als sie tatsächlich leistet. Mitunter schreibt man auch bei anderen Projekten etwas mehr auf: beispielsweise in Böblingen oder bei der Hamburger MVA am Rugenberger Damm. Dort wird die Ecoling ebenfalls im Auftrag der Steinmüller-Manager eingesetzt. Die Überschüsse übergibt der Chef der Ecoling, Bruno Berger, dem Geldboten Eisermann in unscheinbaren Umschlägen. Meist treffen sich die beiden zum Essen im Züricher Hotel »Zum Storchen«.

Von dort aus ist es nur ein Katzensprung hinüber zur Bank. Berger hebt den gewünschten Betrag ab und überreicht ihn dem Kölner Müll-Manager. 1996 nimmt Eisermann nach eigener Aussage allein aus der Ecoling-Quelle drei Millionen DM in Empfang. Daheim erlebt der Müllmanager eine unliebsame Überraschung. In dieser Zeit trifft er häufiger mit dem Steinmüller-Chef Michelfelder bei Overath auf einem Parkplatz an der Autobahn zusammen. Es geht um die weitere Abwicklung der Geldtransfers oder auch um die Gefahren, die aus der anonymen Anzeige gegen den Kölner Oberstadtdirektor erwachsen könnten.

Nicht dass der Kölner Verwaltungschef Ruschmeier auch nur im Entferntesten ahnt, was sich tatsächlich abspielt, aber ein blöder Zufall könnte die Staatsanwaltschaft dann doch auf die richtige Spur bringen. Bei einem dieser Zusammenkünfte unterhalten sich die beiden Männer über den Ausstieg des Konzernchefs Trienekens aus dem Müllkartell. Geldgeber Michelfelder meldet plötzlich Bedürfnisse an. Der Kuchen, der nun übrig bleibe, sei zu groß für Eisermann, auch Michelfelder will beteiligt werden. Künftig, so teilt er dem verdutzten Eisermann mit, sei der Trienekens-Anteil für ihn einzukalkulieren. Michelfelder legt Wert darauf, dass niemand etwas von der neuen Regelung erfahren soll, auch nicht Karl Wienand.

Moralische Skrupel sind dem Steinmüller-Chef offenbar fremd. Im Auftragsrennen um den Bau eines Kraftwerks in China leimten Michelfelder und zwei Kollegen aus der Anlagenbranche den Konkurrenten Babcock gleich um sechs Millionen DM. Pikanterweise fädelte ein Babcock-Mitarbeiter den Deal mittels fingierter Rechnungen ein – das alte Spiel. Michelfelder rechtfertigte sein Tun seinerzeit damit, dass man in unsicheren Zeiten als Manager gut daran täte, an die Altersvorsorge zu denken. So wechselt Michelfelder 1996 in der Kölner Müllaffäre die Seiten, mutiert vom Geldgeber zum Abzocker. Eisermann fährt mit dem Auto nach Zürich. In einer Hotelgarage übernimmt er 2,2 Millionen DM aus dem Kofferraum des Stenna-Chefs Hofmann. Weitere 200 000 DM fügt er aus seinem eigenen Gelddepot hinzu. Vor der Rückreise nach Deutschland versteckt der Müll-Manager den Geldbeutel in der hinteren Seitenwand seines Pkw. Eisermann fährt zum Werk der Gummersbacher Anlagenbauer. Im Büro übergibt er die Banknoten dem Geschäftsführer Michelfelder.

Im Herbst 1996, so erzählt Eisermann später den Ermittlern, beordert der AVG-Chef den Lobbyisten Karl Wienand ins Café

Füllenbach im Zentrum Kölns mit den Worten, man müsse mal wieder einen Kaffee trinken. Aus seinem Geldbunker in der Garage holt er die Geldbündel und stopft sie sinnigerweise in eine AVG-Tüte. Bei Kaffee und Kuchen übergibt er Wienand die gleiche Summe, die Michelfelder auch erhalten hat. Wienand klagt, dass dies nicht ausreiche. Schließlich müsse er die Provisionen noch mit jemand teilen. Einen Namen gibt der SPD-Politiker auch Nachfragen nicht preis. Vielmehr klagt Wienand über Geldsorgen. Der Spionageprozess vor dem Düsseldorfer Landgericht wegen Agententätigkeit für die DDR koste ihn ein Vermögen, die Anwaltshonorare zehrten seine Rücklagen auf. Eisermann empfiehlt ihm, sich an Steinmüller-Chef Michelfelder zu wenden. Wienand weist diese Darstellung zurück.

Offenbar verlieren die Beteiligten jegliches Maß. Eisermann selbst soll laut Aussage anderer Beschuldigter in dieser Zeit unverschämte Forderungen gestellt haben. Steinmüller-Geschäftsführer Michelfelder charakterisiert den AVG-Chef später als gierigen Nimmersatt. Zuerst habe er gedacht, Eisermann müsse auch noch einige Politiker schmieren, seitdem er aber von der »manischen Beziehung« des Müllmanagers zu Geld weiß, denkt er anders darüber. Eisermann macht wiederholt bei Steinmüller Dampf, wenn die nächste Rate auf sich warten lässt. »Als Bauherr verfügte Eisermann über eine unglaubliche Machtposition und konnte uns ganz erhebliche Probleme bereiten«, erläutert der Steinmüller-Manager Jörgen Becker während der späteren Ermittlungen in der Kölner Müllaffäre.

Becker erfährt am eigenen Leib, was es heißt, den Kölner AVG-Chef zu lange auf das Geld warten zu lassen. Beim Essen mit dem Steinmüller-Projektleiter für den Kölner Bau klagt Eisermann offen über die schlechte Bezahlung bei der AVG. Der Tischnachbar denkt sich nichts weiter. Er nickt ahnungslos. Tage später herrscht Eisermann den Steinmüller-Manager an, ob er auf einem Ohr taub sei. Er habe ihn wohl nicht richtig verstanden. Das Klagelied über sein dürftiges Einkommen war ein dezenter Hinweis auf die nächste Rate.

Um die Herkunft der Zahlung in Höhe von 1,5 Millionen Schweizer Franken zu verschleiern, schaltet Becker ein drittes

Schweizer Ingenieurbüro ein: die Firma Vacani aus Zollikon. Ein Ansprechpartner nennt ihm eine Adresse in Vaduz (Liechtenstein), wo er gegen die Vorlage seines Reisepasses das Geld im mehreren Tranchen erhalten soll. Nach der Übergabe der zweiten Rate, erklärt Eisermann nach Aussage Beckers, dieser solle doch die Restsumme von 650 000 Franken auf eine Million aufrunden.

Der Steinmüller-Prokurist gerät in arge Finanznöte. Mühselig kratzt er die nötige Summe gleich bei drei der Geldwäsche-Firmen zusammen. Eisermann ist zufrieden. Die Arbeiten am Müllofen gehen zügig voran. Der Milliardenbau steht 1998 kurz vor der Vollendung. Zum Zeitpunkt der Inbetriebnahme der MVA soll die letzte Schmiergeldrate fällig werden. Erneut reist Eisermann in die Schweiz. Im Februar erhält er zwei Millionen DM in Zürich von einem Ecoling-Mitarbeiter. Da sich beide nicht kennen, vereinbart man, dass der Geldbote einen Ecoling-Prospekt unter dem Arm trägt. Die Steinmüller-Spitze hofft, dass nun die ausstehende Abschlussrate für den Bau des Müllofens in Höhe von 40 Millionen DM zügig ausgezahlt wird. Ingesamt fällt die Bilanz für Steinmüller nicht allzu positiv aus. Beim Bau des Kölner Müllofens droht unterm Strich ein Minus.

Schiebereien um den MVA-Wartungsvertrag

Steinmüller bewirbt sich in jenen Tagen auch um den Wartungsauftrag der MVA. Mit dem auf 20 Jahre angelegten Millionenkontrakt hofft Sigfrid Michelfelder doch noch ein positives Ergebnis erreichen zu können. Der Steinmüller-Geschäftsführer bittet AVG-Chef Eisermann, bei der Vergabe des Servicevertrags zu helfen. Eisermann soll für seine Dienste einen Nachschlag in Höhe von zwei Million DM verlangt haben, behauptet Michelfelder im Nachhinein, was dieser bestreitet. Zahlbar bei Vertragsabschluss. Michelfelder stimmt zunächst zu. Doch den Worten Eisermanns folgen offenbar kaum Taten. Es läuft nicht wie erwünscht. Eisermann wird nervös, er steht

unter Druck. Längst hat der Müll-Multi Hellmut Trienekens Begehr-
lichkeiten angemeldet. Als Gesellschafter der AVG besitzt Trienekens zweifelsohne die stärkeren Argumente. Alles läuft auf die Trienekens-Tochter Isis GmbH hinaus, zumal sich die Steinmüller-Leute
nach Ansicht Eisermanns bei den Verhandlungen nicht sonderlich
geschickt anstellen. Erregt stutzt er am Telefon Michelfelder zu recht.
Der habe wohl »Idioten als Mitarbeiter, denn die machen mein Eingreifen in ihrem Interesse fast unmöglich«. Eisermann rückt in Folge
von seinem Versprechen ab. In dieser Sache müsse er auch an die
Gesellschafter denken, erläutert er Michelfelder. Am Ende erhält die
Trienekens-Firma Isis den lukrativen Instandhaltungsvertrag. Gänzlich ohne Ausschreibung hat sich der Müll-Multi durchgesetzt. Der
Kontrakt macht jährlich 80 Prozent der Gewinne der Isis GmbH aus.
Die Konkurrenten von Steinmüller stellt Trienekens mit sogenann-
ten »Nützlichen Aufwendungen« ruhig. Ursprünglich wollte der
Konzernchef die Anlagenbauer sogar mit einem Drittel am War-
tungsvertrag beteiligen. Zunächst akzeptiert Michelfelder. Als aber
AVG-Chef Eisermann nicht aufhört, neue Geldforderungen zu stellen, sucht der Steinmüller-Chef einen Ausweg aus dem Schmiergeld-
karussell: Michelfelder kündigt Trienekens seinen Ausstieg aus dem
Servicevertrag an, wenn dieser die Millionenforderung Eisermanns
übernimmt. »Ich kenne Herrn Eisermann. Ich habe auch so meine
Probleme mit ihm«, sagt Trienekens und zeigt Verständnis. Zwei bis
drei Wochen später berichtet der Vorstandsvorsitzende, man habe
sich gütlich mit Eisermann geeinigt. Er brauche aber die Hilfe Stein-
müllers, um den Zahlungsweg zu verschleiern. Die Tarnung des Mil-
lionentransfers arrangiert der Steinmüller-Prokurist Jörgen Becker.
Über eine fingierte Rechnung der englischen Steinmüller-Tochter
Anderman schleust ein Trienekens-Unternehmen fünf Millionen DM
in die Schweiz. Am Ende verliert sich die Spur des Geldes. Den letzten Hinweis entdecken die Kölner Ermittler im Jahr 2002 bei dem tief
in die Müllaffäre verstrickten Züricher Anwalt Heinz Egli. Ein Scheck
taucht auf, der auf eine Briefkastenfirma Eglis ausgestellt ist. Wie es
von dort aus weiterging, ist bis heute ungeklärt. Egli selbst bestreitet,

das Geld genommen zu haben. So ganz genau weiß man im Kölner Justizzenterum nicht, ob man den Worten des Züricher Anwalts Glauben schenken soll. Seit Jahren steht Egli im Verdacht, mit einer Reihe von Beratergesellschaften für die deutschen Anlagenbauer bei Bauprojekten Gelder gewaschen zu haben. Auch den Mitgliedern im Kölner Müllkartell ist er häufiger zu Diensten. Egli, so meinen die Ermittler, ist es zudem schon einmal geglückt, was bisher kaum jemand gelang: Mit einem simplen Trick soll er den Müll-Multi Trienekens und AVG-Chef Eisermann hereingelegt haben.

Trienekens und Eisermann werden ausgetrickst

Hellmut Trienekens ist von Natur aus ein misstrauischer Mensch. Mitte der 90er Jahre sucht er neben der Stenna Umwelttechnik nach einer zweiten Möglichkeit, seine Schwarzgelder zu deponieren. Trienekens wird den Eindruck nicht los, dass Stenna-Boss Hofmann nicht korrekt abrechnet. Bei einem Gespräch erfährt er von AVG-Chef Eisermann, dass dieser über ein geheimes Konto in Liechtenstein verfügt. Der Müll-Multi bittet den Geschäftsführer der kommunalen Abfallentsorgungsgesellschaft, für ihn Gelder zu verwalten. Eisermann solle erst einmal sammeln, und sich erst dann melden, wenn er fünf Millionen DM beisammen habe. Eisermann wendet sich an Heinz Egli, den Züricher Wirtschaftsanwalt und Honorarkonsul des Pazifikinselstaates Vanuatu.

Der mutmaßliche Spezialist für Zahlungsströme und der rheinische Müll-Manager haben sich Mitte der 90er Jahre auf Vermittlung von Steinmüller-Chef Michelfelder kennen und schätzen gelernt. Egli geriert sich bei einem Treffen in Gummersbach als großer Könner in der Branche. Im ABB-Korruptionskomplex zieht er ebenfalls Fäden. Eisermann schließt mit einer Scheinfirma des Anwalts einen Beratervertrag in siebenstelliger Höhe ab. Tatsächlich aber kommt das Geld offenbar aus dem Hause Steinmüller. Ein weiteres Dankeschön für die Dienste des Kölner AVG-Chefs.

Der Züricher Jurist und Honorarkonsul Dr. Heinz Egli unter der Fahne des
Pazifkstaates Vanuatu

Im Jahr 1998 gestattet Egli dem Kölner, einen Teil der Triene-
kens-Millionen auf einem Unterkonto des Exotenstaates bei der
Couttsbank in Zürich einzuzahlen. Den Rest stellt Eisermann auf
sein Konto in Liechtenstein ein. Anwalt Egli versichert Eisermann,
dass er als Konsul von Vanuatu für die Schweizer Justiz schwer an-
greifbar sei. Das ist offenbar nicht ganz richtig. Als der Schweizer
Jurist im Zuge der Korruptionsermittlungen gegen den ABB-Konzern als mutmaßlicher Geldwäscher ins Blickfeld der deutschen Justiz rückt, rät er Eisermann nach dessen Aussage, das Unterkonto bei
der Couttsbank aufzulösen, ehe es entdeckt würde. Egli lässt sich eine
Vollmacht geben, um das Geld diskret in Liechtenstein anzulegen.

Diesmal spielt der Anwalt offenbar mit falschen Karten. Eine
Zeit lang hört Eisermann nichts mehr von seinem Spezi. Als er sich
nach dem Verbleib der Gelder erkundigt, habe Egli kühl erklärt, dass
er das Geld selbst brauche, um andere Briefkastenfirmen aufzulösen
und Forderungen der Firma Steinmüller zu erfüllen. Die Anlagen-

bauer hätten ihn hängen lassen, habe Egli wütend geschnaubt. Michelfelder habe ihm neue Aufträge versprochen, aber daraus sei nichts geworden. Eisermann solle eben zusehen, wie er das Geld von Steinmüller zurückbekäme. Egli bestreitet diese Darstellung bis heute. Eisermann und Trienekens suchen im Sommer 2000 Egli in Zürich auf, um ihn zur Herausgabe der Gelder zu bewegen. Der Jurist lehnt ab. Zumindest dieser Teil der Müll-Millionen ist endgültig verloren.

Eisermann tritt ab

Die erdrutschartige Wahlniederlage der Kölner Sozialdemokraten nach der Aktienaffäre ihres Spitzenkandidaten Klaus Heugel im September 1999 bedeutet auch das Ende für Ulrich Eisermann bei der Müllofenbetreibergesellschaft AVG. Der neue Oberbürgermeister Harry Blum (CDU) legt Eisermann nahe, aus Gesundheitsgründen auszuscheiden. Begleitend will der mächtige Fraktionsvorsitzende der CDU, Rolf Bietmann, dem Müll-Manager den ersten Auftrag verschaffen, sollte dieser ohne viel Getöse abgehen und sich als Unternehmensberater selbständig machen wollen. Eisermann packt seine Sachen. Es beginnt das große Aufräumen. Er leert sein Garagendepot und trägt die restlichen Millionen zur Bank nach Liechtenstein. Fortan berät er vor allem den Trienekens-Konzern. Ende der 90er Jahre werden die Beteiligten im Müllkartell durch Ermittlungen im Korruptionskomplex Müllverbrennungsanlage Böblingen aufgeschreckt. Betroffen sind die Anlagenbaukonzerne ABB und L & C Steinmüller. Unter anderem wird gegen den Steinmüller-Chef Sigfrid Michelfelder ermittelt. Im Gummersbacher Werk wurden brisante Unterlagen beschlagnahmt. Das Bundeskriminalamt und die Staatsanwaltschaft Mannheim haben an die Schweizer Behörden Rechtshilfeersuchen gesandt, um den Weg der Schmiergeldflüsse nachzuvollziehen. Der Züricher Amtsanwalt Ivo Hoppler hat daraufhin etliche Privathäuser, Büros und Firmenräume durchsucht, darunter auch bei Anwalt Heinz Egli und der Stenna Umwelttechnik.

Die Herrenrunde ist sichtlich nervös. Ex-AVG-Chef Ulrich Eisermann, Müll-Multi Hellmut Trienekens, Steinmüller-Geschäftsführer Sigfrid Michelfelder und dessen rechte Hand, Jörgen Becker – sie alle treibt die Sorge um, das Müllkomplott könne auffliegen. Jeder in der Runde kann sich ausmalen, dass die deutsche Justiz über kurz oder lang auch auf Schmiergeldflüsse bei der Errichtung der Müllverbrennungsanlage Köln-Niehl stoßen wird, sollten die Schweizer die konfiszierten Unterlagen des Geldwäscheunternehmens Stenna an die deutschen Kollegen aushändigen. In ihrer Not wenden sie sich an den Stenna-Anwalt Dr. Werner Stauffacher.

In einem längeren Vortrag referiert dieser über die drohenden Gefahren, sollten die deutschen Behörden das brisante Beweismaterial in die Hand bekommen. Stauffacher erläutert Möglichkeiten, die Herausgabe der Unterlagen gerichtlich untersagen zu lassen. In solchen Fällen erlaubt das Schweizer Recht dem Beschuldigten Rekursmittel einzulegen. Der Rechtsweg geht über zwei Instanzen. Sollten die Gerichte dem Einspruch nicht folgen, so kann zumindest die Weiterleitung der Beweismittel um Jahre hinausgezögert werden. Die Runde ist sich einig, dass man mit allen Mitteln versuchen solle, die Weitergabe der brisanten Stenna-Unterlagen zu verhindern. Stauffacher wird von Trienekens mit der Angelegenheit betraut. Rechtlichen Beistand hat der Konzernchef auch aus einem anderen Grund bitter nötig. Trienekens hat auf die Konten der Mini-Firma Schwarzgelder in einer Größenordnung von 30 Millionen DM geschleust, um mit Hilfe »Nützlicher Aufwendungen« inländische und ausländische Geschäftsvorhaben voranzutreiben.

So hegt die Staatsanwaltschaft den Verdacht, dass der Chef der Rhein-Sieg-Abfallwirtschaftsgesellschaft, Karl-Heinz Meys, mehr als vier Millionen DM aus der Schweizer »Kriegskasse« kassiert haben soll. Auch andere Projekte sollen mit Barem angeschoben worden sein. Beispielsweise sollen bei der Teilprivatisierung der Bonner Müllverbrennungsanlage üppige Schmiergelder den Besitzer gewechselt haben.

Solche Details spielen in dem Vortrag des Wirtschaftsanwalts

Stauffacher zunächst einmal keine Rolle. Ihm geht es um die große Linie. Der Spezialist in Fragen der Rechtshilfe und Geldwäsche erläutert den Herren um Konzernchef Trienekens, dass er die Möglichkeit habe, so erinnert sich einer der Teilnehmer später, herauszufinden, welche Informationen aufgedeckt und herausgegeben würden. Nachdem der Jurist geendet hat, schiebt er Trienekens einen Zettel mit einer Kostennote herüber. Für seine Bemühungen verlangt Stauffacher zehn Milllionen Schweizer Franken. Trienekens akzeptiert. Der Unternehmer beauftragt den Anwalt auf fünf Jahre mit der Vertretung seiner Interessen in der Schweiz. Noch im gleichen Jahr weist der Müll-Multi den kürzlich ausgeschiedenen AVG-Chef Eisermann an, eine erste Rate in Höhe von fünf Millionen Franken dem Züricher Juristen zu überweisen.

Die Kölner Staatsanwaltschaft glaubt heute, dass diese Summe weit über den üblichen Anwaltshonoraren lag. Es bestehe der Verdacht, dass das Geld nicht nur der »Wahrnehmung prozessualer Möglichkeiten der Rechtshilfe« diene, sondern auch ein Teil in andere Hände fließen sollte. Stutzig macht die Ermittler ferner, wie konspirativ der Deal abgelaufen sein soll. Es gibt nichts Schriftliches, keinen Vermerk, keinen Vertrag. Auch will sich einer aus dem Kartell erinnern, dass Stauffacher seinerzeit mit Kontakten zu einer Person geprahlt habe, die ein gewichtiges Wort in Sachen Rechtshilfe mitzusprechen habe. Derjenige müsse anschließend aber mit einem Posten versorgt werden. Trienekens-Verteidiger Gatzweiler nennt diese Vorwürfe »absurd«. Nach seinen Angaben hätten die Ermittlungen der Schweizer Behörden mittlerweile ergeben, dass Stauffacher das üppige Honorar gänzlich für eigene Zwecke verwandt habe. Nicht kommentieren wollte er die Frage, ob die Aufwendungen für den Schweizer Juristen in jenem Fall nicht »rausgeschmissenes Geld« gewesen seien. Trotz aller konspirativen Bemühungen sind alle wichtigen Schweizer Unterlagen inzwischen im Kölner Justizzentrum angekommen.

Eine Anklage und ihre rechtlichen Probleme

Überaus selten lädt Kölns Leitender Oberstaatsanwalt Jürgen Kapischke zur Pressekonferenz. Am 10. April 2003 stellt der Chef der größten Staatsanwaltschaft im Lande NRW die Anklageschrift gegen die fünf mutmaßlichen Hauptakteure im Kölner Müllskandal vor. Es geht um Bestechung, Bestechlichkeit, Beihilfe und schwere Steuerhinterziehung. Kurz vor dem Ende der Veranstaltung will einer der Journalisten wissen, wie es denn um die Frage der Amtsträgerschaft im Falle von Ulrich Eisermann stehe. Seit Monaten reiten die Verteidiger des Angeklagten darauf herum, dass Eisermann nicht unter die verschärften Bestimmungen der Beamtenbestechung falle. Als Chef der kommunalen Abfallentsorgungs und -Verwertungsgesellschaft Köln leitete der Müll-Manager eine private Gesellschaft mit beschränkter Haftung. Amtsträger sei Eisermann also nie gewesen, so die Meinung der Verteidiger. Daher könne es sich im Höchstfall um Angestelltenbestechung mit einem weit milderen Strafrahmen handeln.

Kapischke widerspricht dieser Auffassung. In einem längeren Referat führt er aus, was seine Dezernenten auf zwölf der 200 Seiten umfassenden Anklageschrift ausführlich begründet haben: Für die Staatsanwaltschaft stehe außer Frage, dass Eisermann Amtsträger sei. Die Stadt Köln habe die AVG zum Zweck der Abfallentsorgung gegründet. Zwar sei dem privaten Müllentsorger Trienekens ein Viertel der Anteile übertragen worden, doch »entscheidend für die Frage der Amtsträgerschaft ist, ob das Unternehmen eine öffentliche Aufgabe wahrnimmt. Und niemand wird ernsthaft bestreiten, dass die Abfallentsorgung eine öffentliche Aufgabe darstellt, zumal mit diesem Instrument die Müllgebühren der Kölner Bürger gesteuert werden.« Überdies habe einzig die Stadt in der AVG das Sagen gehabt.

In den folgenden Monaten stellt sich heraus, wie diffizil die rechtliche Bewertung ist. Im Sommer kommt das Landgericht zu einem anderen Schluss. Der Vorsitzende der 14. Großen Strafkammer lässt in einem Rechtsgespräch erkennen, dass er eher der Sicht-

Der Chefermittler: Oberstaatsanwalt Jürgen Kapischke

weise der Verteidiger zuneigt. Die AVG stand nach Meinung des Gerichts nicht allein unter kommunaler Kuratel. Trienekens habe als Minderheitsgesellschafter eine Sperrminorität besessen, so dass der Privatcharakter des Unternehmens durchaus gegeben sei, argumentiert die Kammer. Die Richter halten den Fall der Angestelltenbestechung für wahrscheinlicher. Die Staatsanwaltschaft ist seither nicht allzu gut auf die Kammer zu sprechen. Obwohl man sich öffentlich aller Kritik enthält, ist es im Kölner Justizzentrum ein offenes Geheimnis, dass die Korruptionsankläger in dieser Frage bis zum Bundesgerichtshof gehen wollen.

Ein Schritt, der nach Meinung vieler Strafrechtler längst überfällig ist. Häufig genug haben die Kommunen die Aufgaben der Abfallbeseitigung in Gesellschaften mit beschränkter Haftung ausgelagert. Fällt das Kind in den Brunnen, betonen die Gesellschafter aus Kreis und Stadt den privatrechtlichen Charakter der Unternehmen. Dass der Erfolg oder Misserfolg dieser Firmen die Höhe der Müllgebühren jedes einzelnen Bürgers bestimmt, wird allzu gerne außer Acht gelassen. So verwundert es auch nicht, dass diese Gesellschaften sich nur ungern in die Karten schauen lassen. Anders als in der Politik oder Stadtverwaltung sind sie auch nur ihrem Aufsichtsrat auskunftspflichtig. Beispiel: Als die Autoren dieses Buches sich bei der

AVG nach dem Zustandekommen eines millionenschweren War-
tungsvertrages mit der Trienekens-Tochter Isis erkundigen, antwor-
tete AVG-Sprecher Wilfried Rogall: »Dazu sagen wir nichts. Das ist
Geschäftsgeheimnis. Die AVG ist ein privates Unternehmen.«

Wie glaubhaft sind die Angeklagten?

Die rechtliche Brisanz des Verfahrens ergibt sich nicht nur aus dem
Amtsträgerproblem allein. Trienekens-Anwalt Norbert Gatzweiler
hält die Vorwürfe der Bestechung für verjährt. Nach der ersten Bargeldübergabe in Zürich im Jahre 1994 sei der Firmenchef aus dem
Müllkartell ausgestiegen und könne deshalb nicht mehr verfolgt
werden. Die Ankläger dagegen sehen Trienekens auch für die Jahre
danach als Mittäter an. Tatenlos habe er dem Treiben der Mitangeklag-
ten zugesehen. Bis heute stellt sich bei manchen Schilderungen der
Hauptbeschuldigten in der Müllaffäre die Frage der Glaubhaftigkeit.
Umstritten ist zum Beispiel die Aussage des einstigen Müllofenchefs
Ulrich Eisermann, der ehemalige Kölner SPD-Fraktionschef Norbert
Rüther habe Schmiergelder genommen. Nach Ansicht von Rüthers
Verteidigern hat sich Eisermann mit solchen »Lügenmärchen« die
Freiheit erkauft. »In diesem Fall steht Aussage gegen Aussage«, be-
tonen Rüthers Anwälte Günter Tondorf und Gregor Leber. Bemer-
kenswert sei, dass Eisermann die Geldübergaben an Mitbeschuldigte
in allen Einzelheiten schildern konnte, nur bei ihrem Mandanten
sämtliche Details fehlten.

Nicht gut auf Eisermann zu sprechen ist auch dessen einstiger
Partner im Schmiergeldkartell, Ex-Steinmüller Geschäftsführer Sigfrid Michelfelder. Dessen Anwältin Anne Wehnert hat stets betont,
dass die Summe, die sich ihr Klient in die eigene Tasche gesteckt
hat, viel zu hoch gegriffen sei. Eisermann hatte behauptet, er habe
Michelfelder 2,4 Millionen DM aus dem Schmiergeldtopf zukommen lassen. Der frühere Top-Manager will jedoch nur die Hälfte der
Summe erhalten haben. Dies könne man auch mit Hilfe entspre-

chender Einzahlungsquittungen belegen. Eisermanns Verteidiger Volkmar Mehle hat solche Unterstellungen stets zurückgewiesen. Die Staatsanwaltschaft teilt seine Meinung. Die Aussagen Eisermanns bilden die Grundlage der Anklageschrift.

Bis heute weist Karl Wienand die belastenden Aussagen seines Mitangeklagten zurück. Nicht er, sondern Eisermann habe die Provisionsforderungen ins Spiel gebracht. Auch soll Eisermann die Schmiergeldrunde zusammengebracht haben. Als der kommunale Müll-Manager ihn zum ersten Mal mit Provisionsforderungen konfrontiert haben soll, will Wienand verärgert geantwortet haben:»Die Forderung ist unverschämt. Ich habe im Leben an unverschämten Forderungen mehr Geschäfte kaputtgehen sehen.« Die Staatsanwaltschaft zweifelt am Wahrheitsgehalt dieser Aussage, da sie völlig konträr zu den anderen ist.

Dabei scheint das Strafmaß bereits für alle Angeklagten ausgekungelt. Bei einem Rechtsgespräch machte der Vorsitzende Richter entsprechende Andeutungen. Vorausgesetzt, die Angeklagten legen ein Geständnis ab, sollen Eisermann und Michelfelder sechs Jahre Freiheitsstrafe bekommen, drei Jahre Wienand und Rüther, und zwei Jahre auf Bewährung Trienekens, weil dieser nach kurzer Zeit den Kreis die Korruptionsriege verlassen habe. Auf der Anklagebank werden Trienekens und Wienand aber nicht mit den anderen drei Beschuldigten Platz nehmen. Das Landgericht teilte Anfang Oktober mit, dass die 14. Große Strafkammer die Anklage gegen vier der fünf Beschuldigten zugelassen habe. Der Prozess gegen Eisermann, Michelfelder und Rüther soll noch im Jahr 2003 beginnen. Das Verfahren gegen Wienand wurde aus gesundheitlichen Gründen abgetrennt. Ob Hellmut Trienekens überhaupt den Gerichtssaal betreten muss, steht noch nicht fest. In seinem Fall muss ein psychiatrisches Gutachten des Universitätsklinikums Köln klären, ob der Seelenzustand des ehemaligen Konzernchefs ein Verfahren überhaupt zulässt. Falls ja, kann gegen Trienekens wegen einer Herzerkrankung aber nur eingeschränkt, das heißt vier Stunden pro Tag, verhandelt werden.

Der Müll und die Kölner SPD

»Dankeschön-Spenden« für SPD-Politiker Norbert Rüther

Die Sonne steht hoch am Himmel, als Norbert Rüther aus der Schweiz kommend durchs Elsass rauscht. Die Reben der Weinberge entlang der »Route des vins« haben im Juli schwer an ihrer Last zu tragen. Der 95er Jahrgang soll ein Besonderer werden, heißt es. An diesem Tag hat der Kölner SPD-Ratsherr, der normalerweise allen Genüssen dieser Erde zugetan ist, keinen Blick für die verlockenden Reize der Landschaft. Rüther wirkt angeschlagen wie ein Schwergewichtsboxer kurz vor dem Knock Out. Einer plötzlichen Eingebung folgend nimmt er die nächste Ausfahrt und fährt von der Autobahn ab. Bei der nächsten Gelegenheit hält er an. Grübelnd stapft der rheinische Genosse durch die elsässischen Rebengärten. Ein Häufchen Elend, das durch die Weinberge läuft, so als wäre es nicht ganz bei sich. Es ist nichts mehr zu spüren vom mächtigen Geschäftsführer der Kölner SPD-Ratsfraktion. Der Lautsprecher der roten Mehrheit im Rathaus, Strippenzieher von Fraktionsboss Klaus Heugel, der Mann, der die forschen Töne so liebt – ganz klein. Rüther schaut weder nach rechts noch links. Ziellos wandert er umher, so als wolle er vor irgendetwas flüchten. Die frische Luft lässt wenigstens den rumorenden Magen zur Ruhe kommen.

Stunden zuvor musste er sich übergeben, als er die Anwaltskanzlei des Züricher Finanzjongleurs Heinz Egli mit einem Bargeldumschlag in der Aktenmappe verlassen hatte. Auf der Rückfahrt sei ihm klar geworden, erinnert sich Rüther später, auf was er sich da eingelassen habe. 150 000 DM, mehr als er jemals erwartet hat, hält er als »Dankeschön-Spende« in den Händen. Das Geld stammt vom Gummersbacher Anlagenbauer Steinmüller. Von jenem Unternehmen, das im Jahr zuvor den Zuschlag für den Bau des Kölner Müllofens erhalten hat. Während seiner Wanderung im Elsaß lässt Rüther den Geldumschlag im Auto, in der Hoffnung, jemand möge ihn mitgehen lassen. Doch niemand tut ihm den Gefallen. Die kurzzeitigen Hemmungen schwinden offenbar schon auf dem Weg zurück nach Köln. Dort unterrichtet der Geldbote umgehend seinen Chef, den Kölner SPD-Fraktionschef Klaus Heugel über die erfolgreiche »Tour de Suisse«. Das Magengrimmen ist längst vergessen.

Die Geschichte hat Rüther in seiner Vernehmung durch die Staatsanwaltschaft Mitte März 2002 zu Protokoll gegeben. Auf 25 Seiten gewährt er Einblicke in die Affäre um illegale Parteispenden und fingierte Quittungen. Der einstige Landtagsabgeordnete schildert das dubiose Finanzgebaren der Kölner SPD-Führung, mit dem diese die Politik in der Stadt Jahrzehnte lang steuerte. Zu einer Annahme von Bestechungsgeldern sagt er nichts. Er bestreitet sie sogar vehement, als Ex-AVG-Chef Ulrich Eisermann das Thema aufs Tableau hebt. Rüther bekennt sich zum illegalen System der Spendenstückelung. Korrupt aber sei er nie gewesen, betont der abgetretene Sozialdemokrat. Die Staatsanwaltschaft hält sich hingegen an die Schmiergeldversion Eisermanns. Absolut glaubhaft seien die Schilderungen des Müllmanagers, meinen die Ankläger.

Danach beginnt die Vorgeschichte zum Elsässer Irrlauf im Jahre 1992. Als Norbert Rüther das Amt des Fraktionsgeschäftsführers übernimmt, weiht ihn nach eigener Aussage sein Vorgänger Toni Klefisch in die Geheimnisse der Spendenbeschaffung der Kölner SPD ein. »Du solltest ein Unternehmen, das einen städtischen Auftrag erhält, immer erst um eine Spende bitten, wenn alles abgeschlossen ist«, lautet »die goldene Regel«. Den gleichen Rat, so Rüther später in seiner Vernehmung, habe ihm auch der damalige Fraktionschef und spätere Oberstadtdirektor Klaus Heugel gegeben.

Rüther nimmt es hin. Widerspruchslos verfährt der Parteisoldat, wie ihm geheißen wird. Irgendwoher muss schließlich das Geld für die stets klamme Partei kommen, insbesondere in Wahlkampfzeiten, glaubt der studierte Psychiater. Und was liegt da näher, als jene Firmen, die für die Stadt arbeiten, im Nachhinein um ein kleines Dankeschön zu bitten? Nach dem Motto: Erst der Auftrag, dann die Spende. Auf diese Weise wollen die Kölner Genossen jeden Geruch von Korruption vermeiden. In dieser eigenwilligen Sicht der Dinge ist sich Rüther mit seinem Lehrmeister Heugel einig.

Zu Beginn seiner Zeit als Geschäftsführer der Fraktion hat ihn sein politischer Ziehvater stets gewarnt: »Pass da auf.« Der Ratsherr beherzigt diesen Rat: Rüther sammelt bis zu seinem Abgang in der Affäre zwischen 30 und 35 »Dankeschön-Spenden« bei Firmen ein. Mal mit, mal ohne Quittung. Mal hochoffiziell per Scheck, mal cash an Parteibüchern und Rechenschaftsberichten vorbei. Wenn die Geldgeber keine Quittung wollen, erspart sich Rüther weitere Fragen. Wer nicht darauf erpicht ist, seinen Namen im Rechenschaftsbericht der Partei lesen – umso besser. Dann kann die Öffentlichkeit auch keine dummen Fragen stellen.

Während der Errichtung des Kölner Müllofens sprudelt die Geldquelle unaufhörlich. Kurz nach dem Baubeginn des Milliardenprojekts nimmt Rüther den Kölner Müllofenchef Ulrich Eisermann beiseite. Er drängt den Parteifreund, eine heikle Vermittlerrolle zu übernehmen. In den Jahren 1994/95 herrscht in der Parteikasse Ebbe. Rüther will an die Firmen herantreten, die die Verbrennungsanlage hochziehen, allen voran an die Verantwortlichen des Generalunternehmers Steinmüller. Denn beim Bau einer Anlage dieser Größenordnung müssten sich die Auftragnehmer auch in Richtung SPD erkenntlich zeigen – so seine Überzeugung. Die nonchalante Aufforderung Rüthers klingt in Eisermanns Ohren wie ein Befehl.

Das Verhältnis zu den SPD-Größen Rüther und Heugel war nicht immer das Beste. In den 80er Jahren unterstützte Eisermann einen Rivalen Heugels. Gegen den Willen des mächtigen Fraktionschefs war Eisermann einst Leiter des eminent wichtigen Hauptamtes der Stadt Köln geworden. Heugel wollte Eisermann auch nicht, als dieser sich auf die Stelle des Geschäftsführers der zu gründenden Kölner Abfallentsorgungs- und Verwertungsgesellschaft (AVG) bewarb. Eisermann setzte sich durch. Nach einer Aussprache wurde das Verhältnis seit Anfang der 90er Jahre deutlich besser. Beide

Seiten versichern sich uneingeschränkter Hilfe. Heugel mahnt, dass dies selbstverständlich auch für den Fraktionsgeschäftsführer Norbert Rüther gelte. Eisermann ist bestürzt. Mit Rüther kann er überhaupt nicht. »Versuchen Sie mal einen Pudding an die Wand zu nageln«, wird er sich später einmal über den schwergewichtigen Kompagnon Heugels äußern. Und dieser gibt das Kompliment Jahre später mit den Worten zurück. Eigentlich pflege man ja eine herzliche Beziehung: »Ich glaube Dir kein Wort und Du glaubst mir kein Wort.«

Das Verhältnis zu Rüther ist seit den Tagen gemeinsamer Parteiarbeit im Kölner Stadtteil Lindenthal getrübt. Als Eisermann gegen die Widerstände aus der SPD zum AVG-Chef aufsteigt, fühlt er sich ständig von Rüther beobachtet, als warte dieser nur auf einen Fehler. Während der Gründungsphase der AVG zu Beginn der 90er Jahre sucht die Kölner Politik, sich genügend Einfluss zu sichern. Im Kölner Rathaus ist man sich einig, ein privates Entsorgungsunternehmen als Minderheitsgesellschafter in die neu gegründete AVG hineinzuholen. Doch dann geschieht Merkwürdiges. Bevor noch der designierte AVG-Chef Eisermann die Gespräche mit allen privaten Entsorgern geführt hat, erhält er klare Signale, wer denn das Rennen machen solle. SPD, CDU, FDP – sie alle bevorzugen die Trienekens AG. Später will Eisermann erfahren haben, dass der damalige FDP-Vorsitzende Parteispenden aus der Kasse des Viersener Müll-Konzerns erhalten haben soll. Mehr noch fällt das Votum des SPD-Fraktionschefs Klaus Heugel ins Gewicht. Der Ratspolitiker legt sich ebenfalls für Trienekens ins Zeug. Die Firma kenne er gut aus seiner Arbeit im Landtag. Der Ratsbeschluss im Jahre 1992: Trienekens wird Gesellschafter.

Nach der Gründung der AVG beginnt die Politik mit dem Postengeschacher. Allen voran, so Eisermann später, sucht die rote Fraktionsspitze mit allen Mitteln, verdienten Genossen Jobs in der neu gegründeten Abfallgesellschaft zu verschaffen. Dabei zählt weniger das Können als das Parteibuch. Da ist etwa die Parteifreundin vom linken SPD-Flügel, die Schwierigkeiten macht. Rüther erklärt Eisermann, er müsse die Frau bei der AVG als Sekretärin einstellen. Eisermann gehorcht. Auf Geheiß Rüthers will Eisermann einem Genossen aus dem Ortsverein Ehrenfeld bei der Müllgesellschaft einen Job als Boten verschafft haben. Nach dem Wechsel einer Grünen-Ratsfrau zur SPD erhält das Planungsbüro des Bruders der Politikerin damals einen zeitlich befristeten Auftrag in Höhe von 100 000 DM. Auch hier hat der mächtige Genosse Rüther seine Finger im Spiel. Die Forderungen des Fraktionsgeschäftsführers nehmen kein Ende. Rüther fordert Eisermann zudem auf, die Frau des unbequemen Fraktionskollegen und Vorsitzenden des Ausschusses für Abfall- und Umwelt, Ludger Oelgeklaus, in der AVG unterzubringen. Eisermann weiß zunächst nicht, was er mit der Frau machen soll, schließlich findet sich ein Posten im Einkauf. Müllofen-Kritiker wie der Vorsitzende des Naturschutzbundes Köln und Chef eines linken SPD-Ortsvereins erhalten ebenso einen Anstellungsvertrag bei der AVG.

Eisermann tut, was er kann, um die roten Herren im Rathaus bei Laune zu halten. Nur so kann er ungestört in seinem Laden regieren. Nur so ist er sicher, dass die Pläne zum Bau des Müllofens realisiert werden. Denn ohne Rüther und Heugel steht das Milliardenprojekt Müllverbrennungsanlage auf der Kippe. Widerstand regt sich vor allem in den SPD-Bezirken im Kölner Norden, wo die MVA entstehen soll. Auch bei der CDU gibt es nicht nur Ja-Sager.

Eisermann hält sich an Rüther und Heugel. Letzterer hält in der Fraktion die Zügel in der Hand. Heugel ist der mächtige Mann im Kölner Rathaus. Nicht zuletzt ist er in den 90er Jahren auch ein Garant für die große Koalition mit der CDU als Juniorpartner. »Im Grunde ist alles zwischen beiden Parteien verhandelbar«, weiß Eisermann. Alles sei nur eine Frage der Verrechnung.

Somit folgt Eisermann der Aufforderung Rüthers, als der für die anstehenden Wahlkämpfe im Jahr 1994 Kontakte zu potenten Firmenspendern benötigt. Knickerig sind sie alle, wird er später sagen, man muss sie nur angehen. Dann ginge es schon. An welche Summen er denn gedacht habe, will Eisermann von Rüther wissen. Das wisse er noch nicht so genau, antwortet Rüther. Zu Ostern wird der

SPD-Fraktionsgeschäftsführer konkreter. Wie viel Eisermann denn kassieren würde, will der Politiker wissen. »Vier Millionen«, will Eisermann gesagt haben. Rüthers Antwort darauf sei gewesen: »Da kriegen wir aber die Hälfte ab.« Das Ganze sei zahlbar in Raten. Rüther besteitet dies. Darüber hinaus verpflichtet der schwergewichtige Genosse den Müllmanager zur Mithilfe bei der Spendensammlung. Eisermann und Rüther gehen eine lange Firmenliste durch. Bei einigen winkt Rüther ab. Es sind reine CDU-Gönner. Die übrigen Firmen taxiert Rüther auf jeweils 50 000 DM.

Als einer der ersten überreicht der Niederlassungsleiter des Baukonzerns Hochtief an Rüther einen Umschlag in geforderter Höhe. Die Baumanager haben erfahren, dass schon andere Firmen gezahlt haben sollen. »Unternehmer melken«, nennt die Branche solche Spendenaktionen. Der Baumanager hat allen Grund zur Dankbarkeit, schließlich lag es an der Fürsprache der Kölner Sozialdemokraten, dass Hochtief im MVA-Baukonsortium sitzen darf.

Einen besonderen Obolus erwartet sich die SPD-Fraktionsspitze aus den Häusern des Entsorgungs-Multis Trienekens und des MVA-Generalunternehmers Steinmüller. »Uli, mach mir doch mal einen Kontakt zu Herrn Dr. Michelfelder. Ich muss mit dem reden wegen einer Spende«, sagt Rüther. Gehorsam folgt Eisermann der Aufforderung. Gerade jetzt, da in Düsseldorf die grüne Umweltministerin Bärbel Höhn gegen die Kölner MVA Front macht, braucht Eisermann die rote Ratsmehrheit. Auch am linken SPD-Flügel stänkern Kritiker gegen den geplanten Riesenklotz in Niehl. Die Proteste der parteiinternen MVA-Gegner bereiten dem Müllmanager Sorgen. Rüther beruhigt den Parteifreund: »Junge, wir ziehen das schon gemeinsam durch.«

Eisermann arrangiert ein Essen mit dem Steinmüller-Chef im Edelrestaurant »Goldener Pflug«. Im Vorfeld hat er Michelfelder darauf vorbereitet, dass die Partei für ihr Wohlwollen eine Spende in Höhe von 150 000 DM verlangt. Das Trio plaudert über dies und das: die Vorzüge des Lebens in Gummersbach etwa. Beiläufig lässt Rüther einfließen, dass die Partei dringend Geld braucht. Michelfelder, von

Eisermann bestens präpariert, sagt prompt Hilfe zu. Eine Spendenquittung braucht er nicht.

Im Frühjahr 1995 reisen Rüther und der Steinmüller-Manager
nach Zürich zu einem Mitbewerber in der Branche der Anlagenbauer,
der Firma Van Roll. Michelfelder will die milde Gabe an die Kölner
Sozialdemokraten mit einer Forderung an die Schweizer verrechnen.
Rüther kennt den Herrn nicht, der ihm im Werk als leitender Mitarbeiter vorgestellt wird. Der erklärt Michelfelder, dass es kein Geld
geben wird. Zerknirscht raunt der Steinmüller-Chef Rüther zu, dass
es heute wohl nichts werde mit der Spende. Zum Abschied versichert der Anlagenbauer dem Politiker, das sei nicht das letzte Wort in
der Angelegenheit gewesen.

Am 18. Juli setzt sich Norbert Rüther erneut ins Auto und fährt
nach Zürich. Es sind Sommerferien, Rüther lässt sich Zeit. Gemäch-
lich rollt er Richtung Süden. Um 15 Uhr solle er sich in der Kanzlei
des Wirtschaftsanwalts Heinz Egli einfinden, hatte man ihm am
Telefon gesagt. Rüther solle erst gar nicht nach großen Hinweis-
Schildern zur Kanzlei suchen, an der Klingel prange ein schmuck-
loses Namensschild mit den vier Buchstaben. Dort sei er richtig.
Zuvorkommend empfängt Egli den deutschen Gast. In dem kargen
Büro hängt die große Fahne des Exotenstaates Vanuatu über dem
Schreibtisch. Egli erläutert dem Besucher seine Funktion als Konsul
der Inselnation. Rüther nennt seinen Namen. Egli nickt wissend.
Jemand hat etwas für Herrn Rüther abgegeben, schmunzelt der Anwalt, als sei er der Weihnachtsmann. Die beiden debattieren über
Vanuatu, doch Rüthers Gedanken sind ganz woanders. Am liebsten
würde er das Büro so schnell wie möglich verlassen. Laut sagt er, dass
er sich noch etwas in der Stadt umschauen möchte. Egli holt von
nebenan einen braunen Umschlag. »Das soll ich Ihnen geben«, sagt
der Anwalt.

Rüther erkundigt sich nach der Höhe der Summe. 150 000 DM
antwortet Egli, während er dem Kölner Ratsherrn ein Blankofor-
mular auf den Tisch legt. Ein kleiner Nachweis für den Auftraggeber,
ergänzt der Finanzvermittler. Rüther sucht seine eigene Unterschrift

zu fälschen, damit ihm niemand später etwas anhängen kann. Als der Ratspolitiker die Kanzlei verlässt, kann er nicht mehr an sich halten. Ihm wird schlecht. Von diesem Moment an wähnt er sich »in der größten Scheiße drin«. Nach seinem Irrlauf durch die Elsässer Weinberge geht der SPD-Politiker überraschend schnell wieder zur Tagesordnung über. Er spricht mit seinem politischen Ziehvater Heugel über das Geld. Rüther ist sich unschlüssig, was er mit der milden Gabe anfangen soll.

Tagelang trägt er den Umschlag in seiner Aktentasche spazieren, bis ihm schließlich die zündende Idee kommt: Mit dem Großteil des Geldes eröffnet er eine schwarze Wahlkampfkasse zu Gunsten seines Herrn und Meisters Heugel. In drei Jahren will sich Heugel zum Oberbürgermeister wählen lassen. Rüther soll ihm dann im Fraktionsvorsitz nachfolgen. Die 150 000 DM sollen die Basis des Heugel'schen Wahlhilfefonds bilden. Zwei Drittel der Summe deponiert Rüther in seinem privaten Schließfach bei der Stadtsparkasse, ein Drittel übergibt er dem Schatzmeister Manfred Biciste mit den Worten: »Hier ist noch etwas.« Rüther erklärt, dass die Spender anonym bleiben wollen, weil sie dem anderen politischen Lager angehören.

Die Politiker diskutieren über gangbare Wege, die Zuwendungen an den Büchern vorbei in die Parteikasse zu schleusen. Seit der Flick-Parteispendenaffäre in den 80er Jahren taucht jeder Spender von mehr als 20 000 DM im jährlichen Rechenschaftsbericht der Parteien auf. Rüther und Biciste verfallen auf die Idee, die Gelder zu stückeln und mittels fingierter Quittungen solchen Mitgliedern zuzuordnen, die von ihrem Einkommen her dem Fiskus nicht ins Auge fallen könnten.

In der Folgezeit verfährt Rüther auf dieselbe Art mit weiteren sechsstelligen Zuwendungen, die ebenfalls im Zusammenhang mit dem Bau der Müllverbrennungsanlage gezahlt worden waren. Ein Teil geht an den Partei-Schatzmeister und wird illegal verbucht, ein Teil fließt in die Wahlkampfkasse Heugels. Dieser soll stets über das Inkasso seines Vertrauten auf dem Laufenden gewesen sein. Die Spendenflüsse laufen jedoch nicht so wie erwartet.

Im Oktober 1995 holt Eisermann aus seinem Tresor bei der Liechtensteinischen Landesbank eine Million DM. Nach eigener Aussage verabredet er sich mit Rüther abends im Büro und übergibt diesem das Geld fein verpackt in einer AVG-Tüte. Als Eisermann sich jedoch beklagt, dass sein Anteil an der Spendenaktion wider Erwarten zu hoch gewesen ist, kontert Rüther kühl, das sei nicht sein Problem. Die Gewichte sind eindeutig geklärt.

Rüther lässt durchblicken, dass er und sein Boss Heugel eine kleine Finanzspritze auch für kulinarische Zwecke gut gebrauchen könnten. Wöchentlich 2000 bis 3000 DM verpulvern die Spitzenpolitiker laut Eisermann bei ihren Lieblingsitalienern in der Innenstadt. Dies alles, betont Rüther, geschehe im Sinne der Partei. Ganz genau weiß der SPD-Politiker nicht, woher das viele Geld stammt. Rüther vermutet, dass Trienekens dahinter steckt und Eisermann lässt ihm nach eigenen Angaben in dem Glauben. Rüther bestreitet auch das bis heute. Ende des Jahres erkundigt sich der Müllchef, ob das Thema Spenden denn nun erledigt sei. Rüther nickt. Doch Eisermann ist unsicher. Bei einer passenden Gelegenheit hakt er auch bei Fraktionschef Heugel nach, ob dieser mit seinem Spendenaquisiteur zufrieden sei. Heugel zeigt sich begeistert über das Aufkommen der Zuwendungen an die Partei, überschwänglich dankt er Eisermann für dessen Einsatz.

Der Kölner Fraktionschef Heugel ist es auch, der Rüther nach dessen Angaben mit einer weiteren Besonderheit der Kölner SPD-Ratsmannschaft bekannt macht: einer schwarzen Fraktionskasse in Höhe von 600 000 bis 700 000 DM, die in den 70er Jahren mit Wahlkampf-Abgaben der SPD-Stadtparlamentarier angelegt worden war. Die Verfügungsgewalt über dieses spezielle Konto liegt beim Fraktionsvorsitzenden. Die Kontoauszüge gehen an seine Privatadresse. Das Geld wird stets bar abgehoben und in den Tresor der Fraktion zur besonderen Verwendung des Fraktionschefs bereitgehalten. Er entscheidet letztendlich, wer zu welchem Zweck in der Fraktion und der Partei Geld bekommen soll. Ein probates Steuerungsmittel, um seine Machtposition in der Partei zu festigen.

Rüther und Heugel verfügen letztendlich über drei illegale Geld-
töpfe: mit Hilfe des Schatzmeisters stückeln sie illegal Spenden in die
offizielle Parteikasse, daneben existieren ein schwarzer Wahlkampf-
topf Heugel und das gut gefüllte geheime Fraktionskonto.

1998 tritt Rüther erneut an Eisermann heran. Die heiße Phase
der OB-Wahlen steht an. SPD-Fraktionschef Klaus Heugel kandi-
diert und sein Adlatus zieht los, um die nötigen Geldmittel zu beschaffen. Rüther fordert nach Angaben Eisermanns erneut 1,5 Millionen DM. Eine halbe Million kommen durch Firmenspenden herein,
die restliche Million steuert Eisermann erneut aus dem Schmiergeldtopf bei – denn der Wahlkampf gegen den CDU-Kandidaten wird
immens teuer. Auch davon ist Rüther nichts bekannt.

Der Kampf um die Macht im Rathaus: Wie die SPD den Kommunalwahlkampf 1999 finanzierte

Klaus Heugel gegen Harry Blum: Auf dem Papier ein ungleiches
Duell im Kampf um die Macht im Rathaus. Der Sozialdemokrat und
Oberstadtdirektor gegen einen CDU-Mann, dem selbst in den eigenen Reihen kaum Chancen gegeben werden. Doch der SPD-Füh-
rungsriege ist diese klare Favoritenrolle nicht genug. Sie will einen
Wahlkampf hinlegen, den es in ihrer Geschichte noch nie gegeben
hat. Diesmal geht es für Rüther und Heugel ums Ganze. Kein Wun-
der, das nur das Beste vom Besten für ihren Wahlkampf gut genug
ist. Die finanziellen Dimensionen sprengen alles bisher Dagewesene.
Eine Million DM soll es kosten, den recht farblosen Heugel in Köln
beliebt zu machen.

Die Wahlkampfkommission, die immer aus dem geschäftsführenden Parteivorstand, den Kandidaten mit ihren Wahlkampfleitern
und dem Fraktionsgeschäftsführer besteht, orientiert sich bei der
Namensgebung an einem erfolgreichen Vorbild. Mit einer »Kampa«
war Gerhard Schröder erfolgreich in den Bundestagswahlkampf des
Jahres 1998 gezogen. Die Kölner »Kampa« besteht aus Kurt Uhlen-

bruch, Norbert Rüther, Klaus Heugel, Manfred Biciste, Arno Carstensen, Ulrike Volland sowie Heugels Wahlkampfmanager Detlef Krupp.

Mehr als 20 Werbeagenturen werden beauftragt, ihre Konzepte vorzustellen, Heugel fordert ein eigenes Wahlkampfteam mit jungen Leuten, die später als »Red Sox« in blauen T-Shirts für ihn auf die Straße gehen werden. Doch professionelle Wahlkämpfe kosten Geld. Bei der Finanzierung tun sich Probleme auf. Rüther und Heugel präferieren Ende 1998 die Agentur »Counterpart«. Es wird aber schnell deutlich: Das kann die SPD aus ihrer Kasse nicht finanzieren. Bei einem Engagement der Werbeprofis läge der Gesamtetat deutlich über einer Million DM. Die Wahlkampfkasse gibt aber höchstens 700 000 DM her.

Angesichts dieser Deckungslücke von mehr als 300 000 DM ist für Schatzmeister Biciste und den Parteigeschäftsführer Carstensen offenbar Schluss mit lustig. Beide wollen auf »Counterpart« verzichten, als sich Norbert Rüther bei einer Krisensitzung der Wahlkampfkommission zu Wort meldet. Es handele sich um eine besonders wichtige Wahl, erklärt er kurz und bündig. Er sei in der Lage, binnen 48 Stunden die Finanzierungslücke zu schließen. Keiner wundert sich darüber, keiner fragt nach, woher das Geld kommen soll. Ein Verhalten, das die Machtverhältnisse in der SPD gnadenlos widerspiegelt. Die Beteiligten haben kein Interesse daran, den Heugel-Wahlkampf durch Nachfragen zu gefährden. Viele von ihnen rechnen sich Chancen aus, in einer von Heugel geführten Verwaltung an lukrative Posten zu gelangen.

Auch das Wahlkampf-Konto Heugel, mit dem offenbar sein Büro am Buttermarkt finanziert wird, für das er monatlich mehr als 3000 DM Miete bezahlen muss, soll aus dunklen Quellen gespeist worden sein. Zumindest stoßen die Ermittler auf interessante zeitliche Zusammenhänge. Im Februar 1998 von Klaus Heugel eröffnet, überweist der Kandidat am 19. März einmalig 15 000 DM, weitere Spenden in der Größenordnung von knapp 40 000 DM kommen von einem Kölner Unternehmen.

Spannend wird es im September 1998. Kaum ist der Müllofen in Betrieb, lässt AVG-Chef Eisermann auf Geheiß Rüthers erneut seine Kontakte zu den Firmen spielen, die am Bau der Verbrennungsanlage beteiligt waren. Eisermann informiert Steinmüller, und der Projekt-leiter Jörgen Becker empfängt den Fraktionsgeschäftsführer Norbert Rüther in Zürich vor dem Café »Baur Au Lac« mit 70 000 DM in bar. Vier Tag später gibt der schwergewichtige Geldbeschaffer an die Sekretärin des SPD-Unterbezirks 90 000 DM ab.

Zeitlich leicht versetzt fließen kurz darauf plötzlich »Spenden« zwischen 1000 und 6000 DM auf das Heugel-Konto und nahezu alle werden bar eingezahlt: in der Stadtsparkassenfiliale auf der Kölner Ehrenstraße. Und auch Heugel selbst tritt noch einmal in Erschei-nung. 19 000 DM zahlt er am 17. Dezember 1998 in bar ein. Für die Ermittler steht damit fest: Auch das Heugel-Konto speist sich aus illegalen Großspenden, die im Zusammenhang mit dem Bau des Müllofens stehen. Sie vermuten, dass zumindest die 19 000 DM, für die der OB-Kandidat eine Bescheinigung der SPD zur Minderung seiner Steuerschuld beim Finanzamt erhält, aus dubiosen Quellen stammt.

Überdies sollen Heugel als auch Rüther den Müll-Multi Triene-kens um Spenden angegangen sein. Trienekens zahlt, angeblich weil er ein »Faible für Heugel« hat, tatsächlich aber ist es eine Investition in die Zukunft. Längst existieren im Rathaus Überlegungen zum Teilverkauf der gesamten Kölner Müllabfuhr. Bei Eisermann beklagt sich Trienekens in jener Zeit über eine weitere Spendenanfrage Heu-gels. Sein Gesprächspartner rät dem Entsorgungsunternehmer zu zahlen. Heugel werde mit Sicherheit zum Oberbürgermeister ge-wählt. Wer konnte da schon ahnen, dass der Kandidat wegen Insi-derhandels mit Aktien kurz vor den Wahlen von der politischen Bühne abtreten musste.

Als Heugel 1999 über die Aktienaffäre stolpert, übernimmt Nor-bert Rüther das Fraktionszepter. Er ändert nur wenig an der parteiin-ternen Landschaftspflege. Etwa ein Drittel der SPD-Ratsmitglieder hätten in ihm »ne jode Fründ« gewusst, wenn es am nötigen Kleingeld fehlt. Wie schon zu Zeiten seines Vorgängers will auch Rüther eigenen Angaben zufolge die neue Fraktionsgeschäftsführerin Marlis Herterich über die schwarze Fraktionskasse unterrichtet haben. Die SPD-Ratsfrau behauptet das Gegenteil. Herterich will erst nach dem Bekanntwerden der Spendenaffäre davon erfahren haben.

Bei dem Gedanken war Rüther nicht wohl bei der Sache. Nach dem verlorenen Kommunalwahlkampf 1999 spielt er mir dem Gedanken aufzuhören, scheut jedoch davor zurück, weil er fürchtet, das Karussell aus illegalen Spenden und schwarzen Kassen könnte auffliegen. Nach und nach wird versucht, den Schwarzgeldbestand zurückzufahren.

Es muss fein säuberlich unterschieden werden, welche Rechnung ordentlich verbucht und welche aus dem schwarzen »Sonderkonto« der Fraktion beglichen wird. Rüther stoppt auch die üblichen Barabhebungen. Einzig bei Fraktionsvize Heinz Lüttgen will er eine Ausnahme gemacht haben. Weil Lüttgen eine ungefähre Kenntnis vom Kontenwerk gehabt habe, so Rüther, habe er ihm 6000 Euro aus den schwarzen Geldbeständen gezahlt. Als Gegenleistung für eine Anzeige, die Lüttgen im OB-Wahlkampf 2000 zu Gunsten von Anke Brunn geschaltet hatte. Lüttgen bezeichnet die Aussagen Rüthers als »Unverschämtheit.« Er bestreitet, je von den Konten gewusst zu haben. Die Anzeige für Anke Brunn habe er nachweislich aus eigener Tasche bezahlt. Da weitere Beweise für die Behauptungen Rüthers bisher fehlen, steht Aussage gegen Aussage. Rüther hat das Gros der Unterlagen über die Vorgänge bereits 1999 nach dem Bekanntwerden der Spendenaffäre um Altkanzler Helmut Kohl vernichtet.

Die Kölner SPD steckt im Spendensumpf

Die Biciste-Liste

Alles dreht sich um die Liste, auf der Manfred Biciste aus der Erinnerung die Namen derjenigen notiert hat, die von ihm fingierte Spendenquittungen erhalten und – zumindest teilweise – beim Finanzamt zur Steuerminderung eingereicht hatten. Die Kölner SPD versucht bereits im März 2002, knapp zwei Wochen nach Aufdeckung des Spendenskandals, die Flucht nach vorn anzutreten. Alle 109 Mandatsträger im Stadtrat, in den neun Bezirksvertretungen, im Unterbezirksvorstand und in der Kontrollkommission sollen eine Ehrenerklärung abgeben, dass sie sich an der Spendenpraxis nicht beteiligt haben. Das beschließt der Unterbezirksvorstand mit Parteichef Jochen Ott in Absprache mit NRW-Landeschef Harald Schartau. Bei denjenigen, die diese Erklärung nicht unterschreiben können, wird der ehemalige Bundesjustizminister Jürgen Schmude eine Einzelfallprüfung vornehmen. Die Schmude-Kommission soll dann dem SPD-Landesvorstand empfehlen, gegen welche SPD-Mandatsträger weitere Parteiordnungsverfahren eingeleitet werden müssen. Mit diesem zweistufigen Verfahren will die SPD bei ihren Aufräumarbeiten »den Mandatsträgern die Gelegenheit geben, sich von dem Generalverdacht zu befreien«, sagt Jochen Ott. Harald Schartau geht noch einen Schritt weiter und startet eine Persilschein-Aktion für alle Genossen, der sich alle Mandatsträger in Nordrhein-Westfalen von der Europa- bis auf die Landesebene unterziehen müssen. Er verlange binnen weniger Tage von allen eine Erklärung darüber, ob sie zu Unrecht Spendenquittungen entgegengenommen hätten: »Funktionäre, die den Staat hinters Licht führen, werden wir in unseren Reihen nicht dulden.«

So weit die Theorie. Doch die Praxis sieht in den kommenden Monaten gänzlich anders aus. Denn an schlichter Aufklärung der Affäre ist wenige Monate vor der Bundestagswahl kaum jemand

interessiert. Dem damaligen SPD-Generalsekretär Franz Müntefering, Landeschef Harald Schartau und seinem Generalsekretär
Michael Groschek geht es vor allem Linie darum, den Kölner Spendenskandal klein zu halten, ihn als Auswuchs des »kölschen Klün-
gels« abzutun. Vor allem Müntefering steht mächtig unter Druck.
Es sei nicht einfach, zu erklären, weshalb er und sein Vorgänger im
Amt des NRW-Landesvorsitzenden, Bundespräsident Johannes Rau,
nichts von den Machenschaften der Kölner SPD gewusst hätten,
gesteht er bei einer Pressekonferenz im Kölner Gürzenich freimütig
ein. Die Landes-SPD sei bis zum 31. Dezember 2001 aber »im Grunde
nur eine Art Holding über den Bezirken« gewesen und habe deshalb
keinerlei Einfluss auf deren Finanzen gehabt. Die Partei werde aber
nicht akzeptieren, »dass es Leute geben könnte, die sich weigern,
Spender zu nennen und sich so vor den Konsequenzen drücken«,
droht Müntefering.

Die von Harald Schartau angekündigte »schonungslose Aufklärung« werden die Sozialdemokraten in den nächsten Wochen aber
nicht betreiben. Es sei »ein Witz«, dass die Partei lediglich zwei interne Prüfer nach Köln gesandt habe, kritisiert der eremitierte Hamburger Wirtschaftsprofessor Wilhelm Strobel schon in der ersten
Woche nach Auffliegen des Skandals. Die vom Unterbezirk Köln
zusätzlich beauftragte Wirtschaftsprüfungsgesellschaft ist aus seiner
Sicht lediglich »ein Edel-Steuerberater zur Rettung steuerlicher Tat-
bestände«.

Und die Betroffenen, die Biciste auf seiner Liste notiert hat? Sie
fühlen sich in der Mehrzahl als Opfer übler Machenschaften des
SPD-Fraktionschefs Norbert Rüther und des Parteikassierers, klagen
vor der Schmude-Kommission und später vor den Schiedskommissionen, man habe ihnen die Quittungen als normale Postsendung
untergeschoben oder in ihr Fach im Rathaus so hinterlegt, dass sie
nicht als fingierte Spendenquittungen aufgefallen seien.

Das seien alles Ausreden, wie Manfred Biciste zu Protokoll gibt:
»Die Mitglieder der Partei und Fraktion, die Spenden generell abführ-
ten – seien es Beiträge oder auch Spenden oder auch Abführungen für

Gut gelaunt auf dem Weg zum Bundestagsuntersuchungsausschuss: Manfred Biciste und sein Anwalt Reinhard Birkenstock im ICE nach Berlin

Abgaben aus der Mandatstätigkeit, die die Partei verlangt und die dann als Spenden gewertet werden – bekamen für diese Spenden und Beiträge die Spendenquittungen rein büromäßig zugeschickt. Ich weiß nicht genau, ob meine Sekretärin die normalen Quittungen für die Spenden oder Sonderbeiträge, die als Rücklage für den Wahlkampf seitens der Ratsmitglieder jedes Jahr zur Verfügung gestellt wurden (heute 1080 DM), in die Fächer gelegt oder per Post zugeschickt wurden. Was ich damit sagen will: In aller Regel fand eine Quittungsübergabe durch mich nicht statt. Die Ausnahmen waren eben diese Quittungen, die besonderen Charakter hatten, nämlich für Spenden, die in Wirklichkeit keine Spenden gewesen sind. Das trifft auf alle Fraktionsmitglieder zu. Diese Quittungen wurden von mir persönlich in der Fraktionssitzung oder am Rande dieser übergeben, nicht über die Fächer und nicht per Post. Jedem musste klar sein, dass das keine normale Spendenquittung war, weil ja der Weg der Übergabe anders war.«

Doch von den 42 Quittungsempfängern auf der Biciste-Liste haben nur zwei den Mut, vor den Kommissionen ihr Fehlverhalten einzugestehen: der ehemalige Bundestagsabgeordnete und Kölner Parteivorsitzende Erich Henke und Ex-Ratsherr Michael Allmer.

Erich Henke geht sofort in die Offensive, als der Spendenskandal auffliegt und bestätigt das Vorgehen des ehemaligen Parteikassierers. Außerdem bietet er an, den entstandenen Schaden wieder gut zu machen, weil er einen »großen Fehler« gemacht habe. Manfred Biciste, so Henke, habe mit ihm vor der Übergabe der ersten Quittung ein vorbereitendes Gespräch geführt. Dies teilte Henke in einem Brief dem Parteivorsitzenden Jochen Ott mit: »Ende 1998 übergab mir Manfred Biciste für mich überraschend eine Spendenquittung über 5000 DM. Auf Nachfrage erklärte er mir, dass er hin und wieder anonyme Spender hat, deren Spende er ohne Nennung eines Namens nicht verbuchen kann. Er bat mich, zur Verfügung zu stehen.« Das Überraschende an der Aussage Henkes: Er war auf der Biciste-Liste gar nicht aufgetaucht, weil der Ex-Schatzmeister geglaubt hatte, Henke sei von Norbert Rüther angesprochen worden. Es sei bedauerlich, dass andere Sozialdemokraten seinem Beispiel nicht gefolgt seien, wird er später Manfred Biciste mitteilen.

Auch der ehemalige Ratsherr und Amtsrichter Michael Allmer drucksst vor der Staatsanwaltschaft nicht lange herum, als es um seine Rolle im Spendenskandal geht. Er akzeptiert die Versetzung zum Handelsregister, tritt aus der SPD aus und entgeht so einem Parteiordnungsverfahren. Allmer, der Quittungen in Höhe von insgesamt 24 000 DM angenommen haben soll, erklärt, er sei davon ausgegangen, dass es sich bei den Spendenquittungen um Spender gehandelt habe, die namentlich nicht in Erscheinung treten wollten. »Sein Verhalten macht er sich heute noch zum Vorwurf«, sagt ein ehemaliger Parteifreund. „Als Jurist hätte er sich selbst und auch zu Manfred Biciste sagen müssen, lass' die Finger davon, das ist nicht rechtens.« Doch im Gegensatz zu Biciste, der von der Größenordnung der gesamten Aktion stets informiert war, ahnt Allmer nichts vom Gesamtzusammenhang. Auch die Tatsache, dass er mehrfach von

Biciste gebeten wird, als Spenden-Strohmann herzuhalten, macht ihn nicht stutzig. Er ist überzeugt von der Version, mit der Norbert Rüther auch den Parteikassierer geködert hat: Dass es sich bei den Geldern um Spenden von Kölner Firmen und Privatpersonen handelt, die die SPD in Köln unterstützen und dabei anonym bleiben wollen.

Tief erschrocken sei er gewesen, als er erkannt habe, dass er im Jahr 1996 gleich zwei Spendenquittungen in Höhe von 5000 DM erhalten habe, gibt Allmer zu. Dieser Umstand zeige, dass er keine konkrete Erinnerung an Einzelheiten habe, wo, an welchem Ort und zu welchem Zeitpunkt die Spendenquittungen übergeben worden seien. Eines sei aber eindeutig: Die Übergabe der Spenden sei grundsätzlich durch Manfred Biciste erfolgt. Bei späteren Übergaben sei praktisch überhaupt nichts mehr dazu gesagt worden, ein Kopfnicken habe genügt: »Du weißt schon, wieder eine Spende.« Er habe angesichts der Größe der Stadt Köln schon angenommen, dass es noch weitere Fälle von Spendern geben könnte. Er habe Manfred Biciste aber nicht gefragt, wo dieser denn weitere Spenden unterbrachte. Die ganze Dimension der Angelegenheit, wie sie nach dem März 2002 bekannt geworden sei, habe er sich nicht vorstellen können.

Die Offenheit, mit der Allmer seine Beteiligung an der Affäre eingesteht, nötigt Manfred Biciste großen Respekt ab. In einem Brief bedankt er sich für die Solidarität: »Gerade weil Du, Michael, nicht wie so einige andere versuchst, mit windigen, wenig nachvollziehbaren Erklärungen aus der Sache herauszukommen, bedaure ich es umso mehr, mit meinem Fehlverhalten Deines ermöglicht zu haben und damit einen wesentlichen Beitrag geleistet zu haben, nach der Dich und Euch beide offensichtlich so zufrieden stellenden wohnungsmäßigen Neuorientierung und der Findung eines neuen politischen Wirkungskreises jetzt auch wieder vor einem Neuanfang steht. Doris und ich denken oft an Euch!«

Für den Rest der Quittungsempfänger zählt dagegen offenbar nur eins: Wie ziehe ich meinen Kopf aus der Schlinge? Und weil die Urteile der Kommissionen derart unterschiedlich ausfallen, weil am

Ende sich nahezu alle ungerecht behandelt fühlen, fällt es schwer, eine Rangfolge der besten Ausflüchte aufzustellen. Die Staatsanwaltschaft hilft sich bei ihren Befragungen mit einem simplen System: Sie geht schlicht alphabetisch vor.

Ratsfrau Christa Becker: Ich hatte Vertrauen in die Partei

Am Ende ihres Verfahrens steht eine Rüge durch die Landesschiedskommission und die Erkenntnis, dass sich die Vorgänge nicht mehr werden aufklären lassen. Christa Becker erklärt am 15. März 2002 vor der Schmude-Kommission, dass ihr die Spendenquittungen über 1000 DM untergeschoben wurden. Sie habe in dieser Zeit niemals vom SPD-Unterbezirkskassierer persönlich eine Spendenquittung erhalten, sondern will diese ausschließlich entweder über die Ratsfraktion, dort hat jedes Ratsmitglied ein eigenes Postfach, oder mit der Post zugestellt bekommen haben. Das habe für alle Spendenquittungen gegolten, die sie erhalten habe. Christa Becker will den Vorgängen daher niemals große Bedeutung zugemessen haben. Dennoch gibt sie zu, dass ihr Verhalten im Nachhinein wohl etwas leichtsinnig war: »Da hatte ich aber noch Vertrauen in die Partei und deshalb war mein Verhalten bis zu diesem Zeitpunkt für mich völlig selbstverständlich.« Manfred Biciste beteuert, er habe bei Christa Becker nicht anders gehandelt als bei den anderen Fraktionsmitgliedern. Ein weibliches Mitglied der Fraktion habe ihn, als die Kohl-Affäre aufflog und die Kölner SPD ihre Stückelungsaktion beendet hatte, sogar angesprochen, es habe die Spende sehr wohl in einem solchen Zusammenhang gesehen. Das sei aller Wahrscheinlichkeit nach zwar nicht Christa Becker gewesen, mache aber deutlich, dass allen klar war, worum es bei den Quittungen geht.

Die so in Misskredit geratene Ratsfrau zieht im Oktober 2002 politische Konsequenzen, allerdings nicht aus Einsicht über ihr Fehlverhalten, sondern aus Ärger über die Landes-SPD. Sie legt ihr

Amt als Vorsitzende der SPD-Stadtbezirkskonferenz Porz-Poll nieder und nennt als Grund ihre Behandlung durch den SPD-Landesverband Nordrhein-Westfalen in der Spendenaffäre. Sie habe die Steuerschuld, die durch die Annahme fingierter Spendenquittungen in Höhe von 4000 DM entstanden sei, zwar inzwischen beglichen. Doch ein bitterer Nachgeschmack ist geblieben:»Es ist für mich eine tiefe Enttäuschung, wie der Landesverband mit mir umgegangen ist«, begründet Becker ihren Rückzug auf Raten. Auch die Tatsache, dass sie mit einer Rüge belegt wurde, prominente SPD-Politiker wie Ex-Oberbürgermeister Norbert Burger mit weitaus größerem»Spendenaufkommen« ohne jede Ahndung ihrer Vergehen davongekommen seien, hätten zu ihrer Verbitterung beigetragen.

Alt-Oberbürgermeister Norbert Burger: Quittung bei meiner Sekretärin gelandet

In der letzten März-Woche des Jahres 2002 spitzt sich die SPD-Affäre zu. Alt-Oberbürgermeister Norbert Burger bestätigt, ebenfalls in den Spendenskandal verwickelt zu sein. Über seinen Steuerberater lässt er erklären, in seinen Steuerunterlagen für 1999 sei eine Quittung in Höhe von 5000 DM aufgetaucht, für die er keine Spende an die SPD geleistet habe. Er habe davon am 6. März erfahren, noch am gleichen Tag Selbstanzeige erstattet und die um 2500 DM verkürzte Steuerschuld beglichen. Er habe das der Schmude-Kommission am 20. März mitgeteilt. Burger reagiert schnell, gibt eine eidesstattliche Versicherung ab, nach der er mit dem Skandal um die Müllverbrennungsanlage in Köln nichts zu tun habe:»Ich habe erstmalig am 4. März durch die Presse davon erfahren.« Die Spendenquittung sei auf seinen Namen und seine damalige Rathausadresse ausgestellt. Alle steuerlich relevanten Unterlagen habe seine Sekretärin in einem Ordner gesammelt. Diesen Ordner habe er während seiner OB-Tätigkeit stets am Jahresende seinem Steuerberater gegeben,»ohne ihn mir vorher im Einzelnen anzusehen«. Der fingierte Beleg könne auf verschiedenen Wegen in den Ordner gelangt sein. »Entweder wurde mir die Quittung ins Rathaus zugeschickt, und meine Sekretärin hat sie zu den Steuerunterlagen genommen, oder Herr Biciste hat sie mir bei einer Sitzung übergeben, und ich habe sie ohne besondere Beachtung an meine Sekretärin weitergegeben«, so Burger wörtlich. Anfang April wird der Ex-OB von Manfred Biciste entlastet: Burger habe eher zum Gesprächskreis Rüther gehört, daher habe er ihm keine Spendenquittung übergeben, sagt der Ex-Kassierer. Wie sie dann in die Unterlagen kommt, bleibt auch nach der Einstellung des Verfahrens im August ein Rätsel.

Bürgermeisterin Renate Canisius:
Ein willenloses Werkzeug

»Unsere Mandantin konnte, nachdem sie 18 Jahre lang unbeanstandet Spendenquittungen des Herrn Biciste entgegennahm und weiterleitete, davon ausgehen, dass die Spendenquittungen in Ordnung waren und sie diese zu Recht bei ihrem zuständigen Wohnsitzfinanzamt geltend machte. Unsere Mandantin war nur ein willenloses Werkzeug bei einer Steuerhinterziehung des Herrn Biciste in mittelbarer Täterschaft, weshalb er selbst Selbstanzeige erstattete.« Dieser Auszug aus einem Schreiben des Verteidigers der SPD-Bürgermeisterin Renate Canisius an die Landesschiedskommission macht deutlich, wo die Widersprüche liegen. Renate Canisius soll eine Quittung über 3000 DM erhalten haben und sie erklärt, der Beleg sei ihr wahrscheinlich über das Rathausfach zugeleitet worden.

Doch der Ex-Kassierer Biciste beharrt auf persönlicher Übergabe. Er könne sich an ein vorbereitendes Gespräch zwar nicht erinnern, Renate Canisius sei aber in gleicher Weise behandelt worden wie die übrigen in Frage kommenden Fraktionsmitglieder. Die sonstigen Spendenbeträge der Bürgermeisterin hätten sich in sehr Grenzen gehalten, da seien 3000 DM schon ungewöhnlich gewesen.

Das parteiinterne Schiedsgericht sieht sich offenbar nicht in der

Lage, diesen Widerspruch aufzuklären und stellt das Verfahren im Frühsommer sein. Die Kommission sei nach Überprüfung aller Unterlagen zu der Überzeugung gelangt, dass »ich an den Machenschaften unseres ehemaligen Schatzmeisters Manfred Biciste nicht beteiligt war und von seiner Stückelungspraxis illegaler Großspenden keinerlei Kenntnis hatte«, kommentiert die Politikerin im »Kölner Stadt-Anzeiger« das Ergebnis und räumt ein, durch einen nachlässigen Umgang mit ihrer Steuererklärung der SPD geschadet zu haben. »Mein Mann hat sich 41 Jahre lang um unsere gemeinsame Steuererklärung gekümmert«, so die Bürgermeisterin. »Die Quittung ist ihm durchgegangen. Meine Nachlässigkeit besteht also darin, dass ich ihm 41 Jahre vertraut habe.« Canisius äußert die Hoffnung, dass alle, die sich an Vorverurteilungen beteiligt hätten, »nun in angemessener Form zu meiner Rehabilitierung beitragen.« Das wird geschehen, denn auch in der neuen SPD-Ratsfraktion sitzt sie in der ersten Reihe, wird bis zur Kommunalwahl im September 2004 auch Bürgermeisterin bleiben. Von der Parteispendenaffäre ist im Zusammenhang mit ihrer Person heute keine Rede mehr.

Ex-Parteigeschäftsführer Arno Carstensen: Ich konnte schon damals drei und drei zusammenzählen

Zu den wenigen, die ihren Fehler eingestehen, zählt der ehemalige Geschäftsführer des Unterbezirks Köln, Arno Carstensen. Als die Sache auffliegt, spielt er, der neben Quittungen in der Größenordnung von rund 28 000 DM auch noch ein Darlehen des Unterbezirks erhalten hat, um damit seinen Hausbau zu finanzieren, mit offenen Karten. Der fünfstellige Kredit soll aus der schwarzen Parteikasse des Fraktionschef Norbert Rüther stammen und wurde gewährt, ohne Rückzahlungsmodalitäten und Verzinsung zu vereinbaren. Carstensen geht auch in die Offensive, um seinen neuen Job bei der Stadtsparkasse Köln, den er erst kurz vor dem Auffliegen des Skandals angetreten hat, nicht zu gefährden. Am Ende wird er einer der wenigen sein, dessen Ermittlungsverfahren wegen des Verdachts der Steuerhinterziehung sowie der Beihilfe zur Untreue und des Betrugs zum Nachteil der SPD zwar eingestellt wird, aber im Gegenzug mit einer Geldbuße von 15 000 Euro verbunden ist.

Carstensen, der 1989 eher durch einen Zufall zum Geschäftsführer des Unterbezirks Köln wurde, weil der Posten gerade vakant war und schnell wieder besetzt werden musste, hat für die Annahme der Spendenquittungen allerdings eine besondere Erklärung, die in den anderen Fällen so nicht mehr auftauchen wird. Er könne sich das ganze Thema nur »als falsch verstandene Parteitreue« zur SPD erklären. Schon seit 1994 sei ihm die Brisanz von illegalen Parteispenden bekannt gewesen, daher konnte »ich schon damals drei und drei zusammenzählen, das bedeutet, mir war von Anfang an klar, dass die Entgegennahme von Spendenquittungen, ohne dass ich selber gespendet hatte, falsch war. Ich habe mich in der letzten Zeit natürlich immer wieder gefragt, warum ich mich damals darauf eingelassen habe«, führt der ehemalige Geschäftsführer der Partei aus. Carstensen betont, er habe »einen schweren Stand« gehabt, weil Parteichef Kurt Uhlenbruch und der einflussreiche Bundestagsabgeordnete Konrad Gilges ihn am liebsten durch einen anderen Kandidaten ersetzt hätten. Ein Problem für den dreifachen Familienvater, der gerade ein Haus gebaut hat. Carstensen ist abhängig von seinem Arbeitgeber SPD, hat er doch wegen des Geschäftsführerpostens sein Studium der Volkswirtschaft kurz vor den letzten Prüfungen geschmissen. Aus einem durchaus nachvollziehbaren Grund: Die schriftlichen Examensarbeiten waren nicht so verlaufen, wie Carstensen sich erhofft hatte. Da kam das Angebot eines Jobs mit einem regelmäßigen Salär, damals lag das bei rund 4500 DM brutto im Monat, gerade recht. Carstensen sagte zu und wurde in den kommenden zwölf Jahren das Gefühl nicht los, unter extremem Druck zu stehen. Denn von der Spitze der Kölner SPD wollte ihn eigentlich niemand. Seine Devise lautete deshalb: Es allen recht machen und möglichst wenig anecken. Auch habe ihm SPD-Parteichef Kurt Uhlenbruch schon an seinem ersten Arbeitstag zu verstehen gegeben: das Studium beenden und gleichzeitig Geschäftsführer der Kölner SPD zu sein, lasse sich nicht vereinbaren. Auch Konrad Gilges gibt ihm immer wieder zu verstehen, dass er einen anderen Mann auf Carstensens Posten sehen will: Rolf Mützenich, damals Gilges' Referent und seit der Wahl im September 2002 selbst Bundestagsabgeordneter.

Der ungeliebte Carstensen. Er könne sein Verhalten im Nachhinein nur so deuten, »dass ich im Jahre 1994 von dem damaligen Schatzmeister angesprochen worden bin und für mich dieser Umstand erstmalig das Signal bedeutete, dass die Partei mich brauche. Das war sicherlich ein schwerer Fehler, den ich heute zutiefst bereue.« Er habe sich auch an die Anweisung gehalten, dem SPD-Bezirk Mittelrhein, dessen damaliger Geschäftsführer Karl-Heinz Otten ihm zu dem Job in Köln verholfen hatte, nie von den Quittungen berichtet zu haben. »Das beweist, dass mir die Unseriösität meines Handelns schon damals bewusst war. Ich kann mich auch heute noch daran erinnern, dass ich zwischen meiner Zusage und der tatsächlichen Entgegennahme der Spendenquittung mich immer wieder fragte, was denn passieren würde, wenn ich von meiner Zusage abginge und dem damaligen Schatzmeister sagte, ich würde trotz meiner Zusage die Spendenquittung nicht entgegennehmen. Ich hatte einfach große Bedenken über die Konsequenzen, dass ich von meiner mal gemachten Zusage abgehen würde.«

Was Carstensen noch alles offenbart, lässt die Angaben vieler anderer Quittungsempfänger, ihnen seien die Belege untergeschoben worden, wenig glaubhaft erscheinen. Es sei auch für ihn überraschend, dass sich zwischen den Genossen niemals ein Gespräch über die »weißen Kuverts« entwickelt habe. Über das Thema sei in Partei und Fraktion immer Stillschweigen bewahrt worden, so Carstensen. Er selbst habe sich eingeredet, »dass sei ja schon nicht so schlimm, weil ich selbstverständlich gesehen habe, dass nicht nur mir weiße Kuverts übergeben worden sind, sondern auch übrigen Parteimitgliedern, die von ihrer Ausbildung Recht oder Unrecht besser auseinander dividieren könnten als ich. Ich erinnere mich nur, dass ich im Jahre 1999 mit Frau Legies-Decker ein Gespräch führte, in dem ich ihr mitteilte, dass ich diese Praxis mit den Spendenquittungen nicht gutheiße. Auch Frau Legies-Decker bestätigte mir ihr Unwohlsein bezüglich dieser Situation. Wahrscheinlich hätte ein jeder mir, konkret auf diese Situation angesprochen, sein Unwohlsein artikuliert. Jedoch es wurde halt darüber nicht gesprochen.«

Ratsfrau Anita Cromme: Stalinistische Methoden

Anita Cromme ist eine der wenigen, die sich gegen das Urteil des obersten Parteigerichts der SPD im Zusammenhang mit der Spendenaffäre zur Wehr setzt, von »stalinistischen Methoden« spricht. Das frühere Vorstandsmitglied der Kölner SPD hatte von Manfred Biciste eine Spendenquittung über 2000 DM erhalten. Im Parteiordnungsverfahren habe sie »für sich in Anspruch genommen, von meinen Schweigerecht Gebrauch zu machen«, sagt Anita Cromme. Das sei von der Schiedskommission als parteischädlich gewertet worden und habe dazu geführt, dass ihre Mitgliedsrechte für zweieinhalb Jahre ruhen sollen. Aus Sicht der Juristin ist das die höchste Strafe, die überhaupt ausgesprochen wurde. Sie halte die Entscheidung für »rechtsstaatswidrig« und werde sie anfechten, kündigte sie nach dem Urteil an. Letztlich konnte sie sich aber nicht durchsetzen. Mitte Oktober 2003 wies das Landgericht Berlin ihre Klage zurück. Es sah keinen Anlass, die von der Bundesschiedskommission verhängte Strafe aufzuheben. Man könne die Auffassung Crommes, sich im Parteiverfahren gegen ihre Person nicht zu äußern, nicht teilen. Eine Partei dürfe von ihren Mitgliedern in solchen Fällen Mitwirkung verlangen.

Was den Fall Cromme pikant macht: Die Sozialdemokratin ist erst als Nachrückerin für Heinz Lüttgen in den Stadtrat gekommen. Der stellvertretende Fraktionsvorsitzende sollte mit Parteiausschluss sanktioniert werden, war aber vor dem Urteilsspruch der zweiten Instanz aus der SPD ausgetreten.

Bundestagskandidat Werner Jung:
Mein Urvertrauen in die Partei ist zerstört

Als er am 31. Mai 2002 seine Bundestagskandidatur aufgibt und
nach 30 Jahren mit den Worten »Es reicht jetzt« aus der SPD austritt,
weiß er die Sympathien vieler Genossen hinter sich. Jung, der zwei
fingierte Spendenquittungen in der Größenordnung von 5000 DM
erhalten haben soll, ist nicht der einzige, der die Entscheidung des
Parteigerichts, sein passives Wahlrecht für alle Mandate für die
Dauer von zwei Jahren ruhen zu lassen, politisch motiviert sieht.
Das Urteil »ist irrsinnig und trifft ins Leere«, sagt der promovierte
Historiker. Er sei innerhalb der Partei bereits zum Kandidaten
gewählt worden, und Kandidaturen zur Kommunalwahl strebe er
nicht an. Das vom Grundgesetz garantierte öffentliche Wahlrecht,
ob aktiv oder passiv, könne nur ein ordentliches Gericht aufheben.

Das Urteil hatte Jung an
dem Punkt getroffen, an
dem es ihm am meisten
schadete. In einer Erklä-
rung zu seinem Rücktritt
heißt es: »Die Schiedskommission hat sich mit dieser
Entscheidung dem politi-
schen Druck, der nach
eigenen Angaben auf sie
ausgeübt wurde, gebeugt.

Der geschasste Kandidat:
Werner Jung, hier bei einem
Parteitag der SPD, muss wegen
der Verstrickung in die Spendenaffäre seine Bundestagskandidatur aufgeben.

Es soll damit erreicht werden, was der Landesvorstand von Beginn an wollte: meine Bundestagskandidatur unmöglich machen.« Dabei habe die Kommission selbst festgestellt, dass er mit dem Spendenskandal nicht in Verbindung zu bringen sei. So stehe es auch in der Urteilsbegründung: »Die Kommission trägt dem Umstand Rechnung, dass der Antragsgegner (Jung) nicht für die Stückelung von anonymen Großspenden und der damit in Zusammenhang stehenden falschen Spendenbescheinigungen verantwortlich zu machen ist.« Dass ihm laut Kommission durch das befristete Verbot eine spätere Kandidatur offen gehalten werden solle, klinge wie ein Hohn.

Es gibt viele Indizien, die dafür sprechen, die NRW-SPD habe jedes Risiko vermeiden wollen, mit einem Kandidaten in den Wahlkampf zu ziehen, der in die Kölner Spendenaffäre verwickelt ist. Vor allem für den SPD-Landesvorstand spielt der Spruch der Schiedskommission offenbar nur eine untergeordnete Rolle. Das Schiedsverfahren sei nur die eine Seite der Medaille, sagt SPD-Generalsekretär Michael Groschek Mitte Mai dem »Kölner Stadt-Anzeiger«. »Es gibt einen Sachverhalt in der Spendenaffäre, den die Kommission nach ihren Ermittlungen unabhängig vom Landesvorstand zu beurteilen hat.« Darüber hinaus gebe es aber auch noch andere »politische Grundsätze«, die unabhängig von parteijuristischen Verfahren zur Beurteilung der Bundestagskandidatur von Werner Jung heranzuziehen seien. Ob die SPD an Jungs Kandidatur festhalte, werde man nach einem Gespräch mit dem Kandidaten mitteilen. Zu diesem Zeitpunkt war der Historiker von der Landesliste aber bereits gestrichen. Zufall oder nicht? Anfang Mai wirft ausgerechnet der Vorsitzende der Schiedskommission II, Norbert Bünten, der neben dem Fall des Bundestagskandidaten Werner Jung auch noch die Akte der Landtagsabgeordneten Annelie Kever-Henseler auf seinem Schreibtisch hat, das Handtuch. Offiziell bleibt er wortkarg, sagt lediglich, die Rücktrittsgründe habe er dem SPD-Landesvorstand mitgeteilt. Er überlasse es dem Landesvorsitzenden Harald Schartau, sie öffentlich zu machen.

Genau darauf verzichtet die NRW-SPD, die in der Spendenaffäre stets von »größtmöglicher Transparenz« und »brutalstmöglicher Aufklärung« gesprochen hatte. Dazu gebe es keine Veranlassung, die Verfahren vor den Schiedskommissionen würden ordnungsgemäß stattfinden, teilt ein Sprecher des Landesverbands mit. Genau das scheint Norbert Bünten zu bezweifeln. Er hält es für einen Fehler, dass die Ordnungsverfahren gegen die Kölner Genossen nicht zunächst vor der Schiedskommission des Unterbezirks Köln verhandelt werden. Weil die erste Instanz übersprungen worden sei, stünden die Schiedskommissionen des Landesverbands ohne jede Not unter enormem Zeitdruck. Zudem habe er den Eindruck gewonnen, der Landesvorstand wolle die Kommissionen politisch beeinflussen.

Im Falle Werner Jung ist das durchaus nachvollziehbar. Denn der potenzielle Nachfolger des SPD-Urgesteins Konrad Gilges hat es bei der Bundestagswahl als Direktkandidat des Wahlkreises Ehrenfeld/Nippes/Chorweiler mit einem prominenten Gegner zu tun, muss gegen den damaligen CDU-Fraktionsvorsitzenden im Kölner Stadtrat, Rolf Bietmann antreten. Eine Vorstellung, mit der sich der NRW-Landesvorstand und Ministerpräsident Wolfgang Clement im Mai 2002 nicht anfreunden können. Die Wiederwahl von Bundeskanzler Gerhard Schröder steht zu diesem Zeitpunkt auf des Messers Schneide, CDU und FDP liegen bei allen Umfragen deutlich vor der rot-grünen Bundesregierung und in Düsseldorf wird die Parole ausgegeben: Wir müssen in Köln aufräumen. Wenn wir dort klar verlieren, ist auch der Wahlsieg im Bund nicht zu schaffen.

Landtagsabgeordneter Marc Jan Eumann: Bedauern und Weitermachen

Als die Angelegenheit ausgestanden scheint, schreibt der stellvertretende Fraktionsvorsitzende der SPD im Düsseldorfer Landtag, Marc Jan Eumann, einen Brief an die Genossen seines Ortsvereins. Mit 8000 DM stand er auf der Biciste-Liste, hatte eine Rüge kassiert. Es liege ihm fern, die Rolle des Opfers anzunehmen. Er habe die Spendenbescheinigungen nicht sorgfältig genug geprüft. Er hoffe, dass es jetzt gelinge, im Stadtbezirk wieder zu einer vertrauensvollen Zusammenarbeit zu finden und wolle seinen Beitrag dazu leisten.

Heinz Jütten, ehemaliger Vorsitzender des Ortsvereins Dünnwald und Ex-Gewerkschafter der IG Metall, platzt der Kragen, als er diesen Brief in die Finger bekommt. Eumann, antwortet er dem Nachwuchspolitiker und Medienexperten der Landes-SPD, wisse genau, dass er nur deshalb »mit einer Rüge davongekommen« sei, weil sonst die SPD-Mehrheit im Landtag in Gefahr geraten wäre. Er sei eine Belastung für einen Neuanfang der Kölner SPD, sein Brief »alles andere als eine vertrauensbildende Maßnahme«. Was Jütten ärgert, hat auch bei anderen Sozialdemokraten schon Kopfschütteln verursacht: »Die Sanktionen gegen den ehemaligen Genossen Jung stehen – bei gleichem Tatbestand – in keinem Verhältnis zu der dir gewährten Gnade.« Jütten kritisiert, dass Eumann sich weder entschuldigt noch mitgeteilt habe, wie er den finanziellen Schaden, der den Sozialdemokraten entstanden sei, mit zu beheben gedenke.

Ex-Parteivize Annemarie Frage-Münch: Schweigen und Austreten

Öffentlich hat sich die Ex-Frau von Norbert Rüther nie geäußert, doch vor der Staatsanwaltschaft wählte sie die Variante, die einigen anderen Genossen auch plausibel erschien. Sie sei davon ausgegangen, die Spendenquittungen, die in ihrem Fall immerhin die Größenordnung von 25 000 DM erreicht hatten, seien eine Art Vergütung für Aufwendungen, die sie für die Partei erbracht habe. Manfred Biciste hält dagegen, gerade dem geschäftsführenden Vorstand der SPD, dem Annemarie Frage-Münch lange Jahre als stellvertretende Parteivorsitzende angehörte, seien die fraglichen Quittungen persönlich in Sitzungen übergeben worden und keinesfalls in irgendwelchen Fächern gelandet. Und auch in ihrem Fall bleibt Manfred

Biciste bei seiner grundsätzlichen Aussage, nach der die Quittungen in keinem Fall als Gegenleistung für irgendwelche Aufwendungen ausgestellt wurden. Es könne durchaus sein, dass das im Nachhinein von den Begünstigten so gesehen wurde, um sich eine persönliche Legitimation zu verschaffen. »Den Mitgliedern musste klar sein, dass solche Absprachen nur mit einem Beschluss des Unterbezirksvorstands möglich gewesen wäre und den gab es nicht.«

Ratsfrau Dörte Gerstenberg: Ein harter Gang

Es geht um 2000 DM, am Ende muss sich die noch bis zur Kommunalwahl 2004 amtierende stellvertretende Fraktionsvorsitzende damit abfinden, dafür eine Rüge erteilt zu bekommen. Doch auch bei ihr geht es um die Frage: Wie ist Dörte Gerstenberg an die Quittung gekommen? Manfred Biciste will es im Fall Gerstenberg ganz genau wissen. Die Übergabe sei persönlich »direkt nach nebenan am Tisch« erfolgt. An eine solche Situation kann sich die SPD-Ratsfrau dagegen nicht erinnern, ihre Verteidigerin erklärt am 10. Juni 2002 vor der Staatsanwaltschaft: »Über ihre Spenden erhielt Frau Gerstenberg jährlich eine Anzahl von Spendenbescheinigungen, wobei häufig diverse Zahlungen und Überweisungen in einer Spendenquittung zusammengefasst wurden, die dann nur einen einzelnen Betrag auswies. Die Quittungen bekam sie in aller Regel durch den Schatzmeister, Herrn Biciste, in Umschlägen über das Postfach der Ratsfraktion. Es erfolgte also keine persönliche Übergabe. Unserer Mandantin ist bewusst, durch das von ihr in Herrn Biciste gesetzte Vertrauen einen Fehler begangen zu haben, indem sie die ordnungsgemäße Abwicklung der Spenden voraussetzte und diese ungeprüft an ihren Steuerberater weitergab.«

Ratsherr Josef Jansen: Spende bar bezahlt

Am Ende der Affäre bleiben im Fall Josef Jansen ein paar offene Fragen, aber offiziell ist der Ratsherr voll rehabilitiert. Selbst die Bundesschatzmeisterin der SPD, Inge Wettig-Danielmeier, bescheinigt ihm, mit der Spendenaffäre in keiner Weise in Berührung gekommen zu sein. Das Verfahren vor der Schiedskommission wird eingestellt. Jansen, so sein Rechtsanwalt Klaus Klingenberg im Sommer 2002, habe zu keinem Zeitpunkt eine unberechtigte Spendenquittung entgegengenommen und beim Finanzamt geltend gemacht. Bei der mündlichen Verhandlung vor der Schiedskommission am 31. Juli 2002 sei dem Rechnung ge-tragen worden. Die Sofortmaßnahmen gegen Jansen seien aufgehoben worden. Die Kommission habe keinen Anlass gesehen, Jansens Darstellung in Zweifel zu ziehen. Doch was ist mit den 2000 DM, mit denen er auf der Biciste-Liste auftaucht? Vor der Landesschiedskommission sagt Josef Jansen aus, er habe die Spende tatsächlich geleistet und Biciste in bar übergeben. Dafür habe er dann die Quittung erhalten. Durch das Auftauchen seines Namens auf der Biciste-Liste werde er diskreditiert. Doch nicht nur er: Auch Biciste reagiert mit Empörung. Er habe niemals Bargeld von Josef Jansen angenommen. »Dass ich eine mir übergebene Spende in die eigene Tasche gesteckt haben soll, ist mir bis jetzt zumindest noch nicht aufgekommen. Ich weise das mit aller Entschiedenheit zurück; ich habe von Herrn Jansen keinen Barbetrag entgegengenommen.«

Landtagsabgeordnete Annelie Kever-Henseler: Mit dem Spendenskandal habe ich nichts zu tun

Es geht um Spendenquittungen über 3000 DM, aber es geht auch um die politische Karriere der Landtagsabgeordneten Annelie Kever-Henseler. Und sie ist fest entschlossen, sich mit allen Mitteln gegen das Vorgehen der Landespartei in der Spendenaffäre zur Wehr zu setzen, als sie am 26. März 2002 vor die Presse tritt. Das Medienaufgebot ist ungewöhnlich groß, als sie bekräftigt, sie werde trotz des ihr von der SPD gestellten Ultimatums nicht vor der Schmude-Kommission erscheinen. Diese Entscheidung richte sich nicht gegen die Kommission, der sie alle nötigen Unterlagen zugesandt habe, sondern vielmehr gegen das Vorgehen der Landes-SPD, von der sie sich pauschal vorverurteilt sehe. Der Landesvorsitzende Harald Schartau habe ihren Namen öffentlich im Zusammenhang mit der Spendenaffäre genannt. Diese öffentliche Verdächtigung sei entscheidend für ihre jetzige Haltung. Sie sei 30 Jahre Mitglied der SPD und denke nicht daran auszutreten.

»Mit dem Rausschmeißen aus der SPD ist es gar nicht so einfach«, fügt ihr Ehemann, der damalige Kölner Schuldezernent Andreas Henseler (SPD), sekundierend und mit Hinweis auf die von der SPD angekündigten »Sofortmaßnahmen« hinzu. Sie habe dem SPD-Unterbezirk niemals Barspenden geleistet und vom damaligen Schatzmeister Manfred Biciste »keine fingierte Quittung in die Hand gedrückt bekommen«, betont die Landtagsabgeordnete. Sie habe Biciste auch nicht beim Geldwaschen geholfen. Sie sei weder in den Korruptionsskandal um die MVA noch in die Spendenaffäre verstrickt. Und: Sie habe keine Steuern hinterzogen. Sie könne allerdings nicht ausschließen, dass ihr eine 3000-DM-Quittung »per Post untergeschoben wurde und ich oder mein Mann diese als Beleg für tatsächlich gezahlte Mandatsträgerabgaben gewertet haben«. Die jährlich von ihr und ihrem Mann gezahlten Beiträge und Abgaben an die Partei überschritten den absetzbaren Höchstbetrag von 12 000 DM erheblich. Sie habe dem Finanzamt mitgeteilt, dass sie für das Jahr 1996 möglicherweise eine fingierte Quittung eingereicht haben könnte und um Prüfung gebeten. Ihrem Steuerberater liege eine Antwort des Amtes vor, »wonach sich auf Grund der Selbstanzeige keine steuerlichen Auswirkungen ergeben« haben.

Mit einem derartigen Medienrummel haben Landeschef Harald Schartau und sein Generalsekretär Michael Groschek offenbar nicht gerechnet. Die Stimmung droht zu kippen, die Kritik an der Aufarbeitung der Affäre wird immer lauter. Als Annelie Kever-Henseler aus der Deckung kommt, findet sie Rückhalt auch in den Teilen der Kölner SPD, die für die Aufarbeitung der Affäre zuständig sind. Parteichef Jochen Ott spricht von Vorverurteilungen und davon, dass faire Verfahren angesichts der Tatsache, dass jeden Tag neuen Namen öffentlich würden, kaum noch gewährleistet seien. Auch von Manfred Biciste erfährt die Landtagsabgeordnete unfreiwillig Unterstützung. Er könne sich an die konkrete Übergabesituation im Fall Kever-Henseler nicht mehr erinnern. Und die denkt nicht daran, Ruhe zu geben. Als die NRW-SPD entscheidet, ihre Parteirechte bis zum Abschluss des Schiedsverfahrens außer Kraft zu setzen, erwirkt sie eine einstweilige Verfügung, um auf dem Kölner SPD-Parteitag erscheinen zu können.

Im Juni hat sie mit ihren Protesten Erfolg. Die Schiedskommission stellt ihr Verfahren ein. Wenige Monate vor der Bundestagswahl stehen SPD-Generalsekretär Franz Müntefering und die Düsseldorfer Genossen vor einem Problem: In der öffentlichen Meinung verfestigt sich der Eindruck, die SPD nehme die Aufklärung der Kölner Affäre auf die leichte Schulter. Die Urteile seien zu lasch, kritisiert NRW-Generalsekretär Michael Groschek hinter den Kulissen und provoziert damit den Rücktritt des Vorsitzenden der Schiedskommission II. Der Düsseldorfer Notar Norbert Bünten, der neben dem Verfahren Kever-Henseler auch das des Bundestagskandidaten Werner Jung vor der Brust hat, legt sein Amt nieder. Als Grund gibt er Arbeitsüberlastung an, doch das ist nur vorgeschoben: Bünten, der das Verfahren gegen Kever-Henseler ohne mündliche Verhandlung einstellen wollte, ist unter politischen Druck geraten.

Wie der aussieht, bekommen weitere Kölner SPD-Mitglieder, die auf der Biciste-Liste stehen, in der Folgezeit zu spüren. Eine Politikerin, die lieber ungenannt bleiben möchte, schildert ihren anschließenden Auftritt vor der Schiedskommission so: »Da kam man dahin wie zum Gericht. Es war ein widerliches Gefühl. Der SPD-Anwalt Helmut Neumann war nicht da, sondern irgendein Vertreter aus Köln. Kurz zuvor hatte Annelie Kever-Henseler mit ihren ganzen Aktionen eine Einstellung des Verfahrens erreicht. Darüber hat sich diese zweite Kommission schwarz geärgert. Vor mir war Ratsfrau Christa Becker dran. Da fing es an, umzukippen. Weg von der Einstellerei hin zu den Rügen. Christa Becker hat mir mal erzählt, dass es während ihrer Verhandlung Telefonate gab, in denen diese Anweisungen gekommen sein müssen. Nicht mehr so schlaffe Urteile, sondern jetzt mal richtig ran. Ich habe am Ende auch fünf Wochen auf mein Urteil gewartet. Wir haben dann vier Stunden verhandelt, mit einer Pause zwischendurch. In der Pause ist mein Anwalt zu denen hingegangen und da hieß es: So etwas wie bei der Kever-Henseler gibt es nicht noch einmal. Und dann gab es dieses Angebot: dreifache Summe der Spendenquittung zahlen gegen Einstellung des Verfahrens. Das hat mein Anwalt protokolliert und mir noch gesagt, es sei in Rechtsverfahren durchaus üblich, solche Vergleiche abzuschließen. Man könnte ja mal darüber nachdenken. Da habe ich angefangen zu heulen. Ich war wochenlang als Schuldige durch die Stadt getrieben worden. Ich kam mir ja selbst blöd und schuldig vor, weil ich diese Quittung nicht bemerkt hatte. Da ist der Damm gebrochen. Das fand ich den Gipfel. Für mich war das kein Vergleich sondern eine moralische Frage. Ich war bereit, die Schuld zu tragen, aber nicht mit so einem Kuhhandel. Heute frage ich mich, wie die anderen Verfahrenseinstellungen zustande gekommen sind. Kever-Henseler, Burger, Canisius? Was haben die gemacht? Haben die gezahlt? Wurden die Verfahren eingestellt, weil die so prominent sind? Ich habe das abgelehnt.«

Der »Kölner Stadt-Anzeiger« berichtet ausführlich über den vorgeschlagenen Kuhhandel und erntet heftige Kritik: Dass Nichtzahlen zur Bestrafung und Zahlen zur Einstellung des Verfahrens führe, sei abwegig, sagt NRW-Generalsekretär Michael Groschek. »Wir sind doch nicht beim Ablasshandel wie im Mittelalter.« Richtig sei, dass die Schiedskommissionen die Erwartung auf Wiedergutmachung geäußert hätten.

Ex-Fraktionsgeschäftsführer Toni Klefisch:
Blindes Vertrauen

Der langjährige Fraktionsgeschäftsführer Toni Klefisch, der diesen
Job von 1980 bis 1991 ausübte, ehe er von Klaus Heugel in die Vorstandsetage der Rechtsrheinischen Gas- und Wasserversorgung AG
(RGW) entsorgt wurde, gehört zur Gruppe derjenigen, die die Quittungen als Aufwandsentschädigung für Parteiarbeit einstecken und
bei der Steuer geltend machen. So kommt im Laufe der Jahre auch bei
ihm eine hübsche Summe von mehr als 20 000 DM zustande. Teilweise waren die Quittungen sogar auf seine Ehefrau Doris ausgestellt. Doch auch Klefisch stellt sich seiner Verantwortung nicht.
Wenige Tage, bevor er vor der Schiedskommission erscheinen muss,
tritt er aus der SPD aus und kommt damit dem Ansinnen des Landes-
vorstands zuvor.

Seine Sicht der Dinge ist eindeutig. Die Quittungen seien von
Manfred Biciste während des Kommunalwahlkampfs 1994 erstellt
worden. Während einer Sitzung der Wahlkampfkommission oder
einer Unterbezirksvorstandssitzung hätten mehrere Leute von
Manfred Biciste Briefumschläge in die Hand gedrückt bekommen.
Darunter auch Toni Klefisch. Er erhielt einen Umschlag, auf dem sein
Name stand, ausgehändigt mit den Worten: »Du hast auch viel getan.
Das ist für deinen Aufwand und deine Zeit.« Das sei nicht heimlich
in irgendeiner Ecke, sondern ganz öffentlich geschehen. Auf Nachfrage habe der Schatzmeister geantwortet, dass er bis zu einer gewissen Höhe Quittungen pauschal ausstellen dürfe. Diese Praxis der
Spendenbescheinigung sei für ihn überraschend gekommen. Denn
Klefisch kannte sich mit der Annahme von Spenden und dem Ausstellen von Quittungen aus. Spender, die keine Quittung wollten,
seien von ihm während seiner Amtszeit grundsätzlich abgewiesen
worden. Er habe auch Leute, die Bargeld angeboten hätten, strikt
abgelehnt. Seine Erklärung dafür, dass er dann doch die Quittung
von Biciste angenommen hat: »Es war blindes Vertrauen.« Eine nicht
ordnungsgemäße Spendenpraxis habe er Biciste niemals zugetraut.

»Er war immer penibel, äußerst korrekt und rechnete immer alles bis auf die letzte Kommastelle nach. Ein typischer Mathematiklehrer. Ich habe gerade während des Kommunalwahlkampfes erhebliche Aufwendungen für die Parteiarbeit geleistet, deren Erstattung ich aber nicht verlangt habe. Das war auch nicht üblich. Deshalb hat es mich nicht gewundert, als ich eine Spendenquittung von Manfred Biciste erhalten habe. Ich habe mir keine Gedanken darüber gemacht.«

Heugels Büroleiter Detlev Krupp: Biciste ließ nicht locker

Die Staatsanwaltschaft geht mittlerweile davon aus, dass der ehemalige SPD-Fraktionschef Klaus Heugel vom illegalen Spendensystem des Norbert Rüther gewusst hat. Doch was wusste Heugels Büroleiter, der langjährige Fraktionsassistent Detlev Krupp? Gegen ihn wurde kein Verfahren eingeleitet, fest steht jedoch, dass er zwei Spendenquittungen über 3000 DM für 1998 und 4000 DM für 1999 erhalten hat. Er habe ihn auf seine Bereitschaft angesprochen, als er Leiter des Büros des Oberstadtdirektors und Mitglied der Wahlkampfkommission »Kampa« war, so Biciste. Und dass sich Krupp Bedenkzeit ausgebeten habe, erst nach einigen Tagen seine Bereitschaft erklärte. Der Heugel-Vertraute sah die Quittungen offenbar als Anerkennung für seinen hohen Arbeitsaufwand als persönlicher Referent und Büroleiter des damaligen Oberstadtdirektors. Die Arbeitsbelastung sei auch dem Fraktionsvorstand aufgefallen. Manfred Biciste habe Krupp wegen des Dauereinsatzes regelmäßig ob des hohen Arbeitsaufwands bedauert. Eines Tages sei das Angebot gekommen, das besondere Engagement durch Ausstellung einer Spendenquittung anzuerkennen. Dies habe Krupp zunächst abgelehnt. Krupp, zu diesem Zeitpunkt schon zwölf Jahre Ortsvereinsvorsitzender, hatte bis dato niemals Aufwandsentschädigungen erhalten. Das habe Manfred Biciste ändern wollen. Er habe ihn mehrfach gedrängt, am Schluss fast jede Woche und ihn schließlich überzeugt. Offenbar mit dem Hinweis, das sei völlig in Ordnung. Andere würden das auch so handhaben. Krupp will das Angebot bekommen haben, eine Spendenquittung über 11 000 DM anzunehmen. Das habe er mit dem Hinweis abgelehnt, so viel Mehraufwand könne er nicht nachweisen. Schließlich habe man sich auf 3000 DM für 1998 und 4000 DM für 1999 geeinigt. Für diese Beträge hätte Krupp notfalls Belege auftreiben können. Er habe auch eine entsprechende Belegsammlung geführt, diese aber dann vernichtet, als die Spendenquittungen ohne Nachweis vom Büro des Unterbezirks zugesandt worden waren.

Ratsherr Heinz Lüttgen:
Zweifel am rechtsstaatlichen Verfahren

Mehr als 25 Jahre hat er die Kölner SPD geprägt, war maßgeblich am Aufstieg Klaus Heugels zum Oberstadtdirektor und Oberbürgermeister-Kandidat beteiligt. Den linken Flügel der Partei hat er immer bekämpft, mit Norbert Rüther und zuvor mit Toni Klefisch die Machtposition der Rechten ausgebaut. Doch am Ende wird Heinz Lüttgen, dem Manfred Biciste Spendenquittungen der Größenordnung von rund 20 000 DM in die Hand gedrückt haben will, der Partei mit dürren Worten den Rücken kehren. In einer persönlichen Erklärung, die er per Telefax über seinen Rechtsanwalt, den Bundestagsabgeordneten Peter Danckert, den Medien zukommen lässt, ist von Entschuldigung oder Erklärung seines Verhaltens keine Rede. »Meine Zweifel an einem rechtsstaatlichen Verfahren haben sich nach dem Termin bei der Bundesschiedskommission in Berlin bestätigt«, schreibt Lüttgen. »Ich bin daher nach reiflicher Überlegung zu der Überzeugung gekommen, meine Bemühungen, Mitglied der SPD zu bleiben, sofort einzustellen. Weitere Erklärungen wird es jetzt und in der Zukunft nicht mehr geben.« Kein Wort davon, dass Heinz Lüttgen damit seinem sehr wahrscheinlichen Rauswurf aus der SPD nur zuvor gekommen ist. Überhaupt entwickelt der ehemalige Stellvertreter Norbert

Leere Stühle im Ratssaal: SPD-Fraktionsvize Heinz Lüttgen allein in der ersten Bank.

Rüthers in den ersten Wochen der Parteispendenaffäre eine seltsame Sicht der Dinge. Er weigert sich, vor der Landesschiedskommission zu erscheinen, die seine Rolle der Parteispendenaffäre untersuchen soll und wird deshalb im September 2002 aus der SPD ausgeschlossen. Lüttgen begründet seine Ablehnung damit, dass die Schiedskommission ihm untersagt habe, einen Rechtsanwalt mitzubringen, der nicht Mitglied der SPD ist. Das werde er nicht auf sich beruhen lassen, erklärt er nach seinem Rauswurf und legt gegen das Urteil Revision bei der Bundesschiedskommission ein. Dort, kündigt er aber zeitgleich an, werde er ebenfalls nicht erscheinen. Sollte die Kommission das Urteil bestätigen, werde er »ordentliche Gerichte« bemühen. Lüttgen sieht sich als Opfer, bezeichnet das Vorgehen der Landespartei als »Strafexpedition gegen mich, weil ich so frech und renitent bin«.

Der SPD-Fraktion erweist der Politiker einen Bärendienst. Nachdem bekannt wird, dass er auch zu den Spendenquittungs-

empfängern gehört, lässt er erst nach vielen Diskussionen den stellvertretenden Fraktionsvorsitz ruhen. Die Entgegennahme der Spendenquittungen begründet er so, wie es viele andere Genossen bei der
Schmude-Kommission auch tun werden: Biciste habe sie ihm als
Entschädigung für die finanziellen Aufwendungen gegeben, die in
vielen Jahren seiner Arbeit für die SPD aufgelaufen seien. »Vorausge-
schickt sei an dieser Stelle, dass ich die Quittungen im guten Glauben entgegengenommen habe und dass mir die dahinter stehenden
Vorgänge um die Stückelung von Großspenden unbekannt waren«,
so Lüttgen laut Schmude-Protokoll vor seinem Parteiaustritt. »Die
Spendenbescheinigungen habe ich ohne Bedenken angenommen, da
dies seit Jahren gängige Praxis war und hiermit meine erheblichen
Auslagen im Bereich der persönlichen wie betrieblichen Aufwendungen abgegolten werden sollten. In diesem Zusammenhang ist
wesentlich, dass meine tatsächlichen Aufwendungen immer
erheblich über den bescheinigten Beträgen gelegen haben. Nach
vorsichtiger Schätzung betragen diese Aufwendungen jährlich rund
10 000 DM, daher bin ich von der Rechtmäßigkeit des Verfahrens
immer ausgegangen. Ein Einzelnachweis über meine Aufwendungen, dessen Erstellung einen unverhältnismäßig hohen Zeitaufwand
erfordert hätte, wurde nie angefordert.«

Der Rücktritt hinter verschlossenen Türen: Der Abgang von Heinz Lüttgen
gleicht einem Versteckspiel.

Lüttgens Abgang gleicht einem Versteckspiel. In einer Sondersitzung der SPD-Fraktion am 13. Mai 2002 legt er sein Ratsmandat nieder, nachdem der Druck zu groß geworden ist. Der neue Fraktionsvorsitzende Martin Börschel und sein Stellvertreter Axel Kaske haben zuvor deutlich gemacht, dass es in der Fraktion keine Zusammenarbeit mit Lüttgen geben könne. Um der Presse aus dem Weg zu gehen, werden die SPD-Ratsmitglieder erst kurz vor Beginn der Sitzung von Fraktionsgeschäftsführerin Marlis Herterich über den Sitzungsort informiert. Man trifft sich in den verschlossenen Räumen der Stadtkämmerei. Anfangs nimmt auch der Parteivorstand mit Jochen Ott und seiner Stellvertreterin Anke Brunn teil.

Parteivize Martin Dörmann, der sich um zehn Minuten verspätet, versucht zunächst vergeblich, noch Einlass zu bekommen. Die Flurtür vor dem Sitzungssaal ist abgeschlossen, alle Handys sind ausgeschaltet. Nachdem er seinen Rücktritt bekannt gegeben hat, lässt sich Heinz Lüttgen verleugnen. »Er ist schon weg«, antwortet Ratsmitglied Axel Kaske auf Fragen von Journalisten. Dabei drückt sich Lüttgen nur noch so lange im Sitzungssaal herum, bis Börschel und Kaske alle Fragen beantwortet haben. Auch mit der Rückgabe seines Ratsmandats, zu der Lüttgen bei Oberbürgermeister Fritz Schramma erscheinen muss, lässt sich der SPD-Politiker zehn Tage Zeit. Über seine Motive spricht er nicht, auch nicht nach seinem Parteiaustritt, mit dem er dem Urteil der Bundesschiedskommission in seinem Revisionsverfahren zuvorkommt.

Ratsherr Karl-Heinz Schmalzgrüber: Quittungen verlangt

Das Urteil der Schiedskommission hat 18 Seiten und SPD-Ratsherr Karl-Heinz Schmalzgrüber kommentiert das gegen ihn verhängte befristete Funktionsverbot bis Ende 2003 im Juli 2002 mit den Worten: »Damit kann ich leben.« Logisch, denn die Landes-SPD hatte ursprünglich auch in seinem Fall Parteiausschluss beantragt.

Schmalzgrüber, der im Laufe der Jahre Spendenquittungen für rund 29 000 DM erhalten hat, lässt es auf eine Machtprobe mit dem neuen SPD-Fraktionsvorsitzenden Martin Börschel ankommen. Er werde sein Ratsmandat, das er seit 1975 innehat, keinesfalls niederlegen. Das Urteil betreffe nur die Parteifunktionen und da hat er bereits vorgesorgt: Sein Amt als Parteikassierer im Ortsverein Mülheim hatte er mit Einleitung des Verfahrens abgegeben. Schmalzgrüber schert sich nicht darum, dass die SPD auf ihrem Parteitag Ende Mai eine Resolution verabschiedet, in der es heißt, man gehe davon aus, dass alle Mandatsträger, gegen die ein Funktionsverbot oder härtere Maßnahmen verhängt werden, persönliche Konsequenzen ziehen werden. »Mein Ratsmandat hat damit nichts zu tun.«

Erst Ende August, nach etlichen Gesprächen mit der neuen Fraktionsführung, legt Schmalzgrüber zumindest alle Funktionen in der Fraktion nieder, tritt aus dem Fraktionsvorstand zurück und gibt auch das Amt als stellvertretender Vorsitzender des Ratsausschusses für Bauen und Verkehr auf. Zu mehr kann ihn Martin Börschel nicht bewegen: »Über Funktionen, die der Wähler oder der Rat der Stadt Köln Karl-Heinz Schmalzgrüber übertragen haben, kann die SPD-Fraktion nicht verfügen.« Das Risiko, ihn aus der Fraktion auszuschließen, will Börschel nicht eingehen. Das erfordert eine Zwei-Drittel-Mehrheit der 29 Fraktionsmitglieder und der kann sich der Rüther-Nachfolger nicht sicher sein.

Der SPD-Politiker Schmalzgrüber fühlt sich im Recht und kann als einer der wenigen Quittungsempfänger durchaus für sich in Anspruch nehmen, die Spendenbescheinigungen von Manfred Biciste zu Recht als Aufwandsentschädigung gesehen zu haben. Karl-Heinz Schmalzgrüber habe in den Jahren seiner Parteiarbeit sehr vielfältig durch seine beruflichen Verbindungen dazu beigetragen, dass öffentliche Aktivitäten der Partei ermöglicht wurden, bescheinigt ihm Manfred Biciste. Insofern habe es bei Karl-Heinz Schmalzgrüber eine Zusatzmotivation für eine Ansprache gegeben, »nämlich sozusagen mich erkenntlich zu zeigen für seinen Einsatz für die Partei.« Das bedeute aber nicht, dass dies etwa ein formeller Kostenersatz gewesen sei. Auch Gespräche darüber hätte es nicht gegeben. Der ehemalige Schatzmeister der SPD will aber auch nicht ausschließen, dass er Karl-Heinz Schmalzgrüber erklärt hat, warum er die Quittungen verteilen musste.

Alles nur ein Missverständnis? Offenbar nicht, denn Schmalzgrüber ist der einzige, der Aufwandsentschädigungen von sich aus einfordert: Er habe regelmäßig für die SPD Veranstaltungen durchgeführt, oft auch unter Mitarbeit seiner Frau und seiner Töchter. Irgendwann sei der Punkt gekommen, an dem er das nicht mehr kostenlos habe machen wollen. Deshalb sei er an Manfred Biciste mit der Forderung herangetreten, ihm den Aufwand durch Spendenquittungen zu bescheinigen. Seine Sicht der Dinge macht er noch einmal öffentlich, als die Jungsozialisten ihn auffordern, sein Ratsmandat aufzugeben: »Die Partei verfügt nicht über meine Rechte als Fraktionsmitglied, sondern die Fraktion, und nur diese hat hierüber zu entscheiden. Desweiteren leitet sich das mir seit 27 Jahren erteilte Mandat als Ratsmitglied der Stadt Köln in erster Linie vom Wählerauftrag und nicht von Parteitagsbeschlüssen ab. Viele Bürgerinnen und Bürger haben mich in den letzten Wochen und Monaten wissen lassen, dass sie meine politische Lebensleistung hochschätzen und mich ausdrücklich ermuntert, nicht für andere den Kopf hinzuhalten.«

So weit wird es nicht kommen. Denn die Landes-SPD scheitert im November 2002 mit ihrem Versuch, bei der Bundesschiedskommission mit einer Revision doch noch den Parteiausschluss des Kölner Genossen zu erreichen. Es bleibt beim Funktionsverbot, schließlich habe Schmalzgrüber sein Fehlverhalten öffentlich eingestanden und sich im Gegensatz zu anderen in die Spendenaffäre verstrickten SPD-Funktionsträgern der mündlichen Verhandlung gestellt, so sein Rechtsanwalt Lukas Pieplow: »Mein Mandant hat nicht gegen die Grundsätze der Partei verstoßen, sondern lediglich die Ordnung verletzt.« Außerdem habe er vom System der Einwerbung von »Dankeschön-Spenden« und der Stückelungspraxis nichts gewusst.

Ex-Parteichef Kurt Uhlenbruch:
Geständnis und ein schneller Abgang

Seine politische Heimat verlässt keiner gerne. Und so kann der ehemalige Parteivorsitzende der Kölner SPD, Kurt Uhlenbruch, für sich
in Anspruch nehmen, mit erheblicher Ausdauer erfolgreich gegen
den von der NRW-SPD betriebenen Parteiausschluss gekämpft zu
haben. Erst im April 2003, also mehr als ein Jahr nach dem Bekanntwerden der Affäre steht fest: Uhlenbruch darf Genosse bleiben. Die
NRW-SPD scheitert mit ihrem Berufungsverfahren vor der Bundesschiedskommission. Dort wollte sie Uhlenbruchs Rauswurf erreichen, nachdem die Landesschiedskommission lediglich das Ruhen
seiner Mitgliedsrechte bis Ende 2003 und sämtlicher Funktionsrechte
bis Ende 2004 verfügt hatte. Das Verfahren hatte am 24. Februar
2003 in Berlin stattgefunden. Zwei Monate später wird das Urteil der
Landesschiedskommission bestätigt. Sie geht in ihrer Urteilsbegründung davon aus, dass Uhlenbruch als ehrenamtlicher Parteichef mit
den Finanzen nichts zu tun hatte. Das ist formal auch richtig, doch
zählt der Protagonist des linken Flügels mit acht Spendenquittungen
in einer Größenordnung von 25 000 DM zu den Quittungsempfängern mit den höchsten Beträgen. Das räumt er Ende März, als klar ist,
dass seine Verstrickung in die Affäre über kurz oder lang auffliegen
wird, auch freiwillig ein. Er habe in den Jahren 1994 bis 1999 von Ex-
Schatzmeister Manfred Biciste fingierte Spendenquittungen angenommen. Er habe dies als Ausgleich für Aufwendungen im Rahmen
seiner ehrenamtlichen Funktion gesehen. Der steuerliche Vorteil sei
allerdings gering gewesen, da er in den Jahren 1994 bis 1999 insgesamt mehr als 56 000 DM an Spenden und Beiträgen geleistet habe.
Da pro Jahr maximal nur 12 000 DM steuerlich absetzbar seien, sei
der finanzielle Vorteil, den er aus den Spendenquittungen gezogen
habe, mit 1600 DM pro Jahr relativ gering gewesen.

Die Genossen Uhlenbruch und Biciste – beide zählten zum linken Flügel der SPD. Doch nach der Heugel-Affäre zerreißt das Tisch-
tuch, bleibt beim Ex-Schatzmeister nichts als persönliche Enttäu-

schung. Der Grund: Uhlenbruch zerstört Bicistes Hoffnungen auf einen Einzug in den Landtag bei der Wahl im Mai 2000, erklärt den Flügelkampf rechts gegen links plötzlich für beendet, nachdem beide Seiten kurz zuvor noch fein säuberlich austariert hatten, wer in Düsseldorf zum Zuge kommen sollte. Heugel ist am Boden, die SPD hat keinen Oberbürgermeister-Kandidaten mehr und der Parteichef wittert die Chance, jetzt auch Rüther loswerden zu können. Doch Fraktionsboss Rüther schlägt zurück, weist Uhlenbruch in die Schranken. Und Biciste ist das Opfer dieses Machtkampfs. Die Absprachen sind dahin, der Kandidat fällt durch. Für ihn zieht Anke Brunn in den Landtag ein.

Biciste ist enttäuscht: »Ich habe mich von Kurt Uhlenbruch alleine gelassen gefühlt nach der Heugel-Affäre und der verlorenen Kommunalwahl. Der Kurt hat ja dann seine Kehrtwendung vom Saulus zum Paulus gemacht. Auf einmal kannte er keine Flügel mehr, und das hat er ja just zu dem Zeitpunkt entdeckt, als ich eigentlich erklärtermaßen von allen Spitzenfunktionären der Kölner Partei ausersehen worden war, in den Landtag geschickt zu werden. Ich denke, das war auch nicht unverdient und ich hätte da auch eine gute Rolle gespielt. Doch plötzlich hatte er entdeckt, dass er jetzt gegen den Rüther mobilisieren muss und beendete den Flügelkampf damit, dass er den Flügelkampf auf die Spitze trieb, indem er Rüther als Protagonisten des rechten Flügels den Kampf erklärte und mich faktisch zum Mitziehen gezwungen hat. Ich konnte mich dem nicht entziehen. Wenn ich das getan hätte, wäre das auch das Aus für mich gewesen. Und damit war natürlich klar, dass die Absprache über meine Kandidatur, die ja wirklich von breiten Kreisen getragen worden war und von den Linken sogar bei einer geheimen Probeabstimmung zu einer breiten Mehrheit für mich geführt hatte, obsolet war. Das Amt konnte ich vergessen. Im Grunde genommen hätte ich zurückziehen müssen, aber das wäre genauso idiotisch gewesen. Insofern habe ich eigentlich von damals an den Kurt als einen Opportunisten eingeschätzt und nicht damit gerechnet, dass er nach dieser Spendenaffäre überhaupt auf mich zukäme. Das sah dann erst anders aus, er hat die ersten drei bis vier Monate Kontakt gehalten. Mir ist damals klar geworden, dass er das nur gemacht hatte, um sicher zu sein, was ich möglicherweise über ihn aussage. Er wollte also den Kontakt halten, aber nicht, um mich in dieser Situation wirklich zu stützen.«

Schon nach acht Wochen: SPD erklärt die Affäre für beendet

Die Bundestagswahl im Blick, die Kölner Affäre immer noch in den Schlagzeilen: Da sind die Genossen schnell bei der Sache. Gut acht Wochen, nachdem Norbert Rüther sturzbetrunken auf dem Geburtstag von Manfred Biciste den Spendenskandal ins Rollen brachte, erklären Generalsekretär Franz Müntefering, Schatzmeisterin Inge Wettig-Danielmeier und NRW-Parteichef Harald Schartau den Skandal bereits für aufgeklärt. Die Schmude-Kommission habe ihre Arbeit abgeschlossen, die Landespartei 27 Schiedsverfahren eingeleitet, Bundestagspräsident Wolfgang Thierse werde Ende Mai einen »vorläufigen Abschlussbericht« erhalten. »Es sind die notwendigen Konsequenzen gezogen worden«, betont Franz Müntefering in Berlin und in Düsseldorf fügt Harald Schartau hinzu, jetzt hätten die Schiedsgerichte das Wort, dazu einen Fächer von Sanktionen von der Rüge bis zum Parteiausschluss zur Hand. Was er nicht sagt und in den Reihen der Kölner SPD wenig später bereits für erhebliche Unruhe sorgen wird: Die Landespartei wird politischen Druck auf die Schiedskommissionen ausüben. Denn deren viel beschworene Unabhängigkeit könnte schlimme Folgen für die rot-grüne Landesregierung haben. Parteiausschluss-Verfahren gegen die Landtagsabgeordneten Annelie Kever-Henseler und Marc Jan Eumann könnten die rot-grüne Koalition in Düsseldorf endgültig ins Wanken bringen.

Es wird nicht so weit kommen, und genau das wurmt den Bundestagskandidaten Werner Jung ganz besonders. »Rückhaltlose Auf-

Beim Zivilprozess im Landgericht: Am Ende einigt sich die Bundes-SPD mit Norbert Rüther und Manfred Biciste im Streit um Schadenersatz auf einen Vergleich.

klärung, größtmögliche Offenheit« und »transparente Verfahren« sehen anders aus. Wenn der Historiker am Morgen sein Büro im NS-Dokumentationszentrum betritt, tut er das seit der Bundestagswahl am 22. September 2002 mit der Gewissheit, dass er eigentlich für die Kölner SPD als Abgeordneter in Berlin sitzen müsste. Es ginge sicher zu weit, den Genossen Jung als Opfer des Parteispendenskandals zu bezeichnen. Doch sein Fall macht deutlich, dass es der NRW-SPD in keiner Phase der Affäre gelungen ist, zu einem für alle nachvollziehbaren Sanktionsverfahren zu kommen.

Werner Jung stolpert über zwei fingierte Spendenquittungen

in der Größenordnung von 5000 DM, von denen er, wenn überhaupt, nur eine erhalten hat. Die Folgen sind bekannt: Aberkennung des passiven Wahlrechts für zwei Jahre, Aufgabe der Bundestagskandidatur. Dagegen kommt der SPD-Landtagsabgeordnete Marc Jan Eumann, der von Manfred Biciste mit Bescheinigungen über 8000 DM bedient wurde, mit einem Tadel davon, wird das Verfahren gegen Annelie Kever-Henseler (3000 DM) eingestellt.

Werner Jung ist bis heute davon überzeugt, die SPD habe das Risiko gescheut, mit einem in die Affäre verwickelten Kandidaten ins Rennen zu gehen. Deshalb habe sie sein Verfahren beschleunigt und Druck auf die Schiedskommission ausgeübt. Man mag es für naiv halten, dass Jung offenbar eine Zeit lang wirklich geglaubt hat, seine Kandidatur aufrechterhalten zu können. Eines kann er aber für sich in Anspruch nehmen. Der Parteivorstand der NRW-SPD hat ihm gegenüber nicht mit offenen Karten gespielt. »Die hätten ihm

Sie würdigen sich keines Blickes: Manfred Biciste und Norbert Rüther im Gerichtssaal.

doch bloß sagen müssen. Werner, egal wie die Sache am Ende ausgeht. Wir können dich als Kandidaten nicht mehr halten. Das Risiko
ist einfach zu groß«, sagt Norbert Walter-Borjans, ehemaliger Wahl-
kampfleiter der Kölner Oberbürgermeister-Kandidatin Anke Brunn,
am Rande jenes SPD-Parteitags in Chorweiler, an dem der Kandidat
Jung nicht mehr teilnehmen durfte.

Der Streit um Schadenersatz: Rüther und Biciste schließen einen Vergleich mit der Bundes-SPD

Bundestagspräsident Wolfgang Thierse kennt keine Gnade.
492 997,85 Euro Strafe muss die Bundes-SPD wegen Verstoßes
gegen das Parteiengesetz als Bußgeld für die illegalen Großspenden
zahlen, die Norbert Rüther angeworben und Manfred Biciste gestückelt hat. Die Bundesschatzmeisterin Inge Wettig-Danielmeier
versucht zunächst, die gesamte Summe bei den beiden Kölner Politikern zu holen. Doch das Verfahren, das im Oktober 2002 vor der
20. Zivilkammer des Kölner Landgerichts beginnt, droht zu einem
kostspieligen Weg durch die Instanzen zu werden. Denn die Rechts-
lage ist kompliziert. Es geht um die Frage: Ist die Bundes-SPD überhaupt klageberechtigt oder muss der SPD-Unterbezirk Köln die
Zahlung des Schadenersatzes einfordern? Während man in Berlin
durchaus eine Anspruchsgrundlage gegen Rüther und Biciste sieht,
glaubt der Parteispendenexperte Professor Wilhelm Strobel, die
Bundespartei habe ihre Rechenschaftsberichte in Unkenntnis der
Kölner Vorgänge korrekt erstellt und könne daher gar nicht sanktioniert werden.

Nach einem halben Jahr kommt es zu einer plötzlichen Einigung.
Die Bundes-SPD schwenkt ein. Es müsse darum gehen, von den Betroffenen so viel von dem der Partei zustehenden Geld einzuspielen
als möglich, glaubt ihr Anwalt Helmut Neumann. Rüther und Biciste
erklären sich bereit, jeweils 117 500 Euro über mehrere Jahre verteilt
abzustottern. Rüthers Anwalt Franz-Georg Rips ist zufrieden, sein

Mandant habe »nie einen Zweifel an der politisch-moralischen Mit-verantwortung« für die Spendenaffäre gelassen. Auch Manfred Biciste wolle »Frieden mit der Partei schließen und Verantwortung übernehmen« kommentiert dessen Rechtsanwalt Reinhard Birken-stock den Vergleich, der Ende April 2003 zustande kommt. Der er-wägt derweil, ob er nicht lieber einen Privatkredit aufnimmt und seinen ehemaligen Genossen die Summe doch auf einen Schlag über-weist. Der Grund: Biciste kann es nicht ertragen, Monat für Monat die SPD als einen Kostenfaktor auf seinen Kontoauszügen wieder zu finden.

Ein Abschluss der strafrechtlichen Aufarbeitung der Parteispen-den-Affäre steht indes immer noch aus. Die Staatsanwaltschaft beab-sichtigt das Gros der 40 Strafverfahren gegen eine Geldbuße ein-zustellen. Für den Ex-Schatzmeister Manfred Bisciste und dessen Verteidiger Reinhard Birkenstock scheint sich die Mithilfe an der Aufklärung der Vorgänge auszuzahlen. Die Staatsanwaltschaft will es auch bei Biciste, der sich zweifelsohne als einer der wenigen seiner Schuld stellte, mit einer Geldbuße bewenden lassen.

NRW: Bundesland der Müllskandale

Die Bonner CDU und der Fall Schreiber

So ganz genau erinnert sich Fred Apostel nicht mehr daran, wo er sich befand, als er den alles befreienden Anruf entgegennahm. »Es muss wohl noch in Holland im Urlaub gewesen sein«, erzählt der Bonner Oberstaatsanwalt im Nachhinein. Die Ermittlungen im Korruptionsfall um Reiner Schreiber, den ehemaligen Chef der Bonner Stadtwerke und CDU-Fraktionsvorsitzenden im Bonner Stadtrat, hängen im Frühjahr 2002 an einem seidenen Faden. Niemand gibt noch einen Pfifferling auf die Ermittlungen, die Apostel und seine Mitstreiter in der Schmiergeldaffäre gegen den mächtigen CDU-Politker und andere führen. Ein Jahr zuvor haben sie bei Schreiber & Co. durchsucht. Er soll über Umwege vom Anlagenbaukonzern ABB Schmiergelder für die Modernisierung eines Heizkraftwerks bekommen haben.

Doch die 7. Strafkammer des Bonner Landgerichts hat Monate nach der Razzia der Beschwerde der Verteidiger Recht gegeben. Die Durchsuchung sei unrechtmäßig gewesen, befanden die Richter. Die Staatsanwaltschaft musste alle beschlagnahmten Unterlagen wieder herausgeben. Die Medien schütten Hohn und Spott über der Staatsanwaltschaft aus. Von einer Schlappe ist die Rede. Die Boulevard-Presse fragt: Ist Schreiber ein Opfer der Justiz ?

Die Bonner CDU sekundiert in Stellungnahmen. Parteichef Helmut Hergarten, der später selbst ein Verfahren bekommen sollte, schimpft: »Die eindeutigen und unmissverständlichen Entscheidungen des Bonner Landgerichts sollte die Staatsanwaltschaft Bonn zum Anlass nehmen, das Ermittlungsverfahren gegen Reiner Schreiber in Sachen ABB unverzüglich einzustellen.« Die Bonner Staatsanwälte geben nicht auf. Trotz interner Widerstände graben sie weiter. Es gibt Hinweise von ABB-Managern, dass Gelder gezahlt wurden. Von den Kollegen aus Mannheim hat man Unterlagen bekommen, die belegen, dass das Geld im Zusammenhang mit dem 68 Millionen DM Projekt über Briefkastenfirmen geflossen ist. In der Beweiskette fehlt allerdings der Empfänger der Provisionen.

Oberstaatsanwalt Apostel lässt nochmals alle Unterlagen nach Hinweisen durchforsten. Auf einer Kurabrechnung Schreibers entdecken die Ermittler schließlich eine handschriftlich notierte Telefonnummer in der Schweiz: Unter dem Anschluss meldet sich ein Angestellter der Züricher ABN Amro Bank. Umgehend wird Oberstaatsanwalt Apostel in seinem Urlaubs-Domizil informiert: »Wir haben Schreibers geheimes Konto gefunden.« Apostel ist erleichtert. Das ist der Durchbruch. Eine Anfrage bei einer Filiale des Geldinstituts in Köln ergibt, dass man nur bei Einlagen von 200 000 DM aufwärts als Kunde akzeptiert wird, in der Schweiz läuft nichts unter einer halben Million. Dafür darf der Einzahlende auch mit der berühmten Schweizer Diskretion in Finanzangelegenheiten rechnen.

Monate später fördern Schweizer Behörden bei Durchsuchungen Beraterverträge Schreibers mit dem Anlagenbau-Unternehmen van Roll zu Tage, jener Firma, die zwischen 1988 und 1992 die Bonner Müllverbrennungsanlage gebaut hatte. Schreiber war zu jener Zeit Dezernent für Abfallwirtschaft. Ein Jahr später kommen weitere Aufgaben hinzu: Stadtdirektor sowie erster und kaufmännischer Werkleiter der Stadtwerke Bonn und auch Geschäftsführer der Müllverbrennungsanlagen GmbH, bevor er im September 1999 den Fraktionsvorsitz der CDU im Rat übernimmt.

Schreiber, gelernter Industriekaufmann, ist alles andere als ein charismatischer Typ, auch wenn er allzu gerne neben Büsten und Porträts des CDU-Übervaters Konrad Adenauer posiert. Der farblose Politiker gilt als die graue Eminenz im Bonner Rathaus, ein Strippenzieher mit Machtinstinkt, der kräftig austeilen kann. Auch hochrangige Parteifreunde, so berichten Beobachter, stellt der starke Mann der Bonner CDU schon mal vor aller Augen in rüder Manier bloß. Die Bonner Oberbürgermeisterin Bärbel Dieckmann (SPD), so heißt es im Rathaus, ist nach kontroversen Debatten mit dem Fraktionsboss mitunter den Tränen nahe.

Die 80er und 90er – das sind Schreibers Jahre. In jener Zeit macht er sich unentbehrlich sowohl in der Politik als auch für jene, die am Bonner Müllkuchen teilhaben wollen. Skrupellos fährt er die Ernte ein. Mitte der 90er Jahre soll der 61-jährige vom ABB-Konzern 1,45 Millionen DM Schmiergelder erhalten haben. Im Gegenzug informierte er die ABB-Manager über die Angebote der Konkurrenz, erstaunlicherweise durften die Anlagenbauer auch bei den Preis-Nachverhandlungen als letzte bieten und hatten keine Mühe, das Rennen um den Sanierungsauftrag zu machen.

Nach Erkenntnissen der Bonner Staatsanwaltschaft gelangten die Schmiergelder über Umwege zu Schreiber. Über Scheinrechnungen transferierte ABB das Geld zu einer Tochterfirma des Schweizer Konkurrenten Van Roll, ein durchaus übliches Verfahren in der Anlagenbaubranche. Die Eidgenossen zahlten Schreiber aus. Offiziell deklariert Van Roll die Summen als Beraterhonorare.

René Lüthy, Chef der Schweizer Anlagenbauer, war es auch, an den Schreiber Interna aus der Ausschreibung übermittelte. Lüthy gab die Informationen über die Konkurrenzangebote an den ABB-Manager Gustav Bayer weiter. Gegen den Schweizer Top-Manager ergeht ein internationaler Haftbefehl. In seiner Heimat ist der Van Roll-Geschäftsführer vor den Nachstellungen der deutschen Justiz erst einmal sicher. Kaum eine Nation auf dieser Erde liefert ihre Staatsangehörigen aus. Doch Lüthy macht einen Fehler. Gegen den Rat seiner Verteidiger reist er aus geschäftlichen Gründen in die Niederlande. Auf dem Flughafen in Amsterdam wird er festgenommen und den deutschen Behörden überstellt. Nach geraumer Zeit kommt er wieder auf freien Fuß. In Zürich stellt er sich dann den Fragen der Bonner Staatsanwälte. Zu Schreiber hat Lüthy seit dem Bau der Bonner MVA beste Beziehungen. Als die Sanierung der Heizkraftwerke anstand, bat beispielsweise der ABB-Konzern Lüthy um Mithilfe. Lüthy habe sich Ende 1995 bei Schreiber nach dem Stand der Dinge in der Angelegenheit erkundigt und laut Anklage zu seinem Erstaunen die Antwort bekommen, dass eine Vergabe an ABB steuerbar sei – aber zwei Prozent der Auftragssumme müssten schon drin sein.

Das Geschäft wickelte man fortan per Telefon ab. Verschlüsselt gab Schreiber nach den Worten Lüthys auch die endgültige Höhe der Schmiergeldsumme durch. Insgesamt seien 1,4 Millionen DM geflossen. Anfang 1999 soll Schreiber weitere Gelder aus alten Aufträgen in Höhe von 280 000 DM gefordert und bekommen haben. Die Raten soll Schreiber im Büro des Schweizer Anwalts und Geldverteilers Heinz Egli in Empfang genommen haben. Er bestreitet dies. Als die Öffentlichkeit dies erfährt, hat in Köln gerade die Parteispendenaffäre ihren Höhepunkt erreicht. Bonns Oberbürgermeisterin Bärbel Dieckmann (SPD) fordert einen »Prozess der politischen Selbstreinigung«. Das Vertrauen in die kommunale Demokratie dürfe nicht weiter erschüttert werden. Doch die Bonner Union, die im Stadtrat das Sagen hat, zögert zunächst. Jürgen Rüttgers, Chef der Landes-CDU muss eingreifen, um die störrischen Bonner Parteifreunde zu bewegen, sich von ihrem einflussreichen Fraktionschef zu trennen. Der »schwarze Pate«, wie Schreiber vom »Spiegel« genannt wird, tritt Ostern 2002 ab. Kurz darauf wird er verhaftet. Verwaltungschefin Dieckmann ist fassungslos: »Dies ist ein weiterer Beleg dafür, dass Politik käuflich ist«.

Nach einem Monat Gefängnis räumt Schreiber ein, Schmiergelder in Höhe von 1,45 Millionen DM von ABB genommen zu haben. Allerdings entdecken die Ermittler auf dem Konto weitere 1,5 Millionen DM, auf die sie sich keinen Reim machen können. »Restgeld«, glaubt der ermittelnde Oberstaatsanwalt Apostel. Er äußert den Verdacht, dass dort weitaus größere Summen bewegt wurden. Erneut findet Schreiber verständige Richter. Erneut ist es die 7. Strafkammer, die sich mit dem Teilgeständnis zufrieden gibt und den einst so mächtigen Unionspolitiker aus der Untersuchungshaft entlässt. Die Richter sehen die Verdunkelungsgefahr ausgeräumt, obwohl die Herkunft des größeren Teils auf dem Schweizer Schwarzgeldkonto Schreibers ungeklärt bleibt. Die Kammer gibt sich mit der Erklärung zufrieden, die 1,5 Millionen DM hätten ihm zwei inzwischen verstorbene israelische Erbtanten zukommen lassen. Selbst im Rathaus reagiert man mit Befremden auf die Nachsicht der Richter. »Hessen lässt grüßen«, lästert ein Parteisprecher der SPD in Anlehnung an die dortige Schwarzgeldaffäre, wo die Beteiligten zunächst auch die Mär von jüdischen Spendern kolportiert hatten.

Inzwischen ist Schreiber wegen Bestechlichkeit und Steuerhinterziehung angeklagt worden. Es ist aber unwahrscheinlich, dass er jemals vor Gericht erscheinen muss. Der Unionspolitiker ist inzwischen schwer erkrankt. Sein Verteidiger Norbert Gatzweiler hat ärztliche Atteste vorgelegt, wonach der einstige CDU-Spitzenpolitiker verhandlungsunfähig ist. Offenbar zur rechten Zeit, denn mittlerweile haben die Bonner Korruptionsjäger eine neue Spur im Bonner Müllfilz entdeckt. Auch hier spielt Schreiber eine Hauptrolle. Es geht um die angestrebte Teilprivatisierung der Müllverbrennungsanlage. Schreiber war als Berater für die Firma BDO tätig, die immer dann in Erscheinung trat, wenn die Bonner Stadtwerke Gutachten zu vergeben hatten. So etwa auch zur Frage, ob es wirtschaftlich sinnvoll sei, die Bonner MVA zu privatisieren. Dieses Gutachten, so hatten die Grünen im Rat kritisiert, sei grob fehlerhaft und geradezu auf einen der Kaufinteressenten zugeschnitten: die Firma TK Umweltdienste der Unternehmer Hellmut Trienekens und Detlev Klaudt. Die Beziehungen der Müllunternehmer zur CDU waren offenbar so gut, dass man den CDU-Antrag zur Privatisierung auf einem Trienekens-Rechner erstellte.

Die TK Umweltdienste stehen im April 2002 kurz vor der Übernahme der Anteile, als Oberbürgermeisterin Dieckmann die Verhandlungen nach dem Bekanntwerden der Kölner Müllaffäre auf Eis legen lässt. Aus der rheinischen Metropole erhalten die Bonner Ermittler zudem Kontounterlagen, die beweisen, dass Trienekens und Co. Schwarzgeld in Höhe von 3,6 Millionen DM zur Briefkastenfirma Stenna in der Schweiz transferiert haben. Die Zahlungen waren mit dem Zusatz versehen: Privatisierung MVA Bonn.

Die Bonner Staatsanwälte rätseln aber noch, wie die Gelder von dort aus weiter geflossen sind. Sie gehen davon aus, dass die Millionen nach Bonn zurückliefen, nicht zuletzt auch in die Taschen Reiner Schreibers. Allein es fehlt der Beweis. Aus Köln erhält die

Bonner Staatsanwaltschaft im Herbst 2002 einen wichtigen Tipp. Ein Mitarbeiter der Schmiergeldschaltstation Stenna Umwelttechnik packt aus und schildert detailliert, wie man mit Hilfe von Scheinrechnungen Schwarzgeldflüsse verschleierte. Auch will er einen sechsstelligen Bargeldbetrag an den Schweizer Abfallentsorgungsexperten Fritz Bangerter überreicht haben. Die Bonner Ermittler werden hellhörig: Bangerter ist ein guter alter Bekannter. Dessen Minifirma Turicon war für die Bonner Müllofengesellschaft tätig. Außerdem steht der abgetretene CDU-Fraktionschef Schreiber bei Turicon als Berater im Sold.

Firmenchef Bangerter bildet nach Ansicht der Staatsanwaltschaft das fehlende Glied in der Schmiergeldkette zwischen CDU-Boss Schreiber und Müll-Multi Trienekens bei dessen Bemühen, sich in die Bonner Müllofengesellschaft einzukaufen. Seit 1997 dient Bangerter nicht nur den Bonner Stadtwerken, sondern auch insgeheim der Trienekens AG. In einem internen Vermerk an ein Vorstandsmitglied legt Konzernchef Trienekens Gründe offen, warum es wichtig ist sich die Dienste des Schweizer Entsorgungsberaters zu sichern.

»Wie Sie wissen, genießt Herr Bangerter das Vertrauen des Stadtdirektors Schreiber aus Bonn. Er ist beauftragt, die MVA Bonn auszubauen, um eine energetische Nutzung zu ermöglichen. Desweiteren soll er ein Konzept entwickeln, um die MVA evtl. für einen Verkauf vorzubereiten.« Nicht vermerkt ist die besondere Rolle Bangerters in der Affäre. Zumindest in einem Fall soll er für Trienekens den Geldboten gespielt haben. Die Beteiligten bestreiten dies bis heute. Ein Mitarbeiter der Stenna Umwelttechnik in der Schweiz behauptet jedoch das Gegenteil. Er sollte es wissen. Schließlich fertigte er im Auftrag von Trienekens & Co. Scheinrechnungen, um neues Geld in die »schwarze Kriegskasse« des Viersener Entsorgungskonzerns zu schaufeln.

Ein Stenna-Mitarbeiter erläutert den Schwindel mit den Scheinrechungen

Mittagszeit im Grenzstädtchen Lörrach. An einem Septembertag treffen Kölner Korruptionsfahnder sich mit Walter Schmitz (Name geändert), dem einzigen Mitarbeiter der Briefkastenfirma Stenna. Der Schweizer hat sich bereit erklärt, auf deutschem Boden eine Aussage zu machen. 1997 fängt er bei der Stenna an. Er reist nach Viersen, wo er mit dem Konzernchef Hellmut Trienekens bekannt gemacht wird. Trienekens sichert mit jährlich 300 000 Schweizer Franken nach Angaben des Mitarbeiters die Existenz der Schweizer Domizilgesellschaft. Bei der ersten Zusammenkunft erhält der Stenna-Mann den Auftrag, sich mit der Trienekens-Gruppe vertraut zu machen. Offiziell erstellt er auf Geheiß der Konzernverantwortlichen Gutachten im Bereich der Abfallentsorgung, prüft Projekte, an denen die Firmengruppe beteiligt ist. Tatsächlich aber sind es reine Gefälligkeitsanalysen, die dazu dienen, Schwarzgelder in die Schweiz zu schleusen, so der Verdacht der Staatsanwaltschaft.

Wenn die Expertisen nicht das gewünschte Ergebnis erbringen, müssen sie geändert werden. So lassen der Trienekens-Manager und Landtagsabgeordnete Hardy Fuß nach Aussage des Zeugen eine Passage streichen, die von sechsstelligen Zahlungen handelt, die über eine Entsorgungsanlage im Verwertungszentrum des Erftkreises abgerechnet wurden. Im ursprünglichen Gutachten stellt Schmitz fest, dass den Ausgaben keine Gegenleistung entgegenstand, in der geänderten Stellungnahme ist davon keine Rede mehr. In der Folgezeit reist Schmitz des öfteren auf Geheiß der Trienekens-Manager nach Viersen, erhält Unterlagen zu Entsorgungsprojekten und schreibt diese um. Schmitz schreibt Scheinrechnungen, die anstandslos durch die Trienekens-Töchter oder Geschäftspartner beglichen werden. Diese Abrechnungen setzt der Konzern von der Steuer ab. Auf diese Weise füllt Trienekens seine Kriegskasse für »Nützliche Aufwendungen«.

An den Schwarzgeldtransfers soll nach Aussage des Stenna-Zeugen der Landes-Parlamentarier Hardy Fuß beteiligt gewesen sein. Für die Stenna war »Herr Fuß der Hauptansprecherpartner innerhalb der Trienekens-Gruppe«, behauptet der Zeuge. Der SPD-Abgeordnete hat dies stets zurückgewiesen.

Mitunter führen den Stenna-Mitarbeiter seine Reisen auch nach Bonn. Müll-Multi Trienekens hat zu solchen Anlässen gleich mehrere Suiten in Nobelhotels angemietet. Dort lernt der Stenna-Mann auch den Trienekens-Geschäftspartner Detlev Klaudt aus Bonn kennen. Tatsächlich haben die Meetings nach Angaben des Zeugen einzig den Zweck, Arbeit auf dem Papier zu schaffen, »um diesen einen legalen Anstrich für die Zahlungsflüsse zu verleihen«. Am 16. Februar trifft Schmitz im Bonner Holiday Inn mit Klaudt zusammen. Der Müllunternehmer ist nicht zufrieden mit der Arbeit des Stenna-Gutachters. Klaudt habe ihn angewiesen, die Rechnungen im Zusammenhang mit der Beratung zur Privatisierung der Müllverbrennungsanlage Bonn »plausibler zu gestalten«, berichtet Schmitz. Klaudt bestätigt das nicht. Die nötigen Daten und Informationen holt sich der Stenna-Mann bei dem Züricher Abfallberater Fritz Bangerter. Mit Wissen des Müll-Multis Trienekens schließt Bangerters Firma einen Beratervertrag mit der Stenna ab. Bangerter verfügt über das nötige Insiderwissen in Sachen MVA. Der Unternehmer berät gleichzeitig die Bonner Kommune beim Teilverkauf des Müllofens. Außerdem gilt er als Vertrauensmann des Bonner CDU-Fraktionsvorsitzenden Schreiber. Am 14. Juni 2000 übergibt Stenna-Mitarbeiter Schmitz Bangerter in dessen Büro 500 000 DM. Bis heute hat die Staatsanwaltschaft nicht verifiziert, wozu der Geldempfänger den Betrag verwandt hat.

Oberstaatsanwalt Fred Apostel geht davon aus, dass sich Trienekens und dessen Geschäftspartner Klaudt über Bangerter das Wohlwollen des damaligen CDU-Fraktionsvorsitzenden Schreiber im Zusammenhang mit der Müllofenprivatisierung erkaufen wollten. Auch hier fehlt allerdings noch der letzte Beweis, dass das Geld tatsächlich an Schreiber gegangen ist. Dieser weist den Verdacht weit von sich. Firmeninterne Schreiben belegen indes, dass die Zusammenarbeit der Achse Schreiber-Bangerter-Trienekens enger war, als diese öffentlich zugeben wollen.

Nach dem Wahlsieg der CDU bei den Bonner Kommunalwahlen schreibt Bangerter am 8. Oktober 1999 an Trienekens folgende Mitteilung:»Nachdem inzwischen die Kommunalwahlen und auch die nachfolgenden Stichwahlen in NRW hinter uns liegen, beginnen sich die Entscheidungsgremien neu zu formieren. In Bonn läuft dieser Vorgang mit den nicht unerwarteten Nebengeräuschen ab. In der aktuellen Woche sollte der neue Fraktionschef (Schreiber, Anmerkung der Autoren) bereits Hals über Kopf zu ersten Sofortanträgen der Geschäftsleitungen von den Stadtwerken und der Müllverbrennungsgesellschaft Stellung nehmen. Nach Abstimmung mit dem Unterzeichnenden konnten diese Vorgänge zunächst etwas hinausgeschoben werden, müssen aber in Kürze behandelt werden. In Absprache mit dem genannten Fraktionschef schlagen wir Ihnen ein kurzes Treffen zu Dritt unmittelbar nach ihrer Rückkehr aus dem Urlaub vor, um die Strategie unter den veränderten Umständen einvernehmlich festzulegen.« Nach Ansicht der Staatsanwaltschaft eine bemerkenswerte Notiz. Denn inzwischen haben die Ermittler herausgefunden, dass Schreiber in jenem Kommunahlwahljahr Firmenspenden in Höhe von 120 000 DM unter Umgehung der gesetzlichen Bestimmungen in die Parteikasse geschleust haben soll. Das Geld stammt unter anderem von den Müllunternehmern Trienekens und Klaudt. Offenbar soll Schreiber den Betrag bar eingezahlt haben. Um die Herkunft des Geldes zu verschleiern, wurde die Summe gestückelt. Nur Spenden in Höhe von 20 000 DM und mehr müssen im alljährlichen Rechenschaftsbericht der Parteien aufgeführt werden.

Im Februar 2003 durchsuchen Staatsanwälte die CDU-Parteizentrale. In Bonn brennt der Baum. »Der Kreisvorsitzende Helmut Hergarten und seine Partei müssen sich gegen Vorwürfe zur Wehr setzen, dass ihre Ratsfraktion auf politischer Bühne den Verkauf der städtischen Müllverbrennungsanlage betrieb, während sie von drei Unternehmen der Abfallbranche – den Kaufinteressenten – in direktem zeitlichen Zusammenhang mit je 20 000 DM an Spenden bedacht worden waren – auf Schreibers Vermittlung hin«, schreibt der »Kölner Stadt-Anzeiger« am 18. Februar 2003. Diese Spenden, so vermutet die Staatsanwaltschaft stehen in direktem Zusammenhang zu dem Fraktionsantrag der CDU, die MVA an Trienekens & Co. zu verkaufen. Die Staatsanwaltschaft ermittelt neben Schreiber nun auch gegen Parteichef Hergarten und andere. Er soll von der Spendenaktion seines mächtigen Parteifreundes gewusst und den Antrag zum Verkauf von MVA-Anteilen darauf hin unterschrieben haben.

Hergarten bestreitet die Vorwürfe. In einer Pressekonferenz ergeht er sich in Spitzfindigkeiten. SPD und Grüne werfen ihm vor, die Öffentlichkeit hinters Licht geführt zu haben. Hergarten hatte zunächst auf Nachfrage behauptet, dass Schreiber kein Spendensammler gewesen sei. Dazu sagt Hergarten heute, er habe erklärt, dass Schreiber die Spenden nicht als Fraktionsvorsitzender gesammelt habe. Zum Vorsitzenden war Schreiber gewählt worden, nachdem er die Spenden eingeworben hatte. Hergarten betont, dass es unter seiner Verantwortung als Bonner CDU-Vorsitzender keine »Stückelung von Spenden, keine schwarzen Kassen und keine falsch benannten Spender« gegeben habe. Obwohl er mit einer Einstellung des Verfahrens rechnet, gibt er den Parteivorsitz auf. Eine Zäsur, aber kein Ende. Das letzte Kapitel in der Bonner Affäre ist noch nicht geschrieben, erklärt Oberstaatsanwalt Fred Apostel. »Da haben wir noch einiges zu ermitteln.«

Der Rhein-Sieg-Kreis und Karl-Heinz Meys

Wie sich die Bilder gleichen. Ein anonymer Tippgeber bringt die rheinischen Korruptionsermittler auf die Schmiergeldspur, die zum Chef der Abfallgesellschaft im Rhein-Sieg-Kreis, Karl-Heinz Meys, führt. Die Ermittler konfrontieren den Müll-Multi Trienekens Mitte Juli 2002 mit den Erkenntnissen, Meys knickt ein. Er räumt ein, dass die Summen, die seit 1999 über die Stenna in der Schweiz gelaufen sind, dazu dienten »Schmiergeldzahlungen an Herrn Meys zu verschleiern«. Auslöser ist angeblich der Konkurrenzkampf um Kompostanlagen der kommunalen Abfallgesellschaft RSAG, die zum Verkauf anstehen. Zunächst erhält ein Konsortium beider Firmen den Zuschlag, später sucht die Trienekens-Gruppe den aufgezwungenen Partner aufzukaufen.

Meys versorgt Konzernchef Trienekens mit internen Informationen über die Konkurrenzfirma UP Klein. Erst dadurch kann die Trienekens-Gruppe den Kaufpreis drücken. Meys habe seine Informationen mit Provisionsforderungen verbunden, beteuert Trienekens. Der Beschuldigte RSAG-Manager behauptet genau das Gegenteil. Nicht er, sondern Trienekens sei aus eigenem Antrieb auf ihn zugekommen. Die Staatsanwaltschaft zweifelt, ob dies der einzige Grund für die Millionenzahlungen war. Schließlich bedachten Meys und seine kommunale Entsorgungsgesellschaft im Rhein-Sieg-Kreis eine Reihe von Firmen aus der Trienekens-Gruppe mit lukrativen Aufträgen.

Für die Abwicklung der Zahlungen benutzt Trienekens die üblichen Wege in die Schweiz. Über Scheinrechnungen an das Trienekens-Tochterunternehmen Wurm fließen Gelder auf die Konten der Briefkastenfirma Stenna in Flims. Meys ist dies durchaus recht. Somit erfährt das deutsche Finanzamt nichts von seiner siebenstelligen Altersvorsorge. Für solche Zwecke hat er bei der Graubündener Kantonalbank im schweizerischen Flims ein Konto eingerichtet. In eben jenem Örtchen, in dem auch die Trienekens-Geldwäschefirma Stenna beheimatet ist.

Als Geldboten für einige Meys-Transfers greift Trienekens auf einen alten Bekannten zurück: den Düsseldorfer Ratsherrn und ehemaligen Präsidenten des Fußballklubs Fortuna Düsseldorf, Kurt Schneider. Dieser spielt den Kurier, wenn Trienekens aus seiner schwarzen Kriegskasse bei der Schweizer Firma Stenna Bares benötigt. Schneider schafft aber auch schon mal Geld in die Schweiz, um dort die Kassen aufzufüllen. Er ist die Idealbesetzung für den Geldboten. Der Ex-Ratspolitiker und der Müll-Multi kennen sich seit Beginn der 90er Jahre. In jener Zeit half Trienekens der Stadt Düsseldorf bei der Müllbeschaffung aus. Aus diesen Tagen hat Schneider

Trienekens auch schätzen gelernt, weil bei dem Unternehmer mündliche Abmachungen ausreichten.

Den Stenna-Geldwäscher Hofmann aus der Schweiz zählt Schneider zu seinen Freunden, seit dieser ihm Mitte der 90er Jahre mit Darlehen aus der Klemme geholfen hat. Der Immobilienkaufmann bringt auch eine Eigentumswohnung Schneiders in der Schweiz an den Mann. Fünf- oder sechsmal fliegt Schneider in die Schweiz, um das Geld abzuholen. Die persönliche Sekretärin des Müll-Multis gibt zuvor stets Nachricht. Schneider setzt sich in Marsch. Der Politiker informiert Hofmann. Der nimmt ihn am Flughafen in Empfang. Danach geht es in eine Bank. Hofmann holt das Geld, oder er nimmt es aus Schneiders Händen in Empfang. Schneider ist nur Helfershelfer, schaut zu, wie Hofmann den Betrag in der Bank zählt und übergibt ihn wieder in Düsseldorf der Trienekens-Sekretärin. Drei Prozent der überbrachten Summe darf er behalten. Stets plagt den Pensionär beim Transport eine Heidenangst, dass er ertappt wird. Dauernd rätselt er über die Höhe der Summe, die er da mit sich herum trägt. Er traut sich aber nie, nachzuschauen. Was ich nicht weiß, macht mich nicht heiß, ein Motto, das Schneider verinnerlicht hat.

Als die Müllaffäre aufkippt, reist der RSAG-Geschäftsführer Meys erneut in die Schweiz. Er will retten, was zu retten ist. Zwei Millionen DM hebt er ab; aufs Geratewohl fährt er mit dem Geld durch die Gegend. In der Nähe von Chur betritt er eine Filiale der Schweizerischen Kreditanstalt und legt das Geld auf den Tisch. Bewusst verzichtet Meys darauf, seine Notizen über das neue Konto aufzubewahren. Er will keine Spuren zum geheimen Gelddepot legen. Es ist eine der absurden Wendungen in dieser Affäre, dass er den Ermittlern letztlich selbst den Weg zum Konto weisen wird. Nach seiner Verhaftung am 18. Juli 2002 gibt er aus Angst vor der Untersuchungshaft dessen Existenz preis. Doch der Abfallmanager deckt nach Ansicht der Staatsanwaltschaft aber längst nicht alle Karten auf. Meys pokert hoch. Als die Bonner Staatsanwälte sich nach dem Verbleib einer weiteren halben Million DM aus der Trienekens-Quelle erkundigen, tischt er den Ermittlern das Ammenmärchen vom leidenschaftlichen Zocker auf. Verspielt habe er das Geld, behauptet Meys. Roulette, Poker – meist in der Spielbank in Bad Neuenahr. Noch vor einer Woche sei er dort gewesen. Die Eintrittskarte befinde sich in seinem Portemonnaie. Staatsanwaltschaft und Gericht glauben ihm nicht. Der Amtsrichter verkündet den Haftbefehl. Meys kommt für einige Monate hinter Gitter. In dieser Zeit finden die Bonner Ermittler heraus, dass die Spielbankgeschichte eine Lüge war. »Wir haben das nachgeprüft. Es waren längst nicht so viele Besuche bei der Spielbank, wie Herr Meys uns glauben machen wollte. Niemand konnte sich daran erinnern, dass er dabei derartig hohe Summen verspielt hatte. Das wäre sicherlich aufgefallen«, erklärt Oberstaatsanwalt Fred Apostel. Der Behördensprecher vermutet, dass der Abfallmanager irgendwo noch ein geheimes Konto besitzt, auf dem weitere Schmiergeldzahlungen eingegangen sind. Meys' Verteidiger Volkmar Mehle weist solche Vermutungen zurück.

Seit dem Sommer 2003 muss sich der abgetretene Müllmanager wegen Bestechlichkeit vor dem Bonner Landgericht verantworten. Den Zivilrechtsprozess gegen seinen früheren Arbeitgeber RSAG verliert der ehemalige Geschäftsführer bereits im August. Drei Millionen DM, die Meys von Trienekens kassiert haben soll, gehen in jedem Fall an die Abfallgesellschaft, auch wenn das Hauptverfahren erweisen sollte, dass es sich dabei um Schmiergeld gehandelt hat. Für die Zivilkammer ist einzig entscheidend, dass Meys als alleiniger Geschäftsführer für die RSAG tätig war. In dieser Funktion habe er die Kenntnisse über den Kauf des Kompostierers UP Klein erworben. »Er führte quasi ein Doppelleben«, so die Einschätzung des Gerichts. »Er hatte ein Wissen, das sein Arbeitgeber nicht hatte.«

Fußball und Müll: Wie Alemannia Aachen vom Bau der MVA Weisweiler profitierte

Die von NRW-Innenminister Fritz Behrens eingesetzte »Task Force Müll« kann gar nicht anders. Weil Verjährung möglicher Straftaten droht, muss die Truppe unter Leitung von Oberstaatsanwalt Arno Neukirchen die ursprünglich eingeschlagene Linie verlassen und schon vor Beendigung ihrer Untersuchungen Strafermittlungsverfahren einleiten. Das verhagelt im Juni 2003 den Pfingsturlaub des Aachener SPD-Oberbürgermeisters Jürgen Linden. Er weilt in Jerez unter spanischer Sonne, als sich die Ermittler der Korruptionsabteilung der Kölner Staatsanwaltschaft Zugang zu seinen Büroräumen im Aachener Rathaus und zu seinem Haus im Aachener Stadtwald mit wunderschönem Blick auf das Dreiländereck verschaffen. Es geht um Vorteilsannahme, Untreue, Beihilfe zum Betrug, Bestechung und Steuerhinterziehung.

Bisher war es nur seine Liebe zu den Kickern der Alemannia, die den Sozialdemokraten Linden ins Zwielicht rückte und ihm im Oktober 2002 ein Ermittlungsverfahren wegen des Verdachts der Untreue einbrachte. Dabei ging es um eine 100 000 DM-Spende, mit der die Deutsche Babcock Anlagen AG aus Oberhausen im Oktober 1997 dem damals in argen Finanznöten steckenden Regionalligisten unter die Arme griff.

Die, so der Vorwurf der Staatsanwaltschaft, sei nur gezahlt worden, weil die städtische Abfallwirtschaft Aachen (AWA) als Betreiber der Müllverbrennungsanlage Weisweiler trotz erheblicher technischer Probleme bei den Probeläufen gegenüber dem verantwortlichen Bauunternehmen Babcock auf Schadenersatz und Vertragsstrafen verzichtet hatte. Die Spende, so die Ermittler, sei auf Veranlassung des Oberbürgermeisters, der damals auch Mitglied des Verwaltungsrats war, und der beiden AWA-Geschäftsführer geflossen. Doch das ist offenbar längst nicht alles. Die rheinische Müllaffäre, die bis dato nur auf die Städte Köln und Bonn beschränkt scheint, erreicht im Juni 2003 die Karlsstadt. Insgesamt durchsuchen die Ermittler 36 Wohnungen und Büros und vollstrecken drei Haftbefehle gegen den kaufmännischen Geschäftsführer der AWA, Ulrich Koch, den Chef der Aachener Stadtbetriebe und ehemaligen Leiter des Amts für Abfallentsorgung, Franz Narloch, und dessen ehemaligen Stellvertreter Stefan Winkler, der als »Mister MVA« in den 9oer Jahren den Bau des Müllofens Weisweiler maßgeblich vorangetrieben hatte.

Aus spärlichen Anfängen sind inzwischen drei Ermittlungsverfahren geworden, in die zumindest in Teilen der inzwischen von der RWE Umwelt AG übernommene Müllkonzern Trienekens verwickelt ist. Und Aachens Oberbürgermeister, so der Vorwurf der Staatsanwaltschaft, hat sich dabei nicht nur wegen des Verdachts der Untreue, der Vorteilsannahme, sondern auch der Beihilfe zum Betrug, der Bestechung und der Steuerhinterziehung zu verantworten.

Im »Alemannia-Verfahren« soll sich Fußball-Fan Linden geradezu rührend darum gekümmert haben, dass über ein Verwahrkonto der Stadt üppige Spenden an den Club flossen. So habe der Anlagenbauer Babcock ein Jahr nach der ersten Zuwendung weitere 100 000 DM für die Not leidenden »Kartoffelkäfer« vom Tivoli versprochen. Ein weiterer Scheck des ebenfalls am Bau des Müllofens Weisweiler beteiligten Bauunternehmens Hochtief AG sei auf ein Konto geflossen, über das Linden habe verfügen können.

Ein Herz für den Verein bewiesen offenbar auch die Aachener Müllmanager. Nach den Erkenntnissen der Ermittler haben die Verantwortlichen der städtischen Abfallgesellschaft AWA, allen voran Geschäftsführer Ulrich Koch, beim Verkauf der Müllverbrennungsanlage Schadenersatzforderungen gegenüber Babcock gegen die Spenden an Alemannia aufgerechnet. Die Ermittler machen das an einem Treffen fest, bei dem AWA-Chef Koch den Babcock-Manager auf die schwächelnde Alemannia aufmerksam macht. Tenor: Da müsse man etwas tun. Es folgt ein dezenter Hinweis, dass auch der Oberbürgermeister im Verwaltungsrat des Fußballclubs sitzt. Wenig später kann Koch seinem Oberbürgermeister Vollzug melden: »Da kommt jemand auf dich zu.« Die Staatsanwaltschaft spricht von Untreue und Steuerhinterziehung im Zusammenhang mit den Vertragsabschlüssen zum Aachener Müllofen. AWA-Chef Koch, einst Pressesprecher des Regierungspräsidenten Franz-Josef Antwerpes, wird nach ein paar Wochen aus der Untersuchungshaft entlassen. Er weist die Vorwürfe zurück und lässt seinen Anwalt mitteilen, sie seien »an den Haaren herbeigezogen«.

Im Fall Nummer zwei bestimmt der Trienekens-Konzern das Spielgeschehen. Nach Ansicht der Ermittler ist die Vergabe der Müllabfuhr für sechs Aachener Stadtbezirke zu Gunsten der Trienekens-Gruppe verschoben worden. Der Zehnjahresvertrag mit einem Gesamtvolumen von rund 22 Millionen Euro sei durch Einflussnahme der beiden leitenden Mitarbeiter des Amts für Abfallentsorgung zu Stande gekommen, der Stadt Aachen ein Schaden von 770 000 Euro entstanden. Als Gegenleistung für ihr wohlwollendes Verhalten soll Trienekens den beiden Mitarbeitern die Renovierung ihrer Privathäuser und einem von ihnen Urlaubsreisen und ein BMW Cabrio finanziert haben. Der Oberbürgermeister, so die Staatsanwaltschaft, habe bei der Auftragsvergabe an Trienekens Einfluss genommen und damit seine Dienstpflichten verletzt. Auffällig sei, dass der Müllkonzern in unmittelbarem zeitlichem Zusammenhang zwischen 1998 und 2001 jeweils 20 450 Euro auf ein Konto der Stadt Aachen »für Hilfsbedürftige und Vereinsförderung städtischer Veranstaltungen« überwiesen habe. Ein Konto, über das Linden verfügen kann.

Um das dritte Verfahren muss sich zumindest Linden keine Sorgen machen. Es geht um Müllschiebereien zu überhöhten Preisen. Betroffen: Verantwortliche der AWA GmbH und Unternehmen der Trienekens-Gruppe. Für ein Auftragsvolumen in Höhe von 137 Millionen Euro sollen sie, wie die Staatsanwaltschaft der Presse mitteilt, in der MVA Weisweiler Restabfälle aus dem Rhein-Sieg-Kreis entsorgt haben. Dabei habe es wettbewerbswidrige Absprachen gegeben, so dass Trienekens den Auftrag zu einem überhöhten Preis erhalten habe.

Der Oberbürgermeister weist alle Vorwürfe weit von sich. »Für mich persönlich ist das eine der schwierigsten Situationen, die ich in den 26 Jahren meiner kommunalpolitischen Tätigkeit erlebt habe«, sagt er Mitte Juni 2003 in einer eilig einberufenen Pressekonferenz. Das Vorgehen der Staatsanwaltschaft bezeichnet Linden als »spektakulär«, vor allem das Aufbrechen seines Privathauses hat den Sozialdemokraten schwer getroffen: »Es gab einen Schlüssel in der Nachbarschaft, und der zweite Schlüssel war bereits unterwegs.« Die Aktion habe bei ihm den Eindruck hinterlassen, als habe der bloße Effekt im Vordergrund gestanden. »Die Frage der Reputation des Betroffenen ist dabei nicht beachtet worden, empört sich der Politiker. „Ich habe ein reines Gewissen bis zum heutigen Tag«, so Linden. Die Stadt Aachen könne auf Firmenspenden gar nicht verzichten und »wenn man so will, bin ich da der zweitgrößte Bettler nach dem Dompropst.« Und das alles ohne Gegenleistung? Er habe weder auf die Vergabe der Müllabfuhr an Braun & Trienekens Einfluss genommen noch wisse er von einem Vertrag, in dem die Abfallwirtschaft Aachen bei der Inbetriebnahme des Müllofens Weisweiler gegenüber der Deutschen Babcock auf Schadenersatz und Vertragsstrafen verzichtet habe.

Auch als neue Details in der Aachener Affäre bekannt werden, bleibt Linden unerschütterlich. Ein delikater Brief des AWA-Geschäftsführers Ulrich Koch zeigt die enge Verbindung zwischen den Müllmanagern und der Politik. Als die Ermittlungen im Oktober 2002 in Gang kommen, tippt Koch auf seinem Computer einen Brandbrief an den Oberbürgermeister und empfiehlt dem Stadtoberhaupt, mit gezielter Desinformation in die Offensive zu gehen. Linden müsse »das publizistische Heft in die Hand nehmen«. Er solle, so Kochs Empfehlung, den Medien unverfängliche Aufsichtsratsprotokolle übergeben. Über die Verhandlungen zwischen der AWA und der Deutschen Babcock sei darin nur wenig enthalten. Ohnehin sei der AWA-Aufsichtsrat nur sporadisch in die technischen Schwierigkeiten der Müllverbrennungsanlage Weisweiler beim Testlauf eingeweiht gewesen. Ein brisantes Schreiben an den Aufsichtsrat habe er, Koch, bereits herausgenommen. Und weil den »lieben Jürgen« die »Erstellung des Bauwerks MVA persönlich nie interessiert« habe, könne man getrost vor der Presse behaupten, dass weder bei den Aufsichtsratstreffen noch bei anderen Begegnungen über ein Sponsoring des Anlagenbauers Babcock für Alemannia Aachen gesprochen worden sei.

Personenregister

Franz-Josef Antwerpes: Der »kölsche Kurfürst«, 21 Jahre lang Regierungspräsident bis November 1999, setzt sich in den 90er Jahren vehement für den Bau der Kölner Müllverbrennungsanlage ein. Dabei macht er auch keinen Hehl daraus, dass er das Gummersbacher Anlagenbau-Unternehmen Steinmüller gerne als Generalunternehmer berücksichtigt sehen möchte. Bis heute vertritt Antwerpes die Auffassung, dass die Kölner Anlage weder überdimensioniert ist noch zu teuer geplant wurde.

Manfred Biciste: Seit 1975 Ratsherr und langjähriger Schatzmeister der Kölner SPD. Er nimmt in den 90er Jahren insgesamt 511 000 DM an Großspenden vom SPD-Fraktionsvorsitzenden und vormaligen Fraktionsgeschäftsführer Norbert Rüther entgegen und schleust sie in die Parteikasse ein, indem er verdienten Genossen Spendenquittungen über Beträge ausstellt, die diese gar nicht gezahlt haben.

Heinz Egli: Der Schweizer Rechtsanwalt, Finanzdienstleister und Honorarkonsul des Inselstaats Vanuatu, gilt bei der Staatsanwaltschaft als einer der Geldwäscher im Kölner Müllskandal. Er soll mehrere Firmen betrieben haben, die als Clearingstelle unterschiedlicher Firmeninteressen aus der Branche der Anlagenbauer gilt. Für den Müll-Unternehmer Hellmut Trienekens soll er »Nützliche Aufwendungen« in Millionenhöhe verwaltet haben. Die verschwanden, als die Justiz begann, im Müllsumpf zu rühren. Egli unterhielt bei der Coutts-Bank mehrere Konten, auf denen Teile der Schmiergelder der Kölner Müllaffäre deponiert waren.

Ulrich Eisermann: Der ehemalige Hauptamtsleiter im Kölner Rathaus übernahm auf Wunsch der SPD-Ratsfraktion die Leitung der Projektgruppe zur Gründung der Abfallentsorgungs- und Verwertungsgesellschaft (AVG). Nach der Gründung der AVG wurde er Mitte der 90er Jahre deren Geschäftsführer, verabschiedete sich 1999 in den vorzeitigen Ruhestand. Er soll rund neun Millionen DM an Schmiergeldern von der Firma Steinmüller und deren Geschäftsführer Sigfrid Michelfelder angenommen haben.

Hardy Fuß: Der Landtagsabgeordnete der SPD aus Frechen avancierte 1996 zum Geschäftsführer der Trienekens-Tochter Isis GmbH. Gegen ihn ermittelt die Staatsanwaltschaft wegen Beihilfe zur Bestechung und Steuerhinterziehung im Zusammenhang mit dem Bau der Kölner Müllverbrennungsanlage. Bei ihren Ermittlungen unterläuft den Fahndern allerdings eine folgenschwere Panne. Sie durchsuchen das Privathaus des Abgeordneten, ohne dessen Immunität zu achten.

Jürgen Linden: Der SPD-Oberbürgermeister der Stadt Aachen gerät wegen einer 100 000 DM-Spende der Deutschen Babcock AG Oberhausen ins Visier der Ermittler. Die Staatsanwaltschaft geht davon aus, dass das Geld nur gezahlt wurde, weil die Abfallwirtschaftsgesellschaft Aachen (AWA) nach Fertigstellung der neuen Müllverbrennungsanlage Weisweiler trotz erheblicher Probleme beim Probebetrieb auf Gewährleistungsansprüche in Millionenhöhe verzichtet hat. Linden weist die Vorwürfe zurück.

Klaus Heugel: Kölns Oberstadtdirektor und Oberbürgermeister-Kandidat für die SPD bei der Kommunalwahl im Herbst 1999 stolperte kurz vor der Wahl über Insidergeschäfte mit Aktien und musste sowohl sein Amt als auch seine Kandidatur an den Nagel hängen. Dabei hatte er seine politische Karriere, die 1980 ihren ersten Höhepunkt erreichte, als er für 19 Jahre den Vorsitz der SPD-Fraktion übernahm und in den Düsseldorfer Landtag einzog, so schön geplant. Die Staatsanwaltschaft geht davon aus, dass er über das System der »Dankeschön-Spenden« des Fraktionsvorsitzenden Norbert Rüther und über das Einschleusen der Beträge in die Parteikasse durch Manfred Biciste informiert war. Bis heute haben weder Heugel noch dessen Verteidiger Jürgen Sauren die Vorgänge eindeutig dementiert. In einer Stellungnahme erklärte Sauren, dass er aus den ihm vorliegenden Unterlagen aus der Ermittlungsakte bisher keine Anzeichen auf strafrechtlich Handlungen seines Mandanten habe erkennen können.

Ulrich Koch: Der Geschäftsführer der Abfallwirtschaft Aachen (AWA) und ehemalige Sprecher des Kölner Regierungspräsidenten Franz-Josef Antwerpes gilt als Beschuldigter in der Aachener Müllaffäre. Bei der Inbetriebnahme der Müllverbrennungsanlage Weisweiler soll er gegenüber der Deutschen Babcock auf Gewährleistungsansprüche verzichtet haben. Die Staatsanwaltschaft prüft auch mögliche illegale Geschäfte der AWA mit der Firma Trienekens. So soll die Trienekens-Tochter Isis in den Jahren 1997/98 Scheinrechnungen über knapp drei Millionen DM an die AWA geschickt haben. Kochs Verteidiger Reinhard Birkenstock hat die Vorwürfe zurückgewiesen.

Karl-Heinz Meys: Der Siegburger CDU-Kommunalpolitiker soll als Geschäftsführer der Rhein-Sieg-Abfallwirtschaftsgesellschaft (RSAG) zwischen 1998 und 2001 rund vier Millionen DM von Müllunternehmer Hellmut Trienekens erhalten haben. Die Staatsanwaltschaft wirft ihm vor, im Gegenzug Trienekens bei Auftragsvergaben zur Müllentsorgung im Rhein-Sieg-Kreis bevorzugt zu haben. Meys spricht dagegen von gerechtfertigten Provisionen.

Sigfrid Michelfelder: Als Geschäftsführer des Gummersbacher Anlagenbauers Steinmüller gilt er als einer der Hauptfiguren der Müllaffäre. Insgesamt 21 Millionen DM soll er im Zusammenhang mit dem Bau der Kölner Müllverbrennungsanlage veruntreut und Teile davon an den Chef der Abfallentsorgungs- und Verwertungsgesellschaft Köln (AVG), Ulrich Eisermann, als Schmiergeld gezahlt haben.

Hellmut Trienekens: Der Viersener Unternehmer gilt als der »Müll-König« von Nordrhein-Westfalen. Durch gezielte Einflussnahmen und Zahlung von Schmiergeldern hat er seinen Einfluss in der Müllbranche von Nordrhein-Westfalen Stück für Stück ausgebaut. Dabei wurden Politiker beider großer Parteien gleichermaßen in das Trienekens-System einbezogen. Trienekens sicherte sich Einfluss, indem er Entscheidungsträger entweder direkt in seinen Unternehmen beschäftigte, sie mit Berater- und Honorarverträgen ausstattete oder üppige Provisionen zahlte. Im Zuge der Müllaffäre ist die Trienekens AG von der RWE Umwelt AG übernommen worden.

Hans Reimer: Der Hamburger Maschinenbau-Ingenieur kennt wie kein Zweiter die Geschäftspraktiken der Müllbranche. Sein Ingenieurbüro hat ungefähr die Hälfte der deutschen Müllverbrennungsanlagen mitgeplant. Die Schmiergeldaffäre um den Bau der Kölner Anlage bezeichnete er in der »Zeit« als die »Spitze des Eisbergs«. Vom Hamburger Landgericht wurde er im Juni 2002 zu fünf Jahren Haft verurteilt, weil er mehr als elf Millionen DM an Provisionen, die er beim Bau von Müllöfen erhielt, nicht versteuert hatte. Gegen das Urteil hat Reimer beim Bundesgerichtshof Revision eingelegt.

Norbert Rüther: Der SPD-Fraktionsvorsitzende im Kölner Stadtrat gilt als Perfektionierer des Systems der »Dankeschön-Spenden«. In den 90er Jahren sammelte er rund 830 000 DM an Großspenden von Unternehmen ein, die am Bau der Müllverbrennungsanlage in Köln-Niehl beteiligt waren. Einen Teil des Geldes ließ er über den Schatzmeister Manfred Biciste in die Partei einschleusen, ein weiterer Teil wanderte in schwarze Kassen zur Finanzierung des Kommunalwahlkampfes 1999. Die Behauptung des ehemaligen Geschäftsführer der Abfallentsorgungs- und Verwertungsgesellschaft (AVG), Ulrich Eisermann, er habe Rüther in zwei Etappen weitere zwei Millionen DM an Schmiergeld gegeben, hat Rüther stets vehement zurückgewiesen.

Lothar Ruschmeier: Als Oberstadtdirektor und Chef der Verwaltung schuf Lothar Ruschmeier in den 90er Jahren Schritt für Schritt die Voraussetzungen zum Bau der Kölner Müllverbrennungsanlage. Er gilt neben Regierungspräsident Franz-Josef Antwerpes als einer der größten Befürworter des Projekts. An »acht bis zehn Jahre zurückliegende Projekte« könne er sich zwar nicht mehr erinnern, »aber dass die Firma Steinmüller möglicherweise von Anfang an ein gewisses Plus genoss, hat vor allen Dingen damit zu tun, dass es sich zugleich um einen kompetenten Anlagenbauer und ein Unternehmen aus der Region handelte.« Auch Ruschmeier steht in der Kritik, weil Antwerpes ihm in einem Telefongespräch Steinmüller ans Herz gelegt haben soll.

Reiner Schreiber: Der CDU-Fraktionsvorsitzende im Bonner Stadtrat und langjährige Chef der Bonner Stadtwerke geriet im Mai 2001 unter Korruptionsverdacht. Er soll bei der Vergabe von Aufträgen zur Modernisierung der Bonner Heizkraftwerke im Wert von 60 Millionen DM an den Technologiekonzern ABB Schmiergelder in der Größenordnung von 1,5 Millionen DM kassiert haben. Im April 2002 trat er als Fraktionschef zurück, nachdem die Fahnder ein Geheimkonto entdeckt hatten. Schreiber setzte sich auch vehement für den Teilverkauf der Bonner Müllverbrennungsanlage an die Bonner Trienekens-Tochter TK Umweltdienste ein. Im Gegenzug sollen nach Meinung der Staatsanwaltschaft Wahlkampfspenden in der Größenordnung von 60 000 DM an die CDU geflossen sein. Der Stadtrat stoppte den Deal im Mai 2002 in letzter Minute. Die Partei bestreitet das.

Karl Wienand: Die Karriere des ehemaligen SPD-Bundestagsabgeordneten und langjährigen Strippenziehers der Sozialdemokraten begann in den 70er Jahren als Parlamentarischer Geschäftsführer der SPD-Bundestagsfraktion und Helmut Schmidt und Herbert Wehner. Im Kölner Müllskandal arbeitete er gleichzeitig als Berater für den Viersener Müll-Unternehmer Hellmut Trienekens und den Gummersbacher Anlagenbauer Steinmüller. Er soll für Vermittlungsgeschäfte um den Bau des Kölner Müllofens 3,6 Millionen DM an Provisionen kassiert und nicht versteuert haben. Wienand bestreitet, den Schmiergelddeal eingefädelt zu haben.

Chronologie

Mittwoch, 20. Februar 2002
Neun Uhr: Kripo und Staatsanwaltschaft Köln durchsuchen die
Unternehmenszentrale der Abfallfirma Trienekens in Viersen sowie
mehrere Tochterunternehmen.

Freitag, 22. Februar
Der SPD-Landtagsabgeordnete Hardy Fuß gerät ins Visier der Er-
mittler. Als Geschäftsführer der Trienekens-Tochter Isis soll er im
Zusammenhang mit dem Bau der Kölner Müllverbrennungsanlage
Steuern hinterzogen haben.

Dienstag, 26. Februar
Ulrich Eisermann, der frühere Chef der Abfallentsorgungs- und Verwertungsgesellschaft (AVG) wird wegen möglicher Bestechung verhaftet. Er soll neun Millionen DM Bestechungsgeld genommen
haben – von der Firma Steinmüller, die die Kölner MVA gebaut hat.
Deren damaliger Manager, Sigfrid Michelfelder, wird ebenfalls verhaftet. Er soll 29 Millionen DM aus dem Etat der MVA beiseite
geschafft und als Schmiergeld ausgegeben haben. Dabei sollen
Schweizer Firmen als Geldwaschanlagen gedient haben.

Freitag, 1. März
Zehn Uhr: Die Limousine eines der größten deutschen Müllentsorger rollt bei der Kölner Staatsanwaltschaft vor. Hellmut Trienekens, Chef des gleichnamigen Müllkonzerns, steigt aus und betritt das Gebäude, um dort »auf eigenen Wunsch« Aussagen über
Steuervergehen zu machen. Das ist auch eine Reaktion auf die
Durchsuchungen von Firmenräumen in jüngster Zeit. Am Abend
besucht SPD-Fraktionschef Norbert Rüther die Geburtstagsfeier
des SPD-Schatzmeisters Manfred Biciste. Dort deutet er nicht

mehr ganz nüchtern an: »Da kommt noch ordentlich was auf mich
zu.«

Samstag, 2. März
SPD-Parteichef Jochen Ott wandert mit dem Deutschen Gewerk-
schaftsbundes im Oberbergischen, als er per Handy von Rüther
zum Gespräch bestellt wird. Am Abend packt Rüther aus. Er berichtet Ott, dass er zwischen 1994 und 1998 rund 340 000 DM aus Großspenden in Beträge unter 20 000 DM aufgeteilt und an den damaligen Schatzmeister Manfred Biciste weitergeleitet hat. Biciste habe
darüber manipulierte Quittungen geschrieben, die an 38 Genossen
und vier Ehepartner verteilt wurden. Seine Andeutungen, unter den
Großspendern seien auch Unternehmen aus der Entsorgungsbranche, nähren den Verdacht, dass es zwischen der SPD-Spendenaffäre
und dem MVA-Skandal einen Zusammenhang geben könnte.

Sonntag, 3. März
Rüther schockt den engeren Vorstand der Ratsfraktion mit seinem
Geständnis. Die Staatsanwaltschaft wird informiert. Gegen 23.40
Uhr bestätigt SPD-Geschäftsführerin Marlis Herterich dem »Kölner
Stadt-Anzeiger« die Nachricht, dass Rüthers Rücktritt bevorsteht.

Montag, 4. März
Die Zeitungsschlagzeile »Müllskandal erschüttert SPD« im »Kölner
Stadt-Anzeiger« beschreibt vorausahnend den nun folgenden Tag.
Manfred Biciste gibt zu, an der Spendenaffäre beteiligt gewesen zu
sein. Die Pressekonferenz, die Jochen Ott dazu um elf Uhr gibt, gerät zum Medienspektakel. Rüther tritt von allen politischen Ämtern
zurück und kündigt an, beim Staatsanwalt auszupacken. Ott verspricht schnelle Aufklärung. Der SPD-Bundesvorstand reagiert mit
»blankem Entsetzen« auf die Kölner Affäre. Es solle alles schonungs-
los aufgeklärt, Rüther regresspflichtig gemacht werden.

Dienstag, 5. März

Manfred Biciste teilt mit, er habe gelogen – und nicht nur 260 000 DM, sondern 511 000 DM von Rüther erhalten und gesplittet. Die 42 SPD-Mitglieder, die Spendenbelege erhielten, sollten beim Finanzamt Selbstanzeige erstatten, rät Biciste, dann zieht er sich von allen Parteiämtern zurück. Unterdessen absolvieren die SPD-Youngster Jochen Ott und Martin Börschel einen Medien-Marathon. Der Skandal ist Thema Nummer eins in Deutschland. Böse Kommentare, Hohn und Spott von allen Seiten. Zehn Uhr: Zwei Revisoren der Bundes-SPD beginnen mit der Prüfung der Akten in der Kölner SPD-Zentrale. Zeitgleich nimmt ein von der SPD Köln beauftragter Wirtschaftsprüfer die Arbeit auf. NRW-Umweltministerin Bärbel Höhn erinnert in einem Redaktionsgespräch beim »Kölner Stadt-Anzeiger« daran, dass der damalige Regierungspräsident Franz-Josef Antwerpes 1992 in einem Telefonat mit dem ehemaligen Kölner Oberstadtdirektor Lothar Ruschmeier deutlich Partei für die Firma L+C Steinmüller ergriffen habe – lange vor dem Auswahlverfahren für den Bau des Müllofens.

Mittwoch, 6. März

Die Staatsanwaltschaft spürt rund 3,5 Millionen DM der 29 Millionen DM auf, die Hälfte der Summe, die Steinmüller-Manager Michelfelder abgezweigt und über Schweizer Firmen gewaschen haben soll. Der »Kölner Stadt-Anzeiger« erfährt, dass auch Trienekens für 750 000 DM den Weg über die Schweiz gewählt haben soll. SPD-Generalsekretär Franz Müntefering bestreitet unterdessen, von den dubiosen Spendenpraktiken in Köln gewusst zu haben. NRW-Parteichef Harald Schartau verkündet: Wer den Staat betrüge, dürfe kein Mandat mehr für die SPD wahrnehmen. Dass auch die am Bau der MVA beteiligte Schweizer Firma Ecoling AG zum Spendenwaschen diente, hält die Staatsanwaltschaft inzwischen für erwiesen. Die Oberfinanzdirektion Köln bestätigt, dass bereits eine Reihe von Selbstanzeigen im Zusammenhang mit der Spendenaffäre eingegangen sind.

Donnerstag, 7. März
Im Kölner Rat werden zwei neue Mitglieder vereidigt, die Nachfolger der Sünder Rüther und Biciste. CDU, FDP und Grüne üben Kritik, aber in moderatem Ton.

Freitag, 8. März
Bei der SPD-Fraktion taucht eine schwarze Kasse mit 250 000 DM auf, angelegt von Rüther. Die Staatsanwaltschaft durchsucht die Räume der AVG. Hinweise verdichten sich, dass auch Trienekens Schweizer Firmen nutzte: Arthur A. Hofmann, Mitglied des Verwaltungsrats der Trienekens Schweiz AG, ist gleichzeitig Chef der Schweizer Firma Stenna Umwelttechnik. Die hält die Staatsanwaltschaft für eine der Michelfelder-Geldwaschanlagen. Zürich, Hotel Storchen, 14 Uhr: Ein Ingenieur, der am Bau der Kölner MVA beteiligt war, legt einem Redakteur des »Kölner Stadt-Anzeiger« Unterlagen vor. Sie geben Hinweise darauf, dass Steinmüller den Auftrag für die MVA erhielt, obwohl das Unternehmen bei den Bietergesprächen nicht vorn gelegen hatte.

Samstag, 9. März
Der AVG-Aufsichtsrat kommt am Nachmittag zu einer Sondersitzung zusammen und kündigt an, die Ausschreibungsunterlagen erneut prüfen zu lassen.

Sonntag, 10. März
Bundeskanzler Gerhard Schröder versucht in Berlin, die Spendenaffäre als ein reines Kölner Problem abzutun. Noch immer ist nicht bekannt, welche 42 SPD-Mitglieder auf der Biciste-Liste stehen.

Montag, 11. März
Die SPD verlangt von allen 109 Kölner Mandatsträgern eine Ehrenerklärung. Sie sollen bestätigen, nichts mit dem Skandal zu tun zu haben. Die Landes-SPD beschließt, ein Parteiausschlussverfahren gegen den langjährigen Kölner SPD-Geschäftsführer Arno Carsten-

sen einzuleiten. Er soll Spendenquittungen angenommen und abgesetzt haben. Der Landtagsabgeordnete Marc Jan Eumann gibt an, Spendenbelege angenommen zu haben, aber ahnungslos gewesen zu sein. Der Kölner Haus- und Grundbesitzerverein will eine Klage gegen die Höhe der Müllgebühren einreichen.

Dienstag, 12. März
Zehn Uhr: Vor der Staatsanwaltschaft beginnt die Vernehmung von Norbert Rüther. Im Verlauf der folgenden neun Stunden legt Rüther ein Geständnis ab. Die Vernehmung wird mehrere Male unterbrochen, weil Rüther unwohl ist. Der frühere Politiker gibt zu: Die Spendensumme hat sogar 830 000 DM betragen. Allein 150 000 DM soll Hellmut Trienekens »aus seinem privaten Vermögen« gegeben haben. Rüther nennt die Spender der Staatsanwaltschaft, aber nicht der Partei. Die Affäre zieht weitere Kreise: Ein Ex-Mitarbeiter des Bundesumweltamtes soll bei der Genehmigung für Müllöfen von Trienekens geschmiert worden sein. Rüther belastet auch den ehemaligen Oberstadtdirektor Klaus Heugel: Er soll die Spendenpraxis mit geprägt haben. Rüther gibt zu, 70 000 DM von Steinmüller erhalten zu haben – via Boten aus der Schweiz. 20.30 Uhr, Köln: SPD-Parteichef Jochen Ott teilt der Presse mit, dass die Landes-SPD eine Kommission unter Leitung des Ex-Justizministers Jürgen Schmude einrichten will, die sich mit den Mandatsträgern befasst, die die Ehrenerklärung nicht unterzeichnet haben.

Mittwoch, 13. März
Per Einschreiben schickt Rüther Fraktionshandy und Schlüssel an Fraktionsgeschäftsführerin Marlis Herterich zurück. Am Abend kommt die Information, die Kölner SPD-Landtagsabgeordnete Annelie Kever-Henseler habe eine Selbstanzeige beim Finanzamt getätigt. Sie will das nicht bestätigen. SPD-Generalsekretär Franz Müntefering und NRW-Landeschef Harald Schartau werden vor den Bundestagsuntersuchungsausschuss geladen.

Donnerstag, 14. März
Auch in Wuppertal gibt es einen Spendenskandal. Dort soll SPD-Oberbürgermeister Hans Kremendahl 1999 rund 510 000 DM als Wahlkampfhilfe von einer Baufirma erhalten haben. Beim Skandal um den Kölner Müllofen bleibt ein großer Teil der 29 Millionen DM verschwunden. Die Staatsanwaltschaft hat sich auf »langwierige Ermittlungen« eingestellt.

Freitag, 15. März
SPD-Geschäftsführer Arno Carstensen tritt aus der Partei aus. Der Kölner Bundestagskandidat Werner Jung wird von der Reserveliste der Kandidaten gestrichen. Die SPD kündigt an, Norbert Rüther notfalls auf gerichtlichem Weg zu zwingen, die Namen der Großspender zu nennen.

Samstag, 16. März
Auf der Landesdelegiertenkonferenz der SPD wird öffentlich, dass auch SPD-Bürgermeisterin Renate Canisius und Heinz Lüttgen, der gerade das Amt des Fraktionsvorsitzenden von Norbert Rüther kommissarisch übernommen hat, ebenfalls Spendenquittungen erhalten haben.

Dienstag, 19. März
Der Kölner Staatsanwaltschaft liegt die Liste mit den 42 Namen der Quittungsempfänger vor. Ex-Schatzmeister Manfred Biciste wird acht Stunden lang verhört.

Mittwoch, 20. März
Norbert Rüther packt aus und nennt die Namen der Großspender. Er prägt das Wort der »Dankeschön-Spenden«. Vor dem Untersuchungsausschuss in Berlin betont SPD-Generalsekretär Franz Müntefering, er habe nichts von den Vorgängen in Köln gewusst.

Donnerstag, 21. März
NRW-Landesvorsitzender Harald Schartau veröffentlicht die Namen der Großspender, die Norbert Rüther angezapft hat. Unter ihnen sind der Erbauer der Kölner Müllverbrennungsanlage, Steinmüller, und der Müllunternehmer Trienekens.

Freitag, 22. März
Der ehemalige SPD-Parteichef Kurt Uhlenbruch gesteht seine Beteiligung am Spendenskandal. Er hat Quittungen für rund 25 000 DM erhalten. Die Partei leitet die ersten Schiedsverfahren ein.

Montag, 25. März
Auch Alt-Oberbürgermeister Norbert Burger »entdeckt« nach der Durchsicht seiner Steuerunterlagen eine falsche Quittung, erstattet Selbstanzeige und reguliert den Steuerschaden.

Dienstag, 26. März
Die SPD-Landtagsabgeordnete Annelie Kever-Henseler geht auf Konfrontationskurs zu ihrer Partei. Sie werde nicht vor der Schmude-Kommission erscheinen. Dorthin hatte man sie zitiert, weil sie keine Ehrenerklärung abgegeben hatte.

Donnerstag, 28. März
Die Landes-SPD leitet ein Parteiordnungsverfahren gegen Annelie Kever-Henseler ein.

Montag, 1. April
Die Kölner Staatsanwaltschaft leitet Ermittlungsverfahren gegen die Spendenquittungsempfänger ein.

Dienstag, 9. April
Der CDU-Fraktionsvorsitzende im Bonner Stadtrat, Reiner Schreiber, wird verhaftet. Gegen ihn ermittelte die Staatsanwaltschaft bereits seit Mitte 2001 wegen des Verdachts der Bestechlichkeit.

Die Fahnder schlagen zu, nachdem ihre Amtskollegen in Zürich auf ein Schreiber-Konto gestoßen sind, auf dem 1,5 Millionen Euro lagerten. Schreiber, Ex-Dezernent für Abfallbeseitigung und Chef der Bonner Stadtwerke, hatte gleich drei Beraterverträge.

Donnerstag, 11. April
Reinhard Birkenstock, Anwalt des Ex-Schatzmeister Manfred Biciste, überlässt der NRW-SPD die Biciste-Liste. Der SPD-Wirtschaftsprüfer Menger erklärt, er habe die Partei bereits im März schriftlich über die Namen der Scheinspender informiert. Dadurch gerät SPD-Generalsekretär Franz Müntefering unter Druck. Die Opposition wirft ihm vor, vor dem Bundestagsuntersuchungsausschuss die Unwahrheit gesagt zu haben.

Montag, 15. April
Die Schmude-Kommission zieht eine erste Bilanz. Danach leitet die NRW-SPD Schiedsverfahren gegen 13 SPD-Mitglieder ein, darunter gegen Renate Canisius, Norbert Burger, Kurt Uhlenbruch und Heinz Lüttgen.

Dienstag, 16. April
Die Landesregierung beschließt die Einrichtung einer Anti-Korruptionsgruppe »Task Force«, die die Vorgänge in der Müllbranche untersuchen soll.

Mittwoch, 17. April
Heinz Lüttgen, kommissarischer Fraktionschef der SPD im Rat, kündigt seinen Rücktritt an.

Donnerstag, 18. April
Der Bundestagsabgeordnete Konrad Gilges erklärt vor dem Untersuchungsausschuss in Berlin, keine Spendenquittungen entgegen genommen zu haben.

Freitag, 19. April
Die SPD-Schatzmeisterin Inge Wettig-Danielmeier legt dem Berliner
Untersuchungsausschuss die komplette Liste der Namen mit Schein-
spendern vor.

Mittwoch, 24. April
Der ehemalige Regierungspräsident Franz-Josef Antwerpes erklärt
vor dem Untersuchungsausschuss, er habe von der Spendenaffäre der
Kölner SPD erst aus der Zeitung erfahren. Es sei richtig, dass er die
Firma Steinmüller empfohlen habe. Auf die Vergabe öffentlicher
Aufträge durch die Stadt Köln habe er aber keinen Einfluss gehabt.

Donnerstag, 25. April
Zwischenbilanz der Bundes-SPD vor dem Ausschuss: 31 Scheinspender sind inzwischen bekannt, weiter unklar ist der Verbleib von rund
310 000 DM.

Montag, 13. Mai
Aussagen des ehemaligen SPD-Fraktionschef Norbert Rüther werden publik, wonach es bereits seit 30 Jahren bei den Kölner Genossen
schwarze Kassen gebe.

Donnerstag, 16. Mai
Bei seinem zweiten Auftritt vor dem Untersuchungsausschuss in
Berlin bleibt SPD-Generalsekretär Franz Müntefering dabei: Die
Kölner Spendenpraxis sei ihm nicht bekannt gewesen. Gleichzeitig
erklären er und Landeschef Harald Schartau die Spendenaffäre für
aufgeklärt. Wo die restlichen 310 000 DM aus den Großspenden
geblieben sind, bleibt weiter im Dunkeln. Der Bonner Stadtrat kas-
siert angesichts der Schreiber-Affäre den Beschluss, die städtische
Abfallwirtschaft samt der Müllverbrennungsanlage an die Firmen
TK Umweltdienste (Trienekens und Klaudt) zu verkaufen.

Donnerstag, 23. Mai
Der Kölner Rat verabschiedet einen neuen Verhaltenskodex. Danach müssen die Ratsmitglieder ihre Ämter und Funktionen offen legen und dürfen keine Geschenke oder Vergünstigungen annehmen.

Dienstag, 28. Mai
Im ersten von 25 geplanten Schiedsverfahren gegen die SPD-Parteimitglieder, die Spendenquittungen angenommen und von der Schmude-Kommission nicht entlastet wurden, muss sich der Bundestagskandidat Werner Jung verantworten. Er wird mit dem Entzug des passiven Wahlrechts für zwei Jahre sanktioniert, legt seine Kandidatur nieder und tritt aus der Partei aus.

Donnerstag, 30. Mai
Bundestagspräsident Wolfgang Thierse verhängt gegen die SPD eine Straße von knapp 493 000 Euro. Das ist der doppelte Betrag jener Spenden, die die Partei zwischen 1994 und 1999 in ihren Rechenschaftsberichten verschwiegen hat.

Freitag, 14. Juni
Neben dem ehemaligen SPD-Bundespolitiker Karl Wienand und dem Müllunternehmer Hellmut Trienekens wird auch der Ex-Fraktionschef der Kölner SPD, Norbert Rüther, in Untersuchungshaft genommen.

Mittwoch, 19. Juni
Der ehemalige AVG-Chef Ulrich Eisermann wird nach 14 Wochen gegen Zahlung einer Kaution von 520 000 Euro aus der Untersuchungshaft entlassen.

Freitag, 21. Juni
Die Staatsanwaltschaft stellt bei den Vorgängen um den Bau der Kölner Müllverbrennungsanlage »deutliche Strukturen der organisierten Kriminalität« fest.

Samstag, 22. Juni
Karl Wienand tritt aus der SPD aus. Er vollzieht diesen Schritt, um
dem Rauswurf, der von der Bundespartei längst betrieben wird, zu
entgehen.

Donnerstag, 18. Juli
Der Müllskandal erreicht den Rhein-Sieg-Kreis. Der Chef der Abfallwirtschaftsgesellschaft Rhein-Sieg (RSAG), Karl-Heinz Meys
(CDU) wird festgenommen. Meys hatte gestanden, von Hellmut
Trienekens rund eine Million Euro an Bestechungsgeldern kassiert
zu haben. Dafür sollen Trienekes-Unternehmen Aufträge für rund
300 Millionen Euro ohne Ausschreibung erhalten haben.

Freitag, 19. Juli
Gegen die Hinterlegung einer Sicherheit von 100 Millionen Euro,
der höchsten Kaution, die jemals in der Bundesrepublik Deutschland
verlangt wurde, kommt auch Hellmut Trienekens aus der Untersuchungshaft frei. Die Auflagen: Er muss sich dreimal pro Woche
bei der Polizei melden und darf Nordrhein-Westfalen nicht verlassen.

Montag, 12. August
Mit einer Strafanzeige gegen den ehemaligen AVG-Chef Ulrich
Eisermann wehrt sich Norbert Rüther aus der Untersuchungshaft
gegen den Vorwurf, er habe von Eisermann in den Jahren 1994 und
1998 jeweils eine Million DM an Schmiergelder bekommen.

Montag, 19. August
Die Landesschiedskommission stellt das Parteiverfahren gegen
Kölns Alt-Oberbürgermeister Norbert Burger (SPD) ein. Sie kommt
zu dem Schluss, dass Burger an der Stückelungspraxis anonymer
Großspenden nicht beteiligt war.

Dienstag, 10. September
Gegen eine Hinterlegung einer Kaution von 200 000 Euro wird auch
der ehemalige SPD-Fraktionschef Norbert Rüther aus der Untersuchungshaft entlassen. Nach Angaben seiner Anwälte gestaltet sich
die Stellung der Kaution als schwierig, weil Rüther, den sie als mit-
tellos bezeichnen, die Sicherheiten erst zusammenbringen muss.

Mittwoch, 30. Oktober
Vor dem Kölner Landgericht sehen sich Norbert Rüther und Man-
fred Biciste erstmals wieder. Im Zivilprozess fordert die Bundes-SPD
Schadenersatz für die knapp 493 000 Euro, die sie als Strafe für den
Spendenskandal an die Bundestagsverwaltung zahlen soll. Einen
Vergleichsvorschlag der Vorsitzenden Richterin lehnt sie zunächst
ab.

Donnerstag, 2. Januar 2003
Norbert Rüther arbeitet wieder: als Facharzt für Psychiatrie am
St. Antonius-Krankenhaus in Wissen/Sieg. Träger ist die gemein-
nützige Gesellschaft der Franziskanerinnen zu Olpe.

Montag, 6. Januar
Gegen Zahlung einer Geldbuße von 15 000 Euro wird das Ermittlungsverfahren wegen des Verdachts der Steuerhinterziehung gegen
den ehemaligen Unterbezirksgeschäftsführer der SPD, Arno Carstensen, eingestellt.

Montag, 20. Januar
Die Kölner Staatsanwaltschaft durchsucht erneut die Parteizentrale
der Kölner SPD. Diesmal geht es um Unterlagen über die parteiinternen Schiedsverfahren gegen die Empfänger falscher Spendenquittungen. Der SPD-Landesverband NRW hatte sich zunächst gewei-
gert, als die Staatsanwaltschaft um die freiwillige Herausgabe der
Unterlagen bat.

Sonntag, 9. Februar
Der Kölner CDU-Ratsherr Heinz-Ludwig Schmitz legt sein Ratsmandat nieder, nachdem bekannt wurde, dass er zwei Beraterverträge mit Trienekens Tochterfirmen abgeschlossen hatte, die ihm
Honorare von rund 500 000 Euro eingebracht haben sollen.

Montag, 17. Februar
Der Kreisvorsitzende der Bonner CDU, Helmut Hergarten, tritt
zurück, weil die Bonner Staatsanwaltschaft Ermittlungen wegen des
Verdachts der Untreue und des Betrugs aufgenommen hat. Dabei
geht es um Spenden in der Größenordnung von 47 000 Euro, die
der ehemalige Stadtwerke-Chef und der Ex-CDU-Fraktionsvorsit-
zende Reiner Schreiber im Vorfeld der Kommunalwahl 1999 zusammengebracht haben soll.

Mittwoch, 2. April
Der in die Müllaffäre verwickelte Ex-Manager des Gummersbacher
Anlagenbauers Steinmüller, Jörgen Becker, wird gegen Zahlung von
400 000 Euro Kaution aus der Untersuchungshaft entlassen. Damit
ist der letzte Haftbefehl außer Vollzug gesetzt.

Freitag, 4. April
13 Monate nach Auffliegen des Müllskandals erhebt die Staatsanwalt-
schaft Anklage bei der Wirtschaftsstrafkammer des Landgerichts.
Fünf Männer, die alle zeitweise in U-Haft saßen, sind im Visier der
Ankläger: Karl Wienand, Norbert Rüther, Hellmut Trienekens,
Ulrich Eisermann und Sigfrid Michelfelder.

Freitag, 11. April
Kurt Uhlenbruch, 14 Jahre lang Kölner SPD-Parteivorsitzender,
behält sein Parteibuch. Die Bundesschiedskommission bestätigt
das Urteil der Landesschiedskommission vom Oktober 2002, wonach Uhlenbruch nur mit einem Funktionsverbot bis Ende 2004
belegt wird. Solange ruhen außerdem seine Mitgliedsrechte.

Dienstag, 6. Mai
Der rheinische Müllskandal schlägt neue Wellen: Die Bonner Staatsanwaltschaft durchsucht erneut diverse Firmen- und Privaträume
des Müllunternehmers Hellmut Trienekens, seines vormaligen Bonner Geschäftspartners Detlev Klaudt und des Ex-CDU-Fraktionsvor-
sitzenden im Bonner Rat und einstigen Chefs der Bonner Stadtwerke, Reiner Schreiber. Dabei geht es um Schmiergeldzahlungen im
Zusammenhang mit der Teilprivatisierung der Bonner Müllverbrennungsanlage (MVA). Die Staatsanwaltschaft verdächtigt Trienekens
und Klaudt, den Ex-CDU-Fraktionschef Schreiber bestochen zu
haben.

Freitag, 16. Mai
Gegen Zahlung einer Kaution von 100 000 Euro und Meldeauflagen
wird der unter Bestechungsverdacht stehende frühere Geschäftsführer der Rhein-Sieg-Abfallwirtschaftsgesellschaft (RSAG), Karl-
Heinz Meys, aus der Untersuchungshaft entlassen.

Mittwoch, 28. Mai
Die 14. Große Strafkammer des Landgerichts fällt im Fall des ehemaligen CDU-Ratsmitglieds Heinz-Ludwig Schmitz eine Entscheidung, die für die Müllverfahren von entscheidender Bedeutung sein
kann. Danach gelten Ratsmitglieder als Amtsträger. Für sie gelten bei
Bestechungsvorwürfen die gleichen strengen Vorschriften wie für
Beamte.

Freitag, 6. Juni
Auf die Beschuldigten im Bestechungsskandal um die Müllver-
brennungsanlage kommen hohe Schadenersatzforderungen zu. Der
Insolvenzverwalter des Oberhauseners Unternehmens Babcock
Borsig, Helmut Schmitz, verlangt insgesamt rund elf Millionen Euro.
Davon sollen der ehemalige Fraktionschef Norbert Rüther, und der
Ex-Geschäftsführer der Abfallentsorgungsgesellschaft AVG, Ulrich
Eisermann, sowie der ehemalige SPD-Politiker Karl Wienand jeweils

500 000 Euro zahlen. Weitere Beklagte seien der Müllkonzern Trienekens und die AVG als Betreiberin der Müllverbrennungsanlage in
Niehl, teilte ein Babock-Sprecher mit.

Mittwoch, 11. Juni
Der Müllskandal erreicht Aachen. Die Ergebnisse der »Task Force« in
Düsseldorf führen zu Durchsuchungen unter anderem bei Aachens
Oberbürgermeister Jürgen Linden und dem Chef der Aachener
Abfallwirtschaft (AWA), Ulrich Koch. Letzterer wird verhaftet und
kommt in Untersuchungshaft. Die Staatsanwaltschaft ermittelt
wegen des Verdachts der Vorteilsnahme, der Beihilfe zu Betrug
und Bestechung.

Mittwoch, 18. Juni
Gegen den ehemaligen Geschäftsführer der Rhein-Sieg-Abfallwirtschaftsgesellschaft (RSAG), Karl-Heinz Meys, wird beim Landgericht Bonn Anklage erhoben. Dem früheren CDU-Politiker werden
Bestechlichkeit und Steuerhinterziehung vorgeworfen. Er soll
zwischen den Jahren 1998 bis 2001 rund 4,15 Millionen DM angenommen haben.

Donnerstag, 3. Juli
Der Immunitätsausschuss des Bundestags stimmt dem Antrag der
Kölner Staatsanwaltschaft auf Aufhebung der Immunität des Kölner
CDU-Bundestagsabgeordneten Rolf Bietmann zu. Die Kanzlei des
Kölner CDU-Fraktionsvorsitzenden soll aus Honorarvereinbarungen
mit der Trienekens-Gruppe, die zu diesem Zeitpunkt in der RWE
Umwelt AG aufgegangen ist, mehr als 250 000 Euro erhalten haben.
Rolf Bietmann betont, er persönlich sei nie für Trienekens tätig ge-
worden. Auch habe er keine Beraterverträge mit dem Unternehmen.

Mittwoch, 9. Juli
In Düsseldorf legt Innenminister Fritz Behrens den Abschlussbericht
der Antikorruptionsstelle »Task Force« vor. Das Ergebnis der Unter-

suchung ist ein Paradebeispiel für Polit-Filz, Müllschiebereien und verdeckte Schmiergeldzahlungen beim Bau von Müllverbrennungs-anlagen. Behrens spricht von »unangemessener Einflussnahme auf oder durch politisch Verantwortliche«.

Montag, 14. Juli
In einer »vorläufigen Einschätzung« kommt das Kölner Landgericht zu der Erkenntnis, dass sich die Hauptbeschuldigten des Kölner Müllskandals nicht wegen Korruption werden verantworten müs-sen, sondern wegen Angestelltenbestechung. Der Grund: Ulrich Eisermann, Ex-Geschäftsführer der AVG, sei kein Amtsträger, da die Abfallgesellschaft weitgehend unabhängig von der Stadt agieren konnte. Laut Staatsanwaltschaft hat Eisermann rund 4,9 Millionen Euro an Schmiergeldern kassiert.

Donnerstag, 24. Juli
Das Amtsgericht Köln hebt den Haftbefehl gegen den Geschäfts-führer der Aachener Abfallwirtschaft (AWA), Ulrich Koch, auf.

Dienstag, 29. Juli
Vor der Wirtschaftskammer des Bonner Landgerichts beginnt der erste Strafprozess um mutmaßliche Schmiergeldzahlungen in der Bonner Müllaffäre. Der Ex-Geschäftsführer der Rhein-Sieg-Abfall-wirtschaftsgesellschaft (RSAG), Karl-Heinz Meys, soll zwischen 1998 und 2001 rund 2,1 Millionen Euro Schmiergeld von Trienekens kassiert haben.

Mittwoch, 6. August
Das Bonner Landgericht verurteilt Karl-Heinz Meys in einem Zivil-prozess zur Zahlung jener drei Millionen DM, die er von Hellmut Trienekens für Vermittlungstätigkeiten beim Kauf des Kompostierers UP Klein kassiert haben soll, an die RSAG. Meys erscheint zur Urteilsverkündung nicht.

Donnerstag, 7. August
Das Kölner Landgericht hebt die Haftbefehle gegen die ehemaligen
SPD-Politiker Norbert Rüther und Karl Wienand sowie gegen den
Ex-Müllunternehmer Hellmut Trienekens auf. Begründung: Es be-
steht keine Fluchtgefahr mehr.

Montag, 11. August
Ob Hellmut Trienekens und Karl Wienand im Korruptionsprozess
um den Bau der Müllverbrennungsanlage am Hauptverfahren teilnehmen werden, ist fraglich. Weil beide auf Grund ihrer Erkrankun-
gen nur eingeschränkt verhandlungsfähig sind, erwägt die 14. Große
Strafkammer des Landgerichts, ihre Verfahren abzutrennen, zumal
beide mit Bewährungsstrafen rechnen können. Mitangeklagt sind
der ehemalige SPD-Fraktionschef Norbert Rüther, Ex-Steinmüller-
Manager Sigfrid Michelfelder und der ehemalige Chef der Abfallent-
sorgungs- und Verwertungsgesellschaft (AVG), Ulrich Eisermann.

Donnerstag, 21. August
Im Prozess gegen Karl-Heinz Meys, den Geschäftsführer der Rhein-
Sieg-Abfallwirtschaftsgesellschaft (RSAG) vor dem Bonner Landgericht muss Hellmut Trienekens nicht aussagen. Aus gesundheitlichen
Gründen wird er von der Zeugenliste gestrichen. Ob das Verfahren
gegen den ehemaligen Viersener Müllunternehmer in Köln überhaupt eröffnet werden kann, hängt von einem Gutachten über seinen
Gesundheitszustand ab, das von der Universitätsklinik Köln erstellt
werden soll.

Mittwoch, 1. Oktober
Die 14. Große Strafkammer des Landgerichts Köln hat die Hauptverhandlung zugelassen und das Hauptverfahren gegen die Angeklagten Ulrich Eisermann, Sigfrid Michelfelder, Norbert Rüther und Karl
Wienand eröffnet. Der Prozess gegen Wienand wird allerdings
abgetrennt, weil der ehemalige SPD-Politiker nur eingeschränkt
verhandlungsfähig ist. Ob gegen den Müllunternehmer Hellmut

Trienekes überhaupt ein Verfahren eröffnet werden kann, hängt von einem psychiatrischen Gutachten ab, das vom Universitätsklinikum Köln erstellt werden muss. Sollte das Gutachten Trienekes die Verhandlungsfähigkeit bescheinigen, wird der Prozess ebenfalls nur mit Einschränkungen stattfinden können. Trienekens ist herzkrank.

Bildnachweis

dpa: S. 68, 91, 97
Max Grönert: S. 59, 86, 89, 126
Csaba Peter Rakoczy: S. 11, 94
RDB: S. 121
Walter Schiestel: S. 41
Axel Spilcker: S. 114
Stefan Worring: S. 20, 23, 24, 25, 26, 27, 31, 37, 42, 48, 98, 144, 154,
    166, 167, 174, 175

DuMont Sachbücher

ANNA POLITKOVSKAJA. TSCHETSCHENIEN
Die Wahrheit über den Krieg
Mit einem Vorwort von Dirk Sager. Aus dem Russischen von
Hannelore Umbreit und Ulrike Zemme. 336 Seiten mit Fotos,
Porträts, einem Glossar und Dossiers, broschiert, 2002

Putins autoritäres Reich fürchtet die Wahrheit, die Anna Politkovskajas Buch *Tschetschenien – Die Wahrheit über den Krieg* enthüllt.
Dieses Buch berichtet vom Schicksal der Menschen in Tschetschenien, von den Opfern des Krieges. Es ist ein einziges ›J'accuse‹. Anna
Politkovskaja klärt auf über das kaum beschreibbare Leid der tschet-
schenischen Bevölkerung.
In drei Teilen beschreibt dieses Buch den Krieg: Anna Politkovskaja
berichtet vom Leben der Tschetschenen im Krieg, den Übergriffen
auf die Zivilbevölkerung, von einem Alltag, in dem Folter, Hinrich-
tungen, Plünderungen und Entführungen an der Tagesordnung sind.
Anna Politkovskaja analysiert, welche Auswirkungen dieser Krieg
auf das Leben in Russland selbst hat, wie ein Rassismus gegen alles
Nicht-Russische zunimmt.
Und schließlich beschreibt sie die Interessen der neuen ›Generals-
oligarchen‹, die an der Fortführung dieses Krieges, dem illegalen
Handel mit Erdöl und Waffen verdienen.
Anna Politkovskajas Prognosen für Tschetschenien sind düster: Seit
Russland sich nach dem 11. September der Antiterror-Koalition ange-
schlossen hat, schweigt der Rest der Welt noch mehr als zuvor.

**AUSGEZEICHNET MIT DEM LETTRE ULYSSES PREIS FÜR DIE BESTE
LITERARISCHE REPORTAGE**

HARALD W. JÜRGENSONN (HG.). KÖLN UNTERM HAKENKREUZ
Die Jahre 1933 – 1945 in der Domstadt
95 Seiten mit 60 Abbildungen, broschiert, 2003

Die Machtübernahme durch Adolf Hitler am 30. Januar 1933 war in Wirklichkeit eine brutale Machtergreifung. Vor 70 Jahren wurde Köln braun – wie das ganze Deutsche Reich. Das Buch dokumentiert, was wirklich geschah: Terror, Widerstand, verbrecherische Politik und menschliche Schicksale – am Ende standen die 1000-Bomben-Nacht, die Kapitulation, die Befreiung.
Mit Unterstützung des NS-Dokumentationszentrums der Stadt Köln entsteht ein Bild dieser Stadt in ihrer schwersten Zeit.

PETER GLASNER. DIE LESBARKEIT DER STADT
Zwei Bände im Schuber mit Faltplan.

Kulturgeschichte der mittelalterlichen Straßennamen Kölns
480 Seiten mit zwei doppelseitigen Farbabbildungen und 28 einfarbigen Abbildungen, gebunden, 2002

Lexikon der mittelalterlichen Straßennamen Kölns
374 Seiten mit 20 einfarbigen Abbildungen, gebunden, 2002

Straßennamen erzählen Geschichte – dennoch sind sie bisher kaum Gegenstand eingehender Forschung geworden. Im Fall der Stadt Köln erstaunt das umso mehr, als Köln im Mittelalter eine der bedeutendsten Städte Europas war. Ihre ältesten Straßennamen lassen sich bis ins 10. Jahrhundert zurückverfolgen.

Das zweibändige Buchprojekt hebt nicht nur den Namensschatz der Stadt Köln, sondern macht auch einzigartig und beispielhaft die enge Verflechtung von Stadtraum und Straßennamen als Verhältnis von Sehen und Bezeichnen sichtbar.

Im ersten Band entwirft Peter Glasner anhand der Kulturgeschichte der Straßennamen eine Mentalitätsgeschichte des kollektiven Sehens. So entsteht ein Modell der Wahrnehmung des öffentlichen Raumes im Wandel zwischen Mittelalter und Neuzeit – denn das Sehen hat Geschichte.

Der lexikalische zweite Band führt Herkunft, Bedeutung und Geschichte der mittelalterlichen Straßennamen anhand von über 4600 Bezeichnungsbelegen vor Augen.

Prächtig ausgestattet verführen die Bände zum nachvollziehbaren Gang durchs mittelalterliche Köln.